LES ŒUVRES COMPLETES DE VOLTAIRE

30C

VOLTAIRE FOUNDATION
OXFORD
2004

ISBN 0 7294 0828 0

Voltaire Foundation Ltd
99 Banbury Road
Oxford OX2 6JX

PRINTED IN ENGLAND
AT THE ALDEN PRESS
OXFORD

Writings of 1746-1748

III

CONTENTS

CONTENTS

ILLUSTRATIONS

ABBREVIATIONS

ANL	Australian National Library, Canberra
AUMLA	*Journal of the Australasian Universities languages and literature association*
Bengesco	*Voltaire: bibliographie de ses œuvres* (1882-1890)
BL	British Library, London
BnC	BnF, Catalogue général des livres imprimés, Auteurs, ccxiv
BnF	Bibliothèque nationale de France, Paris
Bourgeois	Voltaire, *Le Siècle de Louis XIV*, ed. E. Bourgeois (Paris 1924)
BV	*Bibliothèque de Voltaire: catalogue des livres* (Moscow 1961)
Cioranescu	*Bibliographie de la littérature française du XVIIIᵉ siècle*, 3 vols (Paris 1969)
CL	Grimm, *Correspondance littéraire*, ed. M. Tourneux (1877-1882)
D	Voltaire, *Correspondence and related documents*, *OC*, vol.85-135 (1968-1977)
Dangeau	Philippe de Courcillon, marquis de Dangeau, *Journal*, ed. Soulié and Dussieux (Paris 1854-1860)
ImV	Institut et musée Voltaire, Geneva
Kehl	*Œuvres complètes de Voltaire* (Kehl 1784-1789)
Larrey	Isaac de Larrey, *Histoire de France sous le règne de Louis XIV*, 2nd edn (Rotterdam [Paris] 1718-1722)
Limiers	H.-P. de Limiers, *Histoire du règne de Louis XIV*, 2nd edn (Amsterdam 1718)
M	*Œuvres complètes de Voltaire*, ed. Louis Moland (1877-1885)

OC	*Œuvres complètes de Voltaire* / *Complete works of Voltaire*, 1968- [the present edition]
OH	Voltaire, *Œuvres historiques*, ed. R. Pomeau (Paris, Gallimard, 1957)
Reboulet	Simon Reboulet, *Histoire du règne de Louis XIV*, 7 vols (Avignon 1746)
Rhl	*Revue d'histoire littéraire de la France*
SVEC	*Studies on Voltaire and the eighteenth century*
Trapnell	William H. Trapnell, 'Survey and analysis of Voltaire's collective editions', *SVEC* 77 (1970), p.103-99

KEY TO THE CRITICAL APPARATUS

The critical apparatus, printed at the foot of the page, gives variant readings from the manuscripts and editions discussed in the introductions to the texts.

Each variant consists of some or all of the following elements:

— The number of the text line or lines to which the variant relates.

— The sigla of the sources of the variant as given in the list of editions. Simple numbers, or numbers followed by letters, stand for separate editions of the work; letters followed by numbers are collections: w is reserved for collected editions of Voltaire's works and T for collected editions of his theatre.

— A colon, indicating the start of the variant; any editorial remarks after the colon are enclosed within square brackets.

— The text of the variant itself, preceded and followed by one or more words from the base text, to indicate its position.

The following signs and typographic conventions are employed:

— Angle brackets < > encompass deleted matter.

— Beta β stands for the base text.

— The forward arrow → means 'replaced by'.

— Up ↑ and down ↓ arrows precede text added above or below the line.

— A superior V precedes text in Voltaire's hand.

— A superior + indicates, when necessary, the end of material introduced by one of the above signs.

— A pair of slashes // indicates the end of a paragraph or other section of text.

ACKNOWLEDGEMENTS

The *Œuvres complètes de Voltaire* rely on the competence and patience of the personnel of many research libraries around the world. We wish to thank them for their generous assistance, in particular the personnel of the Bibliothèque nationale de France and the Bibliothèque de l'Arsenal, Paris; the Institut et musée Voltaire, Geneva; the Taylor Institution Library, Oxford; and the National Library of Russia, St Petersburg. For additional work on this volume we are particularly grateful to David Beeson, Kurt Ballstadt and Gianluigi Goggi.

PREFACE

This volume completes the edition of Voltaire's writings of 1746-1748. It contains some short texts published for the first time in the Dresden edition of 1748, and in particular it reflects some of the fruits of Voltaire's years as *historiographe du roi*.

The *Saggio intorno ai cambiamenti avvenuti su'l globo della terra*, written by Voltaire in Italian in 1746 and translated by him into French, seems to have been an attempt to capitalise on his recent election to the Académie française and promote himself for membership of one Italian academy after another. We do not know why Voltaire chose this particular subject for this exercise. In some ways it is curious, since in the 1740s he was still best known outside France as the author of *La Henriade* and there was no strong interest in antediluvian theories in Italy at this date, but in addition to all his other activities in the mid 1740s Voltaire was also revising the *Eléments de la philosophie de Newton* for the Dresden edition of 1748. Of the texts of 1746-1748 the *Saggio* is most clearly the product of the scientific activity of the Cirey years.

De Cromwell, by contrast, dates back in origin to Voltaire's stay in England during the years 1726-1728, and his correspondence shows no trace of the reasons why he returned to it in 1747-1748. It seems likely that he came across some of his earlier notes in the course of his preparatory work on *Le Siècle de Louis XIV*, and his admiration of Prince Charles Edward, the Young Pretender, gave him a particular interest in the misfortunes of the Stuarts and their maltreatment at Cromwell's hands. In genre *De Cromwell* has close similarities with the short-lived *Anecdotes sur Louis XIV*, an early by-product of the *Siècle* itself.

The five texts that comprise the core of this volume, from the *Anecdotes sur Louis XIV* to the *Compliment fait au roi par M. le maréchal duc de Richelieu*, relate in one way or another to Voltaire's role as *historiographe du roi*, a position he was awarded in April 1745. At the same time he was promised the next appointment as *gentilhomme ordinaire de la chambre du roi*, which he obtained in December 1746. Although it suited Voltaire to affect to despise these roles from the beginning, they were honours which he had eagerly sought. They brought him once more into the court circle and a social limelight that he had not enjoyed for twenty years. His position as historiographer also gave him access to the archives at Versailles which added enormous richness to his work on *Le Siècle de Louis XIV*. From his asides in the texts below (for instance *Anecdotes sur Louis XIV*, lines 73-76, the *Lettre* [...] *sur la victoire remportée par le roi à Laufelt*, lines 105-107, and the 'Extrait d'une lettre' appended to the *Panégyrique de Louis XV*) it is clear that Voltaire derived satisfaction from holding a position previously held by Boileau, Pelisson and Racine. His hope was to out-perform them (which would not have been difficult in the case of Boileau, who produced nothing during his years as *historiographe*). As well as writing reports and drafting memoranda 'comme un vrai commis au bureau de la guerre' (D3327), Voltaire embarked on the *Histoire de la Guerre de 1741* (later subsumed into the *Précis du siècle de Louis XV*). He commemorated significant victories in the *Poème de Fontenoy* (1745) and the *Lettre* [...] *sur la victoire remportée par le roi à Laufelt*, and he also addressed poems to France's military leaders such as the maréchal de Saxe and the duc (later maréchal) de Richelieu (see volume 30A).

By 1747, however, Voltaire was disappointed and disillusioned by the coldness of the king, the shallowness of the court and the never-ending war. His disillusionment with the war is apparent in the *Eloge des officiers qui sont morts dans la guerre de 1741*, in which he laments the waste of life and the loss of talent as exemplified by the death of his friend Vauvenargues. His exasperation with the court finds its outlet in *Zadig*, probably composed around mid 1747 (volume 30B), and a year later he writes to Cideville (D3828):

Vous courtisez des belles,
Et moi des rois. J'ai bien plus tort que vous.

It was not so much the king as court life that Voltaire could not tolerate, and in the summer of 1748, in his capacities as *historiographe* and *académicien*, he made a final attempt to please the king with the *Panégyrique de Louis XV* in which he defended the unpopular peace of Aix-la-Chapelle. By a small irony of fate, one of the many simultaneous printings of this sycophantic piece was printed on the same paper as part of the first edition of *Zadig*.

Voltaire's reponse to cardinal Polignac's posthumously published and long anticipated Latin poem *Anti-Lucretius* was almost certainly written at Cirey in the autumn of 1747 before being despatched to Walther early in January 1748. Given Voltaire's long acquaintance with Polignac and earlier antipathy to many of his views, *Sur L'Anti-Lucrèce* is mild in tone. It is slightly surprising that Voltaire chooses to criticise Polignac for writing in Latin, when he himself was so fond of writing in Italian during these years.

The Dresden printer Georg Conrad Walther was recommended to Voltaire by Algarotti. After disappointment with one printer of his collected works after another Voltaire invested much energy in and pinned much hope on Walther's edition. It was the first authorised edition of his writings since the Bousquet edition of 1742; several new pieces were submitted and old ones revised: 'Votre édition sera très différente, ceux qui vous la fournissent y ont ajouté beaucoup, ont fait de grands changements et ont tous mis en ordre' (D3553). This emphasis on the number of new pieces that he was giving to Walther may in part explain, for instance, the dusting down of *De Cromwell* at this point. Walther's edition was seen as a threat by Voltaire's Dutch publishers, to whose complaints he replied with an *Avis* published in the *Mercure* in January 1748. Voltaire was revising texts and correcting proofs for Walther at intervals during the composition of other works, and in between his travels and his bouts of ill health. Inevitably he fell behind; inevitably the Walther edition was peppered with printers' errors – some undoubtedly arising from the compositors' lack of familiarity with hand-written French – and inevitably Voltaire was disappointed.

December 1748 ends with three letters from Cirey summing up Voltaire's preoccupations at the turn of the year. Walther will not be able to have *Sémiramis* (w48D, vol.ix) in time for the forth-coming Leipzig book fair, and Voltaire is much disappointed with the number of errors in the first eight volumes (D3834). Baculard d'Arnaud is asked for news of Crébillon's *Catilina* (D3835), presaging one of the major storms of 1749. And Mme Denis is told of Voltaire's perpetual ill health and that he is taking the waters of Tancourt, near Cirey: 'On dit qu'elles me feront du bien, mais rien ne m'en fera que vos lettres' (D3836).

JG

*Saggio intorno
ai cambiamenti avvenuti
su'l globo della terra*

*Dissertation sur les changements
arrivés dans notre globe et sur les
pétrifications qu'on prétend en être
encore les témoignages*

Edition critique

par

Jean Mayer

TABLE DES MATIÈRES

INTRODUCTION

Rédigé par Voltaire en 1745, cet essai sur l'évolution de la terre suit de quelques mois un petit essai sur l'évolution humaine intitulé la *Relation touchant un maure blanc amené d'Afrique à Paris en 1744*. Opposant la présente *Dissertation* à la *Relation*, Jacques Roger écrit:

Le 'nègre blanc' examiné par Maupertuis retient un moment l'attention de Voltaire. 'Voici enfin une nouvelle richesse de la nature, une espèce qui ne ressemble pas tant à la nôtre que les barbets aux lévriers.'[1] Le ton est léger et amer: Voltaire ne pense pas à la génétique, mais à la sottise de l'espèce humaine. Le ton est plus grave dans la *Dissertation sur les changements arrivés dans notre globe*. [...] Voltaire y défend l'idée d'une création achevée et ordonnée, contre les Whiston, les Woodward, les Burnet et autres faiseurs de systèmes, qui jonglaient avec les catastrophes pour expliquer le relief du globe.[2]

Cette gravité du ton, aussi bien que l'argument développé, pousse à prendre ce texte au sérieux, malgré sa relative brièveté et la fausse modestie avec laquelle Voltaire en parle dans une lettre à Maupertuis: 'J'ai fait un petit brimborion italien pour l'institut de Bologne, dans lequel j'ai l'honneur d'être votre confrère. Je ne vous en importune pas parce que je ne sais si vous avez daigné mettre la langue italienne dans l'immensité de vos connaissances' (D3373; 1er mai 1746).

Le désir de rendre hommage à l'Académie de Bologne[3] a dicté le choix de l'italien, qu'il écrivait avec une grande élégance. Mais il

---

[1] M.xxiii.191.

[2] J. Roger, *Les Sciences de la vie dans la pensée française du XVIIIe siècle* (Paris 1963), p.737.

[3] Voir Mauro De Zan, 'Voltaire e Mme du Châtelet, membri e correspondenti della Accademia delle scienze di Bologna', *Studi e memorie per la storia dell'Università di Bologna* 6 (1987), p.141-57.

en donne, dans les éditions successives de ses œuvres complètes, une traduction française. De plus, il ajoute à cet essai une 'Digression sur la manière dont notre globe a pu être inondé', où il tente d'en renforcer l'aspect scientifique. Ce sont là autant d'indices de l'importance que l'auteur attachait à son texte. [4]

1. Composition et diffusion

i. La version originale

La rédaction du *Saggio* date au plus tard de l'automne 1745, comme l'atteste une lettre du 25 octobre au cardinal Quirini: 'Permettez-moi monseigneur de vous envoyer une dissertation que j'ai faite pour l'Académie de Bologne, dont j'ai l'honneur d'être. Dès que je serai un peu rétabli je la ferai imprimer, et j'aurai l'honneur de vous adresser cet hommage.' [5]

Le 5 mars 1746, Voltaire demande à Feydeau de Marville, lieutenant de police, l'autorisation d'imprimer (D3332):

J'ai l'honneur de vous envoyer un petit ouvrage italien que j'ai composé pour quelques académies d'Italie dont je suis membre. Je désirerai d'en faire tirer cinq douzaines d'exemplaires. C'est un tribut que je suis obligé de payer. Je vous supplie Monsieur de vouloir bien permettre que je fasse imprimer ce petit nombre pour moi seul et pour faire mes envois en Italie.

Marville à son tour envoie la dissertation à Maurepas, qui lui répond le 11 mars: 'La lettre de Voltaire est une pièce qui ne pouvait être imaginée que par lui; mais, comme la singularité n'est pas une raison de la défendre, je ne vois point d'inconvénient, s'il l'avoue et s'il la donne au public signée de lui, de permettre qu'elle

---

[4] Nous tenons à exprimer notre gratitude à David Beeson, dont la connaissance approfondie des travaux scientifiques de Voltaire a beaucoup enrichi l'Introduction et les notes de ce texte.

[5] D3250. L'envoi promis du texte imprimé, 'cinque o sei essemplari', n'est fait que le 23 avril 1746 (D3367; D3378). Voltaire joint-il à sa lettre d'octobre une copie manuscrite, ou espère-t-il à cette date une impression immédiate?

4

soit imprimée. Je vous en rendrai le manuscrit.' Le 12 avril Marville envoie à Maurepas la *Dissertation* imprimée.[6]

Entre temps, Voltaire a commencé à distribuer des copies aux érudits italiens, en les priant de les envoyer à toute académie ou société savante où ils avaient un intérêt. La datation précise de la plupart des lettres de Voltaire du printemps 1746 n'est pas claire. Il semble, pourtant, que les envois s'échelonnent de la fin mars au début mai. Les lettres accompagnant ces envois attestent à quel point il est important pour Voltaire d'être élu membre d'académies étrangères. Par exemple, il écrit au cardinal Passionei:

Essendo privo dell'onore di venire ad inchinarla in Roma, voglio almenò intitularmi ad suo padrocinio, e naturalizzarmi romano in qualche maniera, nel sottoporre al suo sommo giudizio [...] questo saggio, che ha sbozzato in italiano. Prendo la libertà di pregarla di presentarlo a quelle accademie delle quali ella è protettore (e credo che sia il protettore di tutte), ricercò un nuovo vincolo che possa supplire alla mia lontananza, e che mi renda uno dei suoi clienti, comè se fossi un abitante di Roma.[7]

Voltaire écrit également au prince de Craon à Firenze:

Altezza, Sia lecito ad un antico servitore di tutta la sua familia [...] d'inviare alla Vostra Altezza questo piccolo saggio. Rendo questo hommagio alla lingua italiana, e piglio la liberta di metterlo sotto il suo padrocinio. Se ella si degnasse di presentarlo all'academia della Crusca, ed a quelle altre che sono nel suo governamento, sarei troppo fortunato. Ho gia l'honore d'essere aggregato all'instituto di Bologna, ma favorito

---

[6] D3332n. Claude Henri Feydeau de Marville, *Lettres au ministre Maurepas 1742-1747*, éd. A. de Boislise (Paris 1896-1905), ii.255.

[7] D3345. Nous donnons la traduction de l'édition Pléiade (no.2088): 'Etant privé de l'honneur d'aller [...] présenter [à Votre Eminence] mes devoirs à Rome, je veux du moins invoquer son patronage, et me naturaliser romain en quelque manière, en soumettant à son jugement souverain [...] cet essai que j'ai composé en italien. Je prends la liberté de la prier de le présenter à ces académies dont elle est le protecteur (et je crois qu'elle est le protecteur de toutes), je cherche à établir un nouveau lien qui puisse pallier mon éloignement, et qui fasse de moi un de ses clients, comme si j'étais un habitant de Rome.'

da vostra altezza, potrei forse aspirare ad altri honori che mi renderebbero, benche da lungi uno de' suoi vassalli.[8]

Le texte du *Saggio* fut présenté à l'académie della Crusca par le prince de Craon le 7 mai 1746, et Voltaire fut élu membre le 21 mai, comme le lui annonce le même jour le vice secrétaire de l'académie, le marquis Alamanni.[9] Dans un postscriptum à sa lettre de félicitations du 23 mai, le prince de Craon informe Voltaire, en français, qu'il a été également élu à l'académie des Apatastiti de Firenze, 'plus ancienne et non moins célèbre que celle de la Crusca', et propose la candidature de l'écrivain à l'académie des Intronati de Sienna: 'Vous me mettez, Monsieur', écrit-il, 'dans un commerce assez vif avec les savants d'Italie, mais je sens bien que je n'y fais bonne figure qu'autant qu'ils me regardent comme un moyen dont vous vous êtes servi pour rendre leur société plus illustre en désirant d'y entrer' (D3399).

Voltaire écrit à Gasparo Cerati de l'université de Pisa (D3351).[10] Il a évidemment aussi envoyé son essai à Michel Guiseppe Morei, secrétaire des Arcadiens à Rome, où il était également élu membre.[11] Il envoie des exemplaires à Mme Dupin (D3359) et à Algarotti (D3376). Le 17 août les exemplaires du *Saggio* sont

---

[8] D3346; édition Pléiade 2089: 'Altesse, qu'il soit permis à un ancien serviteur de toute votre famille [...] d'envoyer à Votre Altesse ce petit essai. Je rends cet hommage à la langue italienne, et prends la liberté de le mettre sous votre patronage. Si vous daigniez le présenter à l'Académie della Crusca, et à quelle autre qui soit dans votre gouvernement, ce serait trop de bonheur pour moi. J'ai déjà l'honneur d'être agrégé à l'Institut de Bologne, mais, favori de Votre Altesse, je pourrais peut-être aspirer à d'autres honneurs qui me rendraient, quoique de loin, un de vos vassaux.'

[9] D3397; et voir P. M. Conlon, 'Voltaire's election to the Accademia del Crusca', *SVEC* 6 (1958), p.133-39. Voir également les *Carnets* de Voltaire: 'L'académie de Crusca est la première de toutes. Elle est de 1540 sous le nom d'académie florentine. Elle prit sa forme en 1580' (*OC*, vol.81, p.178).

[10] Six mois auparavant Voltaire avait demandé à Cerati d'envoyer son poème sur la bataille de Fontenoy à Antoine Cocchi, qui en 1733 avait écrit une lettre de félicitations sur *La Henriade*, publiée en français dans le *Mercure de France*: voir *OC*, vol.2, p.312-19.

[11] D3344, D3420.

épuisés et Voltaire promet à un correspondant inconnu de lui adresser quelques copies après réimpression (D3447).

Ces nombreuses élections aux mois de mai-juin 1746 ne sont pas dues au *Saggio*, mais plutôt à la réputation de Voltaire comme auteur de *La Henriade*, dont une traduction italienne est parue en 1741, et également à la nouvelle de son entrée à l'Académie française le 25 avril 1746. En fait, les correspondants italiens de Voltaire semblent passer le *Saggio* sous silence, sauf pour le chanoine Cossinio de Bologne, qui souligne l'opinion de Voltaire sur la question du Déluge.[12]

Etant donné le peu d'intérêt que suscita le *Saggio* et le rôle autrement plus important que joua *La Henriade* pour lui acquérir de la réputation en Italie, on peut s'interroger sur son choix des thèmes de la structure de la Terre et du déluge pour son premier ouvrage en italien. Il est possible que Voltaire ait trouvé que le ton piétiste, au moins en apparence, auquel menait le traitement de ces questions, convenait à un public où les ecclésiastiques étaient nombreux. En plus, ce sont des thèmes 'académiques' et donc bien adaptés à son public d'académiciens. Cependant, la véritable explication est peut-être plus simple. Nous verrons plus tard que les origines du *Saggio* remontent à quelques passages des *Eléments de la philosophie de Newton* éliminés par Voltaire des versions ultérieures du texte dès 1748. Il semble que Voltaire tenait à ce matériel et ne voulait pas l'abandonner entièrement. C'est donc peut-être par simple désir de ne pas se séparer d'un texte qui lui avait coûté un certain investissement de temps et d'effort (il a lu Whiston, Woodward et Burnet) qu'il l'a repris pour le *Saggio*.

ii. *La traduction française*

Comme nous le verrons ci-dessous, le sujet du Déluge a été déjà abordé par Voltaire dans les *Eléments de la philosophie de Newton*.

---

[12] D3379. Dans cette lettre, Cossinio annonce à Voltaire que Mme Du Châtelet a été élue membre de l'académie de Bologne: voir D.app.93.

En constatant que les deux chapitres concernés ont été ajoutés aux *Eléments* en 1741, et y sont supprimés en 1748, il faut du moins admettre la possibilité que Voltaire travaillait plus ou moins sérieusement sur une version française de ces matériaux avant d'entamer la rédaction du texte italien définitif.

Que Voltaire ait eu dès le début l'intention de rédiger une version complète de son texte en français – comme il dit l'avoir traduit en anglais,[13] et avoir l'intention de le traduire en latin[14] – cela n'est pas douteux. Cette décision ne put qu'être affermie après la parution d'une traduction assez plate comportant des erreurs, donnée par le *Mercure de France*.[15] Sa propre version française, qui paraît pour la première fois en 1748 dans l'édition de Dresde de Conrad Walther (même édition où les deux chapitres des *Eléments* ne figurent pas), est donc postérieure de quelques mois tout au plus à la diffusion du texte italien. Tout en restant fidèle à l'expression de sa pensée, Voltaire n'a pas recherché une traduction littérale: il

[13] Nous ne connaissons pas la traduction anglaise citée par Voltaire dans D3423 (voir la note ci-dessous) et D3351. Aucun texte anglais ne se trouve dans les archives de la Royal Society of London, ni dans celles de la Royal Society of Edinburgh, dont Voltaire fut élu membre en avril 1745 (D3153).

[14] Voir la lettre écrite en latin à G. F. Müller, secrétaire de l'Académie russe de Saint-Pétersbourg, du 28 juin 1746 (D3423).

[15] P.6-22. La traduction paraît sous la rubrique: 'Voici une traduction française dont l'original italien est d'un illustre écrivain français. M. de V. a composé ce morceau pour les Académies d'Italie, auxquelles il est agrégé.' Le traducteur, dont le nom ne nous est pas connu, connaît assez bien l'italien pour en donner une traduction fidèle: il fait les changements dans le découpage des phrases, élimine des qualificatifs jugés superflus, etc. Mais la rapidité de son travail lui a fait commettre des fautes parfois grossières. A la ligne 52 'La folla Pittagorica' ('la foule des Pythagoriciens') devient 'la folle secte des Pythagoriciens'; aux lignes 123-24 'regolarmente formata come une bella palla' ('comme une belle sphère') devient 'unie et formée régulièrement comme une belle pelouse'. Aux lignes 161-66, le passage sur les fleuves d'Afrique donne lieu à un étonnant contre-sens géographique: 'pour ouvrir un passage au Zaïre et au Niger, tandis que le Nil descendant d'un autre côté vient se réunir à ces deux fleuves au pied d'Atlas.' 'Quelques morceaux' (*Mercure*, p.9) est certainement une coquille pour 'monceaux' ('mucchi', ligne 60). En revanche l'omission de la plaisanterie sur la conque de Vénus (lignes 24-25) est intentionnelle et traduit un excès de pudeur assez comique.

récrit certaines phrases pour leur donner une tournure française, élimine quelques effets rhétoriques intraduisibles,[16] supprime le tour exclamatif à la fin de la remarque sur les philosophes qui ne font qu'un monde ridicule.[17] Il profite de cette traduction pour aiguiser certains traits malicieux.[18]

D'autres modifications touchent à la formulation de la thèse elle-même. Le paragraphe 'S'affaticarono i filosofi'[19] paraît affaibli dans la version française; on ne peut guère expliquer ce fait, sinon par un souci de sobriété et d'objectivité scientifique. L'auteur allège son texte d'un paragraphe qui n'apporte rien de nouveau, sinon une allusion aux Ecritures (d'autres seront éliminées dans des éditions postérieures). La figure géométrique expliquant la pesanteur et son commentaire sont supprimés. En revanche, la conclusion est enrichie d'une citation de Newton et d'une déclaration malicieuse de soumission à la tradition biblique; l'auteur en profite pour nier l'existence de toute preuve du déluge.

Enfin, dès la première publication de la version française, Voltaire introduit la 'Digression', où il s'efforce de déterminer le volume d'eau nécessaire à la submersion des plus hautes montagnes. Fait curieux, les chiffres servant de base à ce calcul ont été modifiés en 1751,[20] puis rétablis dans les éditions postérieures.

Le texte, ainsi récrit et complété n'évoluera plus de façon notable. L'édition Walther de 1752 présente une addition (la conjecture sur l'origine lacustre des coquilles),[21] et une suppression ('quoique les

[16] 'Guerregiare, o vaneggiare' (ligne 36). L'écho des finales suggère une assimilation entre la guerre et la folie. Ces mots sont supprimés dans la version française: Voltaire maîtrisait l'italien suffisamment bien pour écrire sa dissertation directement dans cette langue.

[17] Lignes 230-31 de l'original, 234-35 de la traduction.

[18] Le lecteur peut approfondir lui-même cette comparaison des styles en analysant le texte italien et la traduction française figurant ci-dessous.

[19] Lignes 102-12 de l'original, 125-31 de la traduction.

[20] Dans l'édition de Paris de Lambert (w51), suivi par w64r.

[21] Lignes 46-48 de notre texte.

écrivains sacrés disent le contraire').[22] Une révision en vue de l'édition collective de 1756 est attestée par quatre corrections formelles et une addition concernant les pierres formées naturellement en spirale.[23]

2. *Voltaire et l'histoire de la Terre*

La composition du *Saggio* remonte aux années qu'a passées Voltaire à Cirey avec Mme Du Châtelet, années consacrées à leurs travaux scientifiques. Au cours des années trente et quarante, le débat sur le Déluge était très vif en France. Entre autres, ce débat était promulgué par toute une série d'articles dans le *Journal de Trévoux*, dont un concernait les recherches du géologue italien Antonio Vallisneri, qui provoqua une discussion sur ces questions à l'Académie de Bologne.[24]

Voltaire a traité le sujet du déluge dans les chapitres 10 ('De la figure de la Terre considérée par rapport aux changements qui ont pu y survenir') et 11 ('De la période d'environ deux millions d'années nouvellement inventée') des *Eléments de la philosophie de Newton*.[25] Ces deux chapitres non-newtoniens ne figurent pas dans

[22] Ligne 139. Ces mots ont été barrés à la main dans l'édition de w48D que nous avons consultée.

[23] Lignes 27-29.

[24] Voir, par exemple, son compte rendu de la thèse de Woodward, *La Galleria di Minerva* (1708), et surtout *De' corpi marini che su' – Monti si trovano* (1728). Dans ce dernier ouvrage Vallisneri avance la proposition que la Terre a subi une évolution continuelle, en accord avec des lois mécaniques, et sans l'intervention d'un déluge, ou d'aucun autre choc particulier. Nous ne savons pas si Voltaire connaissait les œuvres de Vallisneri, mais il est bien possible qu'Algarotti lui en ait parlé pendant ses séjours à Cirey. Voir Carlo Sarti, *I fossili e il Diluvio Universale* (Bologna 1988), p.451; quant à C. Sarti, les académiciens de Bologne qui s'occupaient du sujet du Déluge prenaient tous le parti de Woodward. Voir également sur Vallisneri, Rhoda Rappoport, *When geologians were historians* (Ithaca, NY 1997), p.166-68, 218-26.

[25] *Eléments de la philosophie de Newton*, éd. W. H. Barber et R. L. Walters (Oxford 1992), *OC*, vol.15, p.477-89. Et voir W. H. Barber, 'Voltaire and natural science: from apples to fossils', dans *Voltaire en Europe. Hommage à Christiane Mervaud*, éd. M. Delon et C. J. Seth (Oxford 2000), p.243-54, ici p.253. Newton est évoqué à la ligne 300 de notre texte.

les éditions des *Eléments* de 1738 à 1740, et ils sont supprimés dans l'édition Walther de 1748, édition où la version française du *Saggio* apparaît pour la première fois. Quoique l'argument soit développé et élargi dans le *Saggio*, quelques similarités entre les deux textes sont frappantes, par exemple la citation d'Ovide et les passages concernant Louville et Burnet.

Peu de témoignages existent sur les circonstances de la composition du *Saggio*. Cependant, nous pouvons nous permettre de formuler des hypothèses sur la base d'indications fournies par la correspondance de Voltaire et l'évolution du texte des *Eléments de la philosophie de Newton*.[26]

Comme nous venons de le voir, c'est dans l'édition de 1741 des *Eléments* que Voltaire exprime d'abord ses idées sur l'âge de la terre et son relief. Son point de départ est le travail de Burnet pour ce qui concerne le déluge et son effet sur le relief terrestre,[27] et le travail de Louville, revu par Godin, sur l'obliquité de l'écliptique et donc l'âge de la terre.[28]

Le *Saggio* semble répondre directement à Burnet sur deux aspects. D'abord, Voltaire tient à démolir les théories selon lesquelles la Terre serait passée par des bouleversements dans sa structure physique (montagnes et plaines, la position des mers et des terres). Ensuite, et c'est peut-être l'objectif secondaire du texte mais une idée qui lui tient plus à cœur et qui reparaît sous d'autres formes tout le long de ses œuvres, Voltaire s'attaque à la tentative de Burnet de prouver par des preuves scientifiques la vérité littérale d'une question de foi, en l'occurrence le déluge biblique. Ce deuxième argument contre Burnet occupe moins de place dans

---

[26] Voir l'excellente étude de Robert Walters et William Barber accompagnant le texte des *Eléments*.

[27] *Telluris theoria sacra* (1681).

[28] Fontenelle rend compte dans l'*Histoire de l'Académie royale des sciences* pour 1716 (Paris, 1718), p.48-53, du travail de Louville (dont le mémoire fut donné dans les *Acta Eruditorum* de Leipzig de 1719, p.281-94). Godin, 'Que l'obliquité de l'écliptique diminue et de quelle manière; et que les nœuds des planètes sont immobiles', *Mémoires de l'Académie royale des sciences* pour 1734 (Paris 1736), p.491-502.

le *Saggio* mais son importance pour Voltaire est avérée par le fait que c'est par lui qu'il conclut l'ouvrage.

Ces thèmes étonnent dans un livre dédié aux théories de Newton et les deux chapitres disparaissent de l'édition de 1748. Or, comme l'indiquent Walters et Barber, une lettre de Voltaire à La Condamine d'octobre 1744 où il est question d'une nouvelle version de l'ouvrage, laisse penser qu'il aurait déjà commencé son travail de révision à cette époque.[29]

Il est donc possible qu'en automne 1744 Voltaire ait déjà décidé d'éliminer de sa discussion ces deux questions des *Eléments*. Or c'est justement l'époque où il se donne l'objectif de maîtriser la langue italienne, comme l'atteste une lettre du 9 janvier 1746 au cardinal Domenico Passionei (D3309): 'Mi rincresce molto d'essere più pratico della lingua inglese che dell'italiana' ('je regrette profondément d'être plus habile dans la langue anglaise que l'italienne'). C'est l'époque d'une grande activité épistolaire avec des correspondants italiens ou en italien, souvent avec des ecclésiastiques, y compris le pape. Nous avons également vu que c'était l'époque où il postulait pour des places dans des académies de la péninsule. Il fit imprimer une nouvelle page de titre des *Eléments* en 1744 pour faire valoir son adhésion à la Royal Society de Londres.[30] Il envoya une copie des *Eléments* pour appuyer sa candidature à l'Académie de Saint-Pétersbourg en juin 1745.[31] Or il venait de supprimer quelques pages de texte, sur un sujet qui lui tenait manifestement à cœur, du même ouvrage. Rien d'étonnant qu'il décide d'en tirer son premier ouvrage destiné à la publication dans cette langue dont il ambitionnait la maîtrise, et qu'il le soumette à l'Académie de Bologne.

Cependant, d'autres tâches le privaient du temps nécessaire à ce travail. Il fallait faire campagne pour *La Princesse de Navarre*, il

---

[29] Walters et Barber, *Eléments*, p.128: Voltaire parle d'une nouvelle version de l'ouvrage dans une lettre à La Condamine d'octobre 1744 (D3037).

[30] Walters et Barber, *Eléments*, p.129.

[31] Walters et Barber, *Eléments*, p.130.

fallait obtenir la place d'historiographe du roi et, dès qu'elle fut gagnée, il fallut remplir ses nouvelles responsabilités en chantant la victoire de Fontenoy le 8 mai 1745. Composition, impression et promotion de son poème sur Fontenoy occupent une grande partie de son temps, comme l'atteste sa correspondance de l'été 1745. Ce n'est qu'en automne qu'il reprend sa correspondance italienne, avec entre autres la lettre du 25 octobre à Quirini, citée ci-dessus, où il est question pour la première fois du *Saggio*.

Tout cela mène à rendre au moins vraisemblable une chronologie de la composition du *Saggio* qui aurait débuté par la suppression vers la fin 1744, dans les *Eléments*, du texte concernant le relief de la Terre, le déluge et l'âge de la planète. Il travaille à remanier le texte, soit en français pour préparer la 'traduction' par avance, soit directement en italien, en 1745, mais ses autres préoccupations retardent la fin du travail. Le texte n'est enfin prêt qu'en octobre 1745, au moment où il en parle à Quirini.

Quelles que soient les circonstances exactes de sa composition, on retrouve dans le texte du *Saggio* de nombreuses preuves, même mineures, du soin que Voltaire apportait à la rédaction et à la révision de tous ses ouvrages. Ce qui frappe ici, c'est l'effort fait pour donner plus de rigueur aux arguments scientifiques: effort vain d'ailleurs, car les calculs et les explications reposent sur de faux principes. Le philosophe suppose l'immutabilité du relief, l'insolubilité des roches dures et leur caractère indéformable; il en conclut à juste titre que les changements proposés du relief n'ont pas pu se produire dans les limites de la courte période attribuée au déluge par la tradition biblique; mais il en déduit l'impossibilité des théories diluviennes et l'existence primitive de la fosse méditerranéenne, ce qui va bien au-delà de ce que les données à sa disposition lui permettent de conclure. Mis en présence des fossiles, il y voit, sans choisir entre les différentes hypothèses, des débris de repas, des restes d'animaux lacustres et des ressemblances fortuites. Même si l'on tient compte de la science de l'époque et de ses lacunes, tout cela sent le parti pris, le désir de ne pas voir l'évidence. Il faut au disciple de Newton une création passive et inerte, au bourgeois épris d'ordre un monde statique, où puisse s'épanouir calmement le progrès humain; Voltaire les retrouve dans la nature malgré le témoignage de la nature même, grâce à un raisonnement en termes de causes finales digne de Leibniz. Signalons, au passage, que Voltaire se distingue, par sa position sur la nature immuable des espèces, de Maupertuis, en principe toujours son allié dans la domaine scientifique à l'époque: Maupertuis, lui, prônait au contraire, et explicitement, une théorie transformiste des espèces, permettant l'évolution de nouvelles formes de vie, dans sa *Dissertation physique à l'occasion du nègre blanc* (Leyde 1744) et la *Vénus physique* (s.l. 1745), la version plus complète du même ouvrage.

Cependant, cette hostilité aux nouvelles théories présente un aspect assez sain dans la mesure où elle s'oppose aux hypothèses fantaisistes des Whiston, Woodward et Burnet, qui fracassent, dissolvent et recomposent les roches du globe terrestre, sans considérer les possibilités réelles de la matière ni la durée nécessaire à l'évolution géologique. Buffon sera le premier, dans sa *Théorie de la Terre* (1749),[32] à envisager l'histoire du globe, dans une perspective suffisamment claire, en fonction de la sédimentation et du volcanisme. Il est le premier à donner à la terre un âge bien plus considérable que ne l'admettait la tradition religieuse. Diderot, plus hardi mais plus vague, comptera d'emblée en millions de siècles l'âge de la planète dans *Le Rêve de d'Alembert*.[33]

Si l'un des objectifs de Voltaire est de réfuter la théorie selon laquelle la surface de la Terre a connu des changements profonds le long de son histoire, il termine avec l'autre, en soutenant ici, sur un ton qui rappelle Bayle, que les articles de foi (comme le déluge biblique) ne sont pas sujets à une preuve par les faits scientifiques. Dans le cas de Voltaire, on peut cependant s'interroger sur la

---

[32] En fait, *L'Histoire et théorie de la terre*, datée de Montbard, 3 octobre 1744, est déjà achevée, mais ne sera pas publiée avant la *Dissertation*.

[33] Edition Vernière (Paris, Didier, 1951), p.60.

sincérité de sa foi apparente, et s'il ne voit pas plutôt dans l'absence de preuves scientifiques un argument pour remettre en question la vérité du déluge.

Voltaire soutiendra en 1757 les mêmes arguments, en utilisant des termes similaires, lorsqu'il se penchera sur la question des fossiles. Ce sujet fait l'objet d'une lettre à Elie Bertrand, pasteur et naturaliste bernois: 'Il ne faut pas renoncer sitôt à la religion pour quelques objections spécieuses', écrit-il en citant à nouveau la langue de chien marin, la *concha Veneris* et les huîtres du lac Lucrin (D6782, 26 novembre 1757). Il reprend l'hypothèse de l'origine lacustre des coquilles fossiles et affirme à nouveau l'impossibilité de la théorie selon laquelle la mer aurait formé les montagnes.

Voltaire ne cesse pas de s'intéresser à ces sujets pendant les années à venir: il y retournera en 1768 avec *Les Colimaçons du révérend père l'Escarbotier* et *Des singularités de la nature*, et pendant les années 70 dans les articles 'Changements arrivés dans notre globe', 'Des coquilles', 'Déluge universel' des *Questions sur l'Encyclopédie*.

Si la position de Voltaire face à des sujets ambitieux est plutôt celle du bon sens que celle d'une critique véritablement scientifique, le texte est intéressant par la perfection du style, aussi bien dans la version française que dans l'original italien.

3. *L'italien de Voltaire*

Presque vingt ans après la composition du *Saggio*, dans une diatribe parue dans la *Frustra letteraria*,[34] Baretti accuse Voltaire de ne pas savoir un mot d'italien. On peut opposer à ce jugement passionné les éloges de ses correspondants italiens.[35] Certaines figures de style, et notamment le 'guerreggiare, o vaneggiare' déjà

---

[34] No.viii, du 5 janvier 1764. Ce renseignement, comme la plupart de ceux qui suivent, est dû à l'amabilité de M. Franc Ducros de l'Université Paul Valéry de Montpellier.

[35] Par exemple le marquis Alamanni (D3397).

15

mentionné, montrent la virtuosité de Voltaire en italien. Les nombreuses lettres de l'année 1746 relatives à cette dissertation confirment cette impression. Il est bien évident qu'il n'aurait pas engagé sa réputation d'homme de lettres auprès de l'Académie de Bologne, auprès d'autres érudits et des académies italiennes s'il n'avait pu se fier sans réserve à la qualité de son italien. Certes, il écrit la langue des lettrés de son temps, mais l'influence française est moins forte chez Voltaire que chez certains de ses disciples italiens, Verri, Beccaria et Filangieri. Des tournures idiomatiques apparaissent spontanément sous sa plume. Il les élimine de sa traduction française, ayant conscience de l'écart entre les deux langues et des tournures propres à chacune d'elles.[36] Il corrige même l'exubérance latine de certains adjectifs,[37] change, comme nous l'avons vu, la phrase exclamative sur le 'monde ridicule' imaginé par les philosophes; il traduit en vers français la citation d'Ovide et ajoute un jeu de mots impossible dans la version originale: 'Voilà quelle était l'opinion des Indiens et de Pythagore, et ce n'est pas lui faire tort que de la rapporter en vers' (lignes 76-77). La poésie, en effet, est le domaine de l'imagination sans frein. Voltaire traducteur de lui-même prouve ainsi doublement son sens inné de la langue et son génie du style.

---

[36] Dès le début 'Vi sono erroni popolari' (ligne 1) est traduit par 'Il y a des erreurs qui ne sont que pour le peuple'. On trouvera sans peine de nombreux exemples attestant une adaptation de style.

[37] 'Ruine orrende d'un globo fracassato' (ligne 50) est rendu par l'expression 'des débris d'un monde'.

SAGGIO

INTORNO

AI CANBIAMENTI

AVVENUTI

SU'L GLOBO

DELLA TERRA.

IN PARIGI,

Stampato da PRAULT sulla ripa di Gêvres.

M. DCC. XLVI.

1. *Saggio*: page de titre de l'édition italienne
(Paris, Prault 1746).

4. *Éditions*

Saggio[38]

SAGGIO / INTORNO / AI CANBIAMENTI / AVVENUTI / su'l globo DELLA TERRA. / [*gravure*] / IN PARIGI, / Stampato da PRAULT sulla ripa di Gêvres. / [*filet-gras-maigre*] / M. DCC. XLVI.

12°. 21pp. Figure.

Paris, BnF (trois exemplaires): G-31142; R-25852; SZ-678. Exemplaire consulté: R-25852, provenant de la bibliothèque de Camille Falconet.

Dissertation

W48D

Œuvres de M. de Voltaire. Dresde: Walther, 1748-1754. 10 vol. 8°.

Edition publiée avec la collaboration de Voltaire.

Tome vi, p.1-14 Dissertation envoyée par l'auteur, en italien, à l'académie de Bologne, et traduite par lui-même en français, sur les changements arrivés dans notre globe, et sur les pétrifications qu'on prétend en être encore les témoignages.[39]

Bengesco 2129; Trapnell 48D; BnC 28-35.

Oxford, Taylor. Paris, BnF: Rés. Z Beuchot 12 (6). Bengesco 70.

W50

La Henriade et autres ouvrages. Londres [Rouen]: Société, 1750-1752. 10 vol. 12°.

Edition publiée sans la collaboration de Voltaire.

Tome vi, p.1-28.

Bengesco 2130; Trapnell 50R; BnC 39.

Geneva, ImV: A 1751/1 (6). Grenoble, Bibliothèque municipale.

---

[38] Nous remercions Gianluigi Goggi de sa précieuse relecture du texte italien.
[39] Le titre est le même dans toutes les éditions, sauf w51 (voir p.25).

W51

Œuvres de M. de Voltaire. [Paris: Lambert], 1751. 11 vol. 12°.

Publié avec la collaboration de Voltaire, qui demanda au libraire de remédier aux défauts de l'édition de Dresde, de suivre un ordre plus logique dans la distribution des matières et d'incorporer au texte les corrections qu'il lui adressait.

Tome x, p.1-16.

Bengesco 2131; Trapnell 51P; BnC 40-41.

Oxford, Taylor: V1 1751 (10). Paris, Arsenal: 8°B 13057; BnF: Rés. Z Beuchot 13.

W52

Œuvres de M. de Voltaire. Dresde: Walther, 1752. 9 vol. 8°.

Une réimpression de w48D avec de légères modifications. Publiée avec la collaboration de Voltaire.

Tome v, p.48-60.

Bengesco 2132; Trapnell 52, 70X; BnC 36-38.

Oxford, Taylor: V1. 1752 (5). Paris, BnF: Rés. Z Beuchot 14 (v). Vienna, Österreichische Nationalbibliothek: *38 L 1.

W56

Collection complette des œuvres de Mr. de Voltaire. [Genève: Cramer], 1756. 17 vol. 8°.

La première édition Cramer. Publiée avec la collaboration de Voltaire.

Tome iii, p.xxix-xlvi.

Bengesco 2133; Trapnell 56, 57G; BnC 55-56.

Oxford, VF. Paris, Arsenal: 8° B 34 048 (3); BnF: Z. 24585.

W57G

Collection complette des œuvres de Mr. de Voltaire. [Genève: Cramer], 1757. 10 vol. 8°.

Edition révisée de w56. Publiée avec la collaboration de Voltaire.

Tome iii, p.xxix-xlvi.

Bengesco 2134; Trapnell 56, 57G; BnC 67.

Oxford, VF. Paris, BnF: Rés. Z Beuchot 21 (iii).

w57P

Œuvres de M. de Voltaire. [Paris: Lambert], 1757. 22 vol. 12°.

Reprend en partie le texte de w56. Publié avec la collaboration de Voltaire.

Tome ix, p.315-35.

Bengesco 2135; Trapnell 57P; BnC 45-54.

Paris, BnF: Z. 24642-24663.

w64G

Collection complette des œuvres de M. de Voltaire. [Genève: Cramer], 1764. 10 vol. 8°.

Edition révisée de w57G. Publiée avec la collaboration de Voltaire.

Tome iii, p.33-50.

Bengesco 2133; Trapnell 64; BnC 89.

Oxford, Merton College; Taylor: V1 1764 (3); VF.

w64R

Collection complette des œuvres de M. de Voltaire. Amsterdam: Compagnie [Rouen: Machuel], 1764. 22 tomes in 18 vol. 12°.

Tomes i-xii font partie de l'édition supprimée par Voltaire (w48R).

Tome viii, p.1-28.

Bengesco 2136; Trapnell 64R; BnC 145-48.

w70G

Collection complette des œuvres de M. de Voltaire. [Genève: Cramer], 1770. 10 vol. 8°.

Une réimpression de w64G avec de légères modifications.

Tome iii, p.33-50.

Bengesco 2133; Trapnell 70G; BnC 90-91.

Oxford, Taylor: V1 1770 G/1 (3). Paris, Arsenal: 8 BL 34054 (3).

w68 (1771)

Collection complette des œuvres de M. de Voltaire. [Genève: Cramer; Paris: Panckoucke], 1768-1777. 30 vol. 4°.

Edition révisée de w56, tomes i-xxiv publiés avec la collaboration de Voltaire.

Tome xiv (1771), p.206-16.

Bengesco 2137; Trapnell 68; BnC 141-44.

Oxford, VF.

w70L (1772)

Collection complette des œuvres de M. de Voltaire. Lausanne: Grasset, 1770-1781. 57 vol. 8°.

Quelques volumes publiés avec la collaboration de Voltaire.

Tome xxvi (1772), p.301-17.

Bengesco 2138; Trapnell 70L; BnC 149 (1-6, 14-21, 25).

Lausanne, Bibliothèque cantonale et universitaire. Oxford, Taylor: V1 1770 L (26).

w71 (1773)

Collection complette des œuvres de M. de Voltaire. Genève [Liège: Plomteux], 1771. 32 vol. 8°.

Tome xiii (1773), p.235-46.

Edition publiée sans la collaboration de Voltaire.

Bengesco 2139; Trapnell 71; BnC 151.

Oxford, Taylor; VF.

w72X

Collection complette des œuvres de M. de Voltaire. [Genève: Cramer?], 1772. 10 vol. 8°.

Une réimpression de w70G.

Tome iii, p.33-50.

Bengesco 2133; Trapnell 72X; BnC 92, 105.

Oxford, Taylor: Vi 1770G/2 (3). Paris, BnF: 8° Yth. 5949.

w75G

La Henriade, divers autres poèmes et toutes les pièces relatives à l'épopée.
Genève: [Cramer & Bardin], 1775. 37 [40] vol. 8°.

L'édition 'encadrée', publiée avec la collaboration de Voltaire.

Tome xxxiii, p.21-33.

Bengesco 2141; Trapnell 75G; BnC 158-61.

Oxford, Taylor: Vi 1775 (33); VF.

K

Œuvres complètes de Voltaire. [Kehl]: Société littéraire-typographique,
1784-1789. 70 vol. 8°.

Tome xxxi, p.375-89.

Oxford, Taylor: Vi 1785/2 (31); VF. Paris, BnF: Rés. p. Z. 2209 (31).

5. *Principes de cette édition*

Textes de base: pour le texte italien, BnF, cote R 25852; pour la traduction
française, les variantes entre les éditions n'étant pas importantes, nous
avons choisi w75G, la dernière édition révisée par Voltaire. Les variantes
importantes sont tirées des éditions suivantes: w48D, w51, w52, w56,
w57G, w57P, w64G, w68, w70L, k. Le caractère β indique le texte de
base.

Traitement des textes de base

Version originale: nous avons corrigé au titre l'erreur 'canbiamento' pour
'cambiamento', et nous avons rétabli le mot grec (ligne 93), altéré dans
l'imprimé. Ailleurs, nous avons remplacé le *j* en fin de phrase par *i*. Nous

avons respecté la ponctuation du texte de base, ainsi que les italiques, sauf pour les noms propres.

Traduction française: nous avons corrigé les erreurs suivantes: 'des débris' pour 'les débris' (ligne 134); 'traversés' pour 'traversé' (ligne 199), 'celle' pour 'celles' (ligne 221), 'mêmes' pour 'même' (ligne 317). Nous avons respecté la ponctuation du texte de base, ainsi que les italiques, sauf pour les noms propres. Par ailleurs, le texte de base de w75G a fait l'objet d'une modernisation portant sur la graphie, l'accentuation et le grammaire.

I. Particularités de la graphie

1. Consonnes

— absence de la consonne *p* dans: tems.
— absence de la consonne *t* dans: changemens, mouvemens, raissonne-mens.
— redoublement de consonnes dans: appeller, applani, jettés, s'apperce-voir.
— présence d'une seule consonne dans: falait, pourait.

2. Voyelles

— emploi de *y* à la place de *i* dans: ayent, craye.

II. Particularités d'accentuation

1. L'accent aigu

— est employé au lieu du grave dans: onziéme.

2. L'accent circonflexe

— est présent dans: toûjours.
— est absent dans: buchers.
— est employé au lieu du grave dans: système.

III. Divers

— utilisation systématique de la perluette.
— le trait d'union:
  — est présent dans: à-peu-près, petit-à-petit, tour-à-tour, tout-d'un-coup, très-longtemps, très-vraisemblable.

SAGGIO INTORNO
AI CAMBIAMENTI AVVENUTI
SU'L GLOBO DELLA TERRA

Vi sono errori popolari; vene sono filosofici. Di questo secondo genere è forse l'opinione di molti eruditi, che veggono, o credono di vedere sopra tutta la Terra monumenti d'una generale ruina, e distruzzione.

Fù scoperta fra i monti di Hassia una pietra, che portava il sembiante d'un rombo. Sene conchiuse subito, che il mare coprisse anticamente i monti di Hassia; senza darsi briga di congetturare, che quel rombo portato per la mensa d'un signore di quel paese, si corruppe, fù gettato via, e poi s'impietrì. Un Luccio petrificato fù trovato sulla cima delle Alpi; i fiumi dunque in un tempo correvano sù i monti, ed in un'altro la Germania era il seno del mare!

Dicesi esser stata trovata ne' più alti monti di Helvezia un' ancora di nave; nè si cercò a riflettere, che spesso sopra quelle rupi furono tratti pesanti carichi, massime d'artiglieria, che s'impiegò qualche ancora per fermare il carico a qualche fessura di rocca; che l'ancora fù presa probabilmente da un naviglio del Lago di Genevra, e che infine (non con minor probabilità) l'istoria dell'ancora è falsa. Sembra più bello il dire, che questa ancora appartenne anticamente ad un vascello, che navigasse avanti il diluvio sopra le montagne degli Svizzeri?

24

DISSERTATION ENVOYÉE PAR L'AUTEUR, EN ITALIEN, À L'ACADÉMIE DE BOLOGNE, ET TRADUITE PAR LUI-MÊME EN FRANÇAIS, SUR LES CHANGEMENTS ARRIVÉS DANS NOTRE GLOBE, ET SUR LES PÉTRIFICATIONS QU'ON PRÉTEND EN ÊTRE ENCORE LES TÉMOIGNAGES

Il y a des erreurs qui ne sont que pour le peuple: il y en a qui ne sont que pour les philosophes. Peut-être en est-ce une de ce genre, que l'idée où sont tant de physiciens, qu'on voit par toute la Terre des témoignages d'un bouleversement général. On a trouvé dans les montagnes de la Hesse une pierre qui paraissait porter l'empreinte 5 d'un turbot, et sur les Alpes un brochet pétrifié: on en conclut, que la mer et les rivières ont coulé tour à tour sur les montagnes.[1] Il était plus naturel de soupçonner, que ces poissons, apportés par un voyageur, s'étant gâtés, furent jetés, et se pétrifièrent dans la suite des temps; mais cette idée était trop simple et trop peu systéma- 10 tique. On dit, qu'on a découvert une ancre de vaisseau sur une montagne de la Suisse: on ne fait pas réflexion qu'on y a souvent transporté à bras de grands fardeaux, et surtout du canon; qu'on s'est pu servir d'une ancre pour arrêter les fardeaux à quelque fente de rochers; qu'il est très vraisemblable qu'on aura pris cette ancre 15 dans les petits ports du lac de Genève; que peut-être enfin l'histoire de l'ancre est fabuleuse; et on aime mieux affirmer que c'est l'ancre d'un vaisseau qui fut amarré en Suisse avant le déluge.

a-g   w51: Dissertation sur les changements arrivés dans notre globe et sur les pétrifications qu'on prétend en être encore les témoignages, envoyée par l'auteur, en italien, à l'académie de Bologne et traduite par lui-même en français

10   w48D: de temps
      w51: du temps
11   w48D, w56, w57G, w57P: un ancre
14   w48D, w56, w57G, w57P: d'un ancre
15   w48D, w56, w57G, w57P: cet ancre

[1] Les fossiles sont le sujet de plusieurs débats au cours du dix-huitième siècle; voir, par exemple, un article de Leibniz dans *l'Histoire de l'Académie royale des sciences* pour 1708, p.9-11.

La lingua del pescecane somiglia un poco alla *glossapietra*. Basta questo per affermare, che tutte le Glossepietre siano altrettante lingue di Pescicani, le quali essi lasciarono tra i nostri monti al tempo di Noè? Perchè non dire ancora, le conche chiamate *Veneris* essere l'istessa cosa petrificata, che viene in esse figurata? I piccoli sassi che vengono sotto il nome di *corna d'Ammone*, inchiudono spesso un non sò che rettile. Si studiò di vedere in essi il pesce *nautilius*, riputato essere stato prodotto nel Mare Indico, e non mai veduto altrove, che nella sostanza di questi sassi: e senza esaminare, se questo animale impietrito sia un pesce di mare, o una anguilla, affermano, che il Mare di Bengala inondò per un tempo le nostre regioni.

In Italia, ed in Francia si ritrovano molte chiocciole, che passano per essere formate nei lidi di Soria. Non voglio dubitare punto della loro origine; ma i filosofi potevano ricordarsi di quegl'innumerabili pellegrini, che andavano in frotta a guerreggiare, o vaneggiare anticamente verso la Palestina, dove portarono i loro danari, e donde riportarono conchigliette. Non sò se sia meglio credere, che il Mar di Soria coprisse per un gran tempo Parigi, e Milano. Non sarebbe forse stravagante la congettura, che queste conche siano fossili. Molti filosofi lo pensarono così; ma in qualunque opinione, o errore che possiamo dare, non pare, che da queste chiocciole si possa arguire essere stato tutto il Mondo intieramente rovesciato.

La langue d'un chien marin a quelque rapport avec une pierre qu'on nomme *glossopètre*: c'en est assez pour que des physiciens aient assuré que ces pierres sont autant de langues que les chiens marins laissèrent dans les Apennins du temps de Noé; que n'ont-ils dit aussi, que les coquilles que l'on appelle *conques de Vénus* sont en effet la chose même dont elles portent le nom? 20

Les reptiles forment presque toujours une spirale, lorsqu'ils ne sont pas en mouvement; et il n'est pas surprenant que, quand ils se pétrifient, la pierre prenne la figure informe d'une volute. Il est encore plus naturel qu'il y ait des pierres formées d'elles-mêmes en spirales: les Alpes, les Vosges en sont pleines. Il a plu aux naturalistes d'appeler ces pierres des *cornes d'Ammon*. On veut y reconnaître le poisson qu'on nomme *nautilus*, qu'on n'a jamais vu, et qui était produit, dit-on, dans les mers des Indes. Sans trop examiner, si ce poisson pétrifié est un *nautilus* ou une anguille, on conclut que la mer des Indes a inondé longtemps les montagnes de l'Europe. 25 30 35

On a vu aussi dans des provinces d'Italie, de France etc., de petits coquillages qu'on assure être originaires de la mer de Syrie. Je ne veux pas contester leur origine; mais ne pourrait-on pas se souvenir que cette foule innombrable de pèlerins et de croisés qui porta son argent dans la Terre Sainte, en rapporta des coquilles? Et aimera-t-on mieux croire que la mer de Joppé et de Sidon est venue couvrir la Bourgogne et le Milanais? 40

On pourrait encore se dispenser de croire l'une et l'autre de ces hypothèses, et penser avec beaucoup de physiciens, que ces coquilles qu'on croit venues de si loin, sont des fossiles que produit notre Terre. On pourrait encore, avec bien plus de vraisemblance, conjecturer qu'il y a eu autrefois des lacs dans les endroits où l'on voit aujourd'hui des coquilles. Mais quelque opinion, ou quelque erreur qu'on embrasse, ces coquilles prouvent-elles que tout l'univers a été bouleversé de fond en comble? 45 50

23   W48D, W56, W57G, W64G: *conque de*
27-29   W48D, W51, W52: volute. Il a plu
46-48   W48D, W51: terre. Mais

I monti di Calais, e Douvres contengono in se molta creta: l'oceano dunque altre volte non fù fraposto tra loro. Il terreno verso Tanger, e Gibraltar è dell'istessa natura; l'Africa dunque, e l'Europa erano strettamente congiunte, e non v'era niente del Mare Mediterraneo? 45

I Pirenei, le Alpi, l'Appennino non sono nella mente d'alcuni filosofi, che nudi avanzi, e le ruine orrende d'un globo fracassato, la di cui forma è mutata, e rimutata molte volte. Così l'insegnava tutta la folla Pittagorica; e molti altri savi assicuravano la parte del globo, oggi abitata, essere anticamente stata un vasto mare, e che il seno dell'oceano fosse allora un'asciutto, ed arido terreno. Dichiara Ovidio il sentimento di tutti i filosofi d'Oriente; quando introduce Pittagora, che canta 50 55

Vidi ego quod fuerat quondam solidissima tellus
Esse fretum, vidi factas ex aequore terras, etc.

Les montagnes vers Calais et vers Douvres sont des roches de craie; donc autrefois ces montagnes n'étaient point séparées par les eaux. Le terrain vers Gibraltar et vers Tanger est à peu près de la même nature; donc l'Afrique et l'Europe se touchaient, et il n'y avait point de mer Méditerranée. Les Pyrénées, les Alpes, 55 l'Apennin, ont paru à plusieurs philosophes des débris d'un monde, qui a changé plusieurs fois de forme. Cette opinion a été longtemps soutenue par toute l'école de Pythagore, et par plusieurs autres. Elles affirmaient, que toute la terre habitable avait été mer autrefois, et que la mer avait longtemps été terre. 60

On sait qu'Ovide ne fait que rapporter le sentiment des physiciens de l'Orient, quand il met dans la bouche de Pythagore ces vers latins, dont voici le sens:

> Le Temps, qui donne à tout le mouvement et l'être,
> Produit, accroît, détruit, fait mourir, fait renaître, 65
> Change tout dans les cieux, sur la terre, et dans l'air:
> L'âge d'or à son tour suivra l'âge de fer.
> Flore embellit des champs l'aridité sauvage.
> La mer change son lit, son flux, et son rivage.
> Le limon qui nous porte est né du sein des eaux. 70
> Le Caucase est semé du débris des vaisseaux.
> La main lente du temps aplanit les montagnes;
> Il creuse les vallons, il étend les campagnes;
> Tandis que l'Eternel, le souverain des temps,
> Demeure inébranlable en ces grands changements.[2] 75

Voilà quelle était l'opinion des Indiens, et de Pythagore, et ce

---

51-52 w48D, w51, w52: sont d'une craie qui se ressemble: donc
51 K: des rochers de
68 w48D: d'un champ

---

[2] Traduction libre d'Ovide, *Métamorphoses*, xv, 259-68. Les deux derniers vers, avec leur allusion à l'immutabilité de Dieu, sont de l'invention de Voltaire. Avec quelques légères modifications ces vers se trouvent dans les *Eléments*, ch.11 (*OC*, vol.15, p.478), et se retrouvent dans le chapitre 16 des *Singularités de la Nature*, 'Du falun de Touraine et de ses coquilles' (M.xxvii.150).

Fù questa opinione di nuovo accreditata coll'inspezione d'alcuni mucchi di conchigliette, o rialzati nei sassi della Calabria, o stesi sul 60 pian terreno di Touraine, ed in alcuni altri luoghi in distanza del mare. In effetto, pare che cotali letti di chiocciole, siano là stati disposti a poco a poco in lunga serie d'anni. Il mare che in un luogo s'è retirato dai suoi lidi per qualche miglia, hà compensato questa perdita insensibile, col ricoprire alcuna parte d'un'altro terreno; ma 65 non vien ben dimostrato da tale avvenimento, essere stato il rimanente per molti secoli inghiottito, ed affogato. Ferrara, Frejus, Aiguesmorte furono un tempo spaziosi, e belli porti; e la mezza parte dell'Ostfrisia fù sommersa dall'Oceano Germanico. Le Balene dunque nuotarono molti secoli sù la cima del Caucaso, 70 ed il fondo dell'Oceano fù popolato di uomini?

Questo sistema, queste conclusioni si rinvigorirono in alcuni filosofi, dalla discoperta vera, o falsa del Cavaliere de Louville. Si sà essersi egli trasportato a Marsiglia, per osservare, se l'obbliquità dell'eclittica, fosse ancora la medesima, che era stata assegnata in 75 quella Città venti secoli fà, dall'astronomo greco Piteas, s'accorse, o credette accorgersi, che si fosse scemata di venti minuti, cioè che nel trascorso di due mila anni, il circolo dell'Eclittica si fosse avvicinato all'Equatore d'una terza parte d'un grado; e per conseguenza che in sei mila anni, l'Equatore, e l'eclittica diventa- 80 rebbero più vicini d'un grado intiero. Dato questo, è manifesto, che

n'est pas lui faire tort de la rapporter en vers. Cette opinion a été plus que jamais accréditée par l'inspection de ces lits de coquillages qu'on trouve amoncelés par couches dans la Calabre, en Touraine, et ailleurs, dans des terrains placés à une assez grande distance de la   80 mer. Il y a en effet apparence qu'ils y ont été déposés dans une longue suite d'années.

La mer, qui s'est retirée à quelques lieues de ses anciens rivages, a regagné peu à peu sur quelques autres terrains. De cette perte presque insensible, on s'est cru en droit de conclure, qu'elle a   85 longtemps couvert le reste du globe. Fréjus, Narbonne, Ferrare, etc. ne sont plus des ports de mer; la moitié du petit pays de l'Ostfrise a été submergée par l'océan; donc autrefois les baleines ont nagé pendant des siècles sur le mont Taurus et sur les Alpes, et le fond de la mer a été peuplé d'hommes.   90

Ce système des révolutions physiques de ce monde a été fortifié dans l'esprit de quelques philosophes par la découverte du chevalier de Louville. On sait que cet astronome en 1714 alla exprès à Marseille, pour observer si l'obliquité de l'écliptique était encore telle qu'elle y avait été fixée par Pithéas, environ deux mille   95 ans auparavant; il la trouva[3] moindre de vingt minutes, c'est-à-dire qu'en deux mille ans l'écliptique, selon lui, s'était approchée de l'équateur d'un tiers de degré; ce qui prouve qu'en six mille ans elle s'approcherait d'un degré entier.[4]

77   w48D, w51: vers. ¶Cette
81   w48D, w56: qu'elles y ont été déposées
86-87   w48D, w51, w52: Frejus et Narbonne etc.
90-91   w52: d'hommes. Ce
97   w51, w52, w56, w57G, w64G, w68: approché de
98-99   w51, w52, w56, w57G, w64G, w68: ans il s'approcherait

[3] Les mots 'o credette accorgersi' ('ou crut la trouver') de la version italienne (ligne 77) ne paraissent pas dans le français. L'italien exprime donc un scepticisme bien plus marqué à l'égard du travail de Louville.

[4] Jacques-Eugène d'Allonville, chevalier de Louville, astronome (1671-1732). Voltaire cite les calculs de Louville dans les *Eléments*, ch.11 (*OC*, vol.15, p.481 et note). Il les a sans doute consultés dans ses rapports publiés dans l'*Histoire de l'Académie des sciences*, 'Sur l'équinoxe du printemps de M.DCCXIV' (1714), p.68-69, et 'Sur l'obliquité de l'écliptique' (1716), p.48-54.

la terra, oltre i moti suoi già conosciuti, ne avrebbe ancora un nuovo, il quale la farebbe girare d'un polo all'altro sopra se stessa; di maniera che dopo 138000 anni, il Sole rimarrebbe un gran pezzo nell'Equatore, in rispetto della Terra; e che dopo due milioni d'anni incirca, tutti i climi del globo sarebbono trasportati a vicenda sotto la zona torrida, e sotto i poli. 85

Questo smisurato periodo (dicono costoro) non dee spaventarci; vene sono probabilmente de' più lunghi fra gli astri. Fù scoperto già un moto della Terra, che non si fà compito se non in venti cinque mila e più anni, e questo è la precessione degli equinozi. 90 Revoluzioni di cento mila milioni di secoli, sono infinitamente più rapide innanzi agli occhi dell'Eterno Δημιουργόν, che non è ai nostri sensi il giro d'una rota d'orologio compito in un batter d'occhio. 95

Questa nuova revoluzione della Terra inventata dal Louville, mantenuta, e corretta da alcuni altri astronomi, li indusse a ricercare le antiche osservazioni di Babilonia, trasmesse ai Greci per comando d'Alessandro, ed accennate nell'Almageste di Tolomeo. I Caldei al tempo d'Alessandro si davano il vanto d'avere una 100 serie d'osservazioni di quattro cento mila anni.

S'affaticarono i filosofi a conciliare le favole di Babilonia colla

Cela supposé, il est évident que la Terre, outre les mouvements 100
qu'on lui connaît, en aurait encore un, qui la ferait tourner sur elle-
même d'un pôle à l'autre. Il se trouverait que, dans vingt-trois mille
ans [5] le Soleil serait pour la Terre très longtemps dans l'équateur, et
que dans une période d'environ deux millions d'années tous les
climats du monde auraient été tour à tour dans la zone torride et 105
dans la zone glaciale. Pourquoi, disait-on, s'effrayer d'une période
de deux millions d'années? Il y en a probablement de plus longues
entre les positions réciproques des astres. Nous connaissons déjà
un mouvement à la Terre, lequel s'accomplit en plus de vingt-cinq
mille ans; c'est la précession des équinoxes. [6] Des révolutions de 110
mille millions d'années sont infiniment moindres aux yeux de
l'architecte éternel de l'univers que n'est pour nous celle d'une
roue, qui achève son tour en un clin d'œil. Cette nouvelle période
imaginée par le chevalier de Louville, soutenue et corrigée par
plusieurs astronomes, fit rechercher les anciennes observations de 115
Babylone, transmises aux Grecs par Alexandre, et conservées à la
postérité par Ptolomée dans son *Almageste*. [7]

Les Babiloniens prétendaient au temps d'Alexandre avoir des
observations astronomiques de quatre cent mille trois cents
années. [8] On tâcha de concilier ces calculs des Babiloniens avec 120

---

120   w48D, w51: années. ¶On

---

[5] A la suite d'une révision de ses calculs, Voltaire a divisé par 6 le chiffre de
138.000 ans donné dans le texte original.

[6] Voltaire touche la question de la précession des équinoxes dans le chapitre 11, de
la 3ᵉ partie des *Eléments*. Elle fut expliquée et soumise au calcul par D'Alembert dans
un mémoire célèbre de 1749.

[7] Traité d'astronomie et de trigonométrie sphérique de Ptolémée, datant du règne
d'Antonin le Pieux (deuxième siècle), exposé complet du système géocentrique, où
l'auteur expose les théories d'Hipparque, les complète et les modifie, donnant, parmi
bien d'autres observations, un calendrier des levers et couchers des astres et des
précisions sur les mouvements de la lune.

[8] Voltaire arrondit ce chiffre dans l'original. Cf. *Eléments*, ch.11 (*OC*, vol.15, p.481).

nuova ipotesi, ed alcuni ne arguirono che ogni paese essendo stato a vicenda o polo, o equatore, ogni mare avesse cangiato il suo lido, e'l suo fondo. Il grande, il vasto, le mutazioni del mondo incantano ancora il cervello dei savi. Si pascono di queste stupende catastrofi, come fà il popolo nelle rappresentazioni sceniche. Dal punto insensibile di nostra esistenza, da quell'istante di nostra durata, si spicca la nostra mente, e s'inoltra negl'infiniti secoli, per rappresentarsi, non senza piacere, il Canadà girando verso la Linea equinoziale, ed il mare agghiacciato trasportato sull'erte cime d'Atlante.

Un'autore, la di cui teoria della Terra lo rese più famoso, che utile, sostenne, che il diluvio avendo conquassato tutto il globo, fece di sue ruine, sassi, e montagne, e lasciò il mondo immerso nella maggiore confusione; infine non vede in esso, se non stragi, e ruine. Un' altro autore, non meno celebre, vede, ed ammira in ogni parte ordinanza, e simetria; ma afferma, che il diluvio ordinò così l'universo. Questi due autori s'accordano nel dire, che i monti, e le valli si sono fatte per mezzo del diluvio, benchè la sacra Scrittura dica espressamente tutto il contrario.

Burnet nel suo quinto capitolo, non dubita, che la Terra fosse avanti il diluvio tutta eguale, unita, regolarmente formata come una bella palla, senza montagne, senza valli, senza mare. Se a costui si crede, il diluvio fù la sola cagione di questa varietà chiamata da lui difformità; ed ecco la ragione, perchè le *corna d'Ammone* si cavano dai monti Appennini.

Il Vouduardo confessa bene, che vi erano montagne prima che la Terra fosse inondata, ma crede dimostrare essere i monti stati affatto dissoluti dalle acque, coi metalli, e minerali; e che invece di loro ne furono altri formati; ed asserisce questa nuova Terra, essere ripiena ancora di frammenti dei primi sassi ammolliti dal diluvio, e

34

l'hypothèse de la révolution de deux millions d'années. Enfin quelques philosophes conclurent que chaque climat ayant été, à son tour, tantôt pôle, tantôt ligne équinoxiale, toutes les mers avaient changé de place.

L'extraordinaire, le vaste, les grandes mutations, sont des objets qui plaisent quelquefois à l'imagination des plus sages. Les philosophes veulent de grands changements dans la scène du monde, comme le peuple en veut aux spectacles. Du point de notre existence et de notre durée, notre imagination s'élance dans des milliers de siècles, pour voir avec plaisir le Canada sous l'équateur, et la mer de la Nouvelle-Zemble sur le mont Atlas.

Un auteur, qui s'est rendu plus célèbre qu'utile par sa théorie de la Terre a prétendu que le déluge bouleversa tout notre globe, forma des débris du monde les rochers et les montagnes, et mit tout dans une confusion irréparable; il ne voit dans l'univers que des ruines. [9] L'auteur d'une autre théorie non moins célèbre n'y voit que de l'arrangement, et il assure que sans le déluge cette harmonie ne subsisterait pas; tous deux n'admettent les montagnes que comme une suite de l'inondation universelle. [10]

Burnet en son cinquième chapitre, assure que la Terre avant le déluge était unie, régulière, uniforme, sans montagnes, sans vallées, et sans mers; le déluge fit tout cela, selon lui: et voilà pourquoi on trouve des cornes d'Ammon dans l'Apennin.

Woodward veut bien avouer qu'il y avait des montagnes; mais il est persuadé que le déluge vint à bout de les dissoudre avec tous les métaux, qu'il s'en forma d'autres, et que c'est dans cette nouvelle terre qu'on trouve ces cailloux autrefois amollis par les eaux, et

125

130

135

140

145

139   W48D, W51: universelle, quoique les ecrivains sacrés disent le contraire.//
[barré à la main sur l'exemplaire de W48D consulté à la BnF]

[9] Voltaire rappelle successivement les théories de Thomas Burnet (1632-1718) dans *Telluris theoria sacra, orbis nostri originem et mutationes generales quas aut jam subiit aut olim subiturus est, complectens* (Londres 1681).
[10] John Woodward (1665-1728), *Essay towards a natural history of the earth and terrestrial bodies* (1698).

poi induriti, nei quali si ritrovano oggi animali antidiluviani, anguille, e topi d'India impietriti in Europa.

Il Vouduardo poteva ben avvedersi, che l'acqua non dissolve   135
mai sassi, e marmi; ma bisognava per credito del suo sistema, che fra cento, e cinquanta giorni il diluvio avesse tutto ridotto in pasta, affinchè egli trovasse antidiluviane bestie nelle pietre d'Inghilterra. Si richiederebbe più tempo, che non durò il diluvio per leggere tutti gli autori, che hanno composto bei sistemi sopra d'esso. Ciascun di   140
loro distrugge, e riproduce un mondo a sua posta, come Renato Descartes ne hà creato uno. La maggior parte dei Filosofi usurpano nel loro gabinetto la potenza di Dio, si lusingano di fare un mondo con la parola. Non voglio imitarli, e non hò conceputa la vana speranza di svelare i mezzi, e l'arte divina, che il creatore pose in   145
uso per formare la Terra, annegarla, ristorarla, e mantenerla. Mi basta la sacra Scrittura; non mi dò il vanto di spiegarla, nè l'ardire di dare ajuto alle sue parole.

Piglio solamente la libertà d'esaminare secondo le regole della probabilità, se debbe credersi, che il nostro globo abbia avuto, e sia   150
per acquistare uno stato diverso da quello in cui lo vediamo. Ci fà sol d'uopo avere occhi, osservare le opere della Providenza, e renderle grazie.

Miriamo prima quei monti, e sassi, che Burnet, e molti altri giudicano essere le ruine d'un' antico mondo, disperse di quà, e di   155
là, senza ordine, come le diroccate mura d'una città fulminata dal cannone. Io veggo al contrario (con sua pace) i monti disposti in un'ordine meraviglioso da un termine della Terra all'altro; veggo una continua serie di alti acquidotti interrotti a proposito in alcuni luoghi per dar passaggio ai fiumi, ed anche agli stretti del Mare, che   160
corrono bagnando, ed umettando la Terra. Dall'ultimo promon-

remplis aujourd'hui d'animaux pétrifiés. Woodward aurait pu à la vérité s'apercevoir que le marbre, le caillou, etc., ne se dissolvent point dans l'eau, et que les écueils de la mer sont encore fort durs. N'importe; il fallait pour son système que l'eau eût dissous, en cent cinquante jours, toutes les pierres et tous les minéraux de l'univers, pour y loger des huîtres et des pétoncles. 150

Il faudrait plus de temps que le déluge n'a duré, pour lire tous les auteurs qui en ont fait de beaux systèmes. Chacun d'eux détruit et renouvelle la Terre à sa mode, ainsi que Descartes l'a formée; car la plupart des philosophes se sont mis sans façon à la place de Dieu; ils pensent créer un univers avec la parole. 155

Mon dessein n'est pas de les imiter: et je n'ai point du tout l'espérance de découvrir les moyens dont Dieu s'est servi pour former le monde, pour le noyer, pour le conserver. Je m'en tiens à la parole de l'Ecriture, sans prétendre l'expliquer, et sans oser admettre ce qu'elle ne dit point. Qu'il me soit permis d'examiner seulement, selon les règles de la probabilité, si ce globe a été et doit être un jour si absolument différent de ce qu'il est. Il ne s'agit ici que d'avoir des yeux. 160 165

J'examine d'abord ces montagnes que le docteur Burnet et tant d'autres regardent comme les ruines d'un ancien monde dispersé çà et là sans ordre, sans dessein, semblable aux débris d'une ville que le canon a foudroyée. Je les vois au contraire arrangées avec un ordre infini d'un bout de l'univers à l'autre. C'est en effet une chaîne de hauts aqueducs continuels, qui en s'ouvrant en plusieurs endroits laissent aux fleuves et aux bras de mer l'espace dont ils ont besoin pour humecter la Terre. 170

Du cap de Bonne-Espérance naît une suite de rochers, qui 175

148   w48D, w51: pétrifiés. ¶Woodward
168   w70L: dispersés ça
169   w70L: semblables aux
170   w48D, w51: foudroyée. ¶Je

torio d'Africa s'inalzano quei monti, che poi abbassandosi aprono un passaggio al Zair, e al Niger, mentre che il Nilo scende d'un'altra parte, e poi si ricongiungono coll'Atlante tra il quale è Calpe, vien scavato il profondo Stretto di Gibraltar, il Calpe và serpendo insino 165 alla Sierra Morena; questa si giunge ai Pirenei, quali da un lato s'uniscono colla Sevenne, che sono parte dell'Alpi: all'Alpi sono incatenati gli Appennini stesi insino al Mare d'Otranto. Dirimpetto a loro appariscono le montagne d'Epiro, e di Tessaglia; di là passato lo Stretto di Gallipoli, trovasi il Tauro, che sotto il nome di 170 Caucaso, o d'Immao, si stende insino ai confini del mondo.

Così la Terra è d'ogni lato coperta d'un'immenso, e continuo reservatorio d'acque, dal quale precipitandosi tutti i fiumi, vanno irrigandola, mentre che nè dall'oceano, nè dal Mediterraneo esce un sol ruscello. Il Burnet fece stampare una carta del globo distinta 175 in montagne invece di Reami, e Provincie. S'ingegna coll'uso di questa figura, e colle sue parole, di darci l'idea della più spaventevole, ed orrenda confusione; ma nè dalla sua stampa, nè da' suoi ragionamenti non si può veramente arguire, se non armonia, utilità, e beneficenza. *Le montagne Andes*, dice egli, *si* 180 *stendono nell'America settentrionale per lo spazio di mille leghe. Il monte Taurus divide l'Asia in due parti. Un'uomo che potrebbe da lungi vedere il tutto ad una vista, s'accorgerebbe che il globo è ancora più difforme di quel che si pensa.*

Tutto il contrario (colla sua pace). Un'uomo di senno, che 185 vedrebbe l'uno, e l'altro Emisferio traversato da una catena d'alte cisterne, e d'immensi acquidotti, dai quali cadono tutti i fiumi, non potrebbe astenersi dall'ammirare, e dal ringraziare l'alta sapienza, e bontà del creatore; non essendovi un solo clima senza montagne, e senza fiumi. La serie dei sassi, che parve così brutta al Burnet, è un 190

s'abaissent pour laisser passer le Niger et le Zaïr, et qui se relèvent ensuite sous le nom du mont Atlas, tandis que le Nil coule d'une autre branche de ces montagnes. Un bras de mer étroit sépare l'Atlas du promontoire de Gibraltar, qui se rejoint à la Sierra-Morena; celle-ci touche aux Pyrénées, les Pyrénées, aux Cévennes, les Cévennes, aux Alpes, les Alpes, à l'Apennin, qui ne finit qu'au bout du royaume de Naples; vis-à-vis sont les montagnes d'Epire et de la Thessalie. A peine avez-vous passé le détroit de Gallipoli, que vous trouvez le mont Taurus, dont les branches, sous le nom de Caucase, de l'Immaüs, etc., s'étendent aux extrémités du globe. C'est ainsi que la Terre est couronnée en tout sens de ces réservoirs d'eau, d'où partent sans exception toutes les rivières qui l'arrosent et qui la fécondent. Et il n'y a aucun rivage à qui la mer fournisse un seul ruisseau de son eau salée.

Burnet fit graver une carte de la Terre divisée en montagnes au lieu de provinces: il s'efforce, par cette représentation et par ses paroles, de mettre sous les yeux l'image du plus horrible désordre; mais de ses propres paroles, comme de sa carte, on ne peut conclure qu'harmonie et utilité. *Les Andes*, dit-il, *dans l'Amérique, ont mille lieues de long; le Taurus divise l'Asie en deux parties, etc. Un homme qui pourrait embrasser tout cela d'un coup d'œil verrait que le globe de la Terre est plus informe encore qu'on ne l'imagine.* Il paraît tout au contraire, qu'un homme raisonnable qui verrait d'un coup d'œil l'un et l'autre hémisphère traversés par une suite de montagnes, qui servent de réservoirs aux pluies, et de sources aux fleuves, ne pourrait s'empêcher de reconnaître dans cette prétendue confusion toute la sagesse et la bienfaisance de Dieu même.

Il n'y a pas un seul climat sur la Terre sans montagnes, et sans rivière qui en sorte. Cette chaîne de rochers est une pièce essentielle

180

185

190

195

200

---

178   w48D, w51: montagnes. ¶Un
194   w48D, w51: utilités. ¶*Les*
197   w48D, w51: *l'imagine.* ¶Il
201   w52: de connaître dans
204   w51: rivières qui en sortent
       w48D: sorte. ¶Cette chaîne

principale ordigno della grande machina. Tolta questa serie, gli animali terrestri non potrebbono vivere, giacchè non si vive senza acqua dolce, la quale prodotta specialmente dal mare benchè salso, medianti i vapori continui, estratti dall'Oceano, vien trasportata dai venti sù la sommità dei monti, dove si trasforma in torrenti, e 195 fiumi: e viene calcolato dal grande Astronomo Halley, e dimostrato, che l'evaporazione universale è bastante a somministrare le pioggie, ed a riempire il letto di tutti i fiumi. Il mondo non è che una catena immensa; si tolga un'anello, la machina vien quasi distrutta. Perchè dar dunque una mentita ai sacri Scrittori, a fine di privare la 200 Terra delle sue montagne, che le furono sempre necessarie? O perchè sognare, che esse furono dissolute dalle acque; e che invece di esse sene sono formate delle nuove?

L'altra opinione cioè, che nella serie d'innumerabili secoli tutte le parti della Terra, abbiano servito alternativamente di fondo 205 all'oceano, è altrettanto contraria alla ragione, quanto alla sacra Scrittura.

Un moto che inalza il polo dell'eclittica di dieci minuti in mille anni, non è violento abbastanza per fracassare il globo. Se questa revoluzione esistesse, lasciarebbe per certo le montagne dove la 210 natura le hà poste; e per dire il vero, non sembra che il Caucaso, e le Alpi siano state trasportate, nè poco a poco, nè in un batter d'occhio in Asia, ed in Italia dalle costiere di Congo, e d'Angolà. La sola inspezzione dell'oceano reca un'argomento, che fà crollare tutto il sistema romanzesco. Il letto dell'oceano è incavato di maniera, che 215 quanto più si dislunga dalla spiaggia, tanto più diviene profondo. Quando si naviga in alto mare (da alcune isolette infuori) non appare nè pure un sasso. Ora se si dasse un tempo, dove l'oceano fosse inalzato sulla sommità dell'Alpi, se gli uomini, ed i bruti avessero vissuto nel fondo arenoso, dove è posto l'Oceano, donde, 220 e da qual parte sarebbero scesi i fiumi? Dove si sarebbero formate le acque necessarie alla vita?

Veramente bisognerebbe, che la natura a quei tempi, fosse stata tutta diversa da quella che pare oggidì; ma di grazia come un tal Globo incavato da un lato, e dall'altro portando montagne, e 225

à la machine du monde. Sans elle les animaux terrestres ne 205
pourraient vivre; car point de vie sans eau; l'eau est élevée des
mers, et purifiée par l'évaporation continuelle; les vents la portent
sur les sommets des rochers, d'où elle se précipite en rivières; et il
est prouvé que cette évaporation est assez grande pour qu'elle
suffise à former les fleuves et à répandre les pluies.[11] 210

L'autre opinion, qui prétend que dans la période de deux
millions d'années l'axe de la Terre, se relevant continuellement et
tournant sur lui-même, a forcé l'océan de changer son lit; cette
opinion, dis-je, n'est pas moins contraire à la physique. Un
mouvement qui relève l'axe de la Terre de dix minutes en mille 215
ans ne paraît pas assez violent pour fracasser le globe; ce
mouvement, s'il existait, laisserait assurément les montagnes à
leurs places; et franchement il n'y a pas d'apparence que les Alpes et
le Caucase aient été portées où elles sont, ni petit à petit, ni tout à
coup, des côtes de la Cafrerie. 220

L'inspection seule de l'océan sert autant que celle des montagnes
à détruire ce système. Le lit de l'océan est creusé; plus ce vaste
bassin s'éloigne des côtes, plus il est profond. Il n'y a pas un rocher
en pleine mer, si vous en exceptez quelques îles. Or s'il avait
été un temps où l'océan eût été sur nos montagnes; si les hommes 225
et les animaux eussent alors vécu dans ce fond qui sert de base à
la mer, eussent-ils pu subsister? De quelles montagnes alors
auraient-ils reçu des rivières? Il eût fallu un globe d'une nature
toute différente. Et comment ce globe eût-il tourné alors sur lui-
même, ayant une moitié creuse et une autre moitié élevée, 230

222   W48D, W51: système. ¶Le
224   W48D, W51: îles. ¶Or, s'il
230   W48D: une creuse moitié et [*corrigé à la main sur l'exemplaire consulté*]

[11] L'original nomme l'auteur de cette démonstration comme étant l'astronome
Edmund Halley (1656-1742), et cf. *Eléments*, 3e partie, ch.10 (*OC*, vol.15, p.475 et
note).

l'Oceano addosso, avrebbe potuto girare su'l suo asse egualmente ogni giorno? Tutte le regole della gravità, e quelle dei fluidi verrebbero violate. Come rimarrebbe un'oceano sospeso in alto, senza scorrere in questa escavazione immensa, che la natura adoprò per riceverlo? O che tutti i filosofi, che inventano un mondo, lo fanno ridicolo! Io suppongo con quelli, che ammettono il periodo di due milioni d'anni, che siamo arrivati a quel punto dove l'eclittica capiterà nel circolo del' Equatore, non si dee credere, che in tal tempo, nè mai l'oceano sia per cangiare di Iuogo. Verun moto della Terra può attraversare le leggi della gravità. Fate girare la Terra dal Ponente all'Oriente, dalla Tramontana al Mezzodì; ogni particella d'acqua, e di terra tenderà sempre verso il centro. Il meccanismo universale non si muterà un punto: sia il monte A. parte dell'oceano B. tutte le parti d'acqua saranno sempre dirette al centro C. e non v'è legge di natura, che in niun caso possa dirigere l'acqua nella linea BA: questi sono i primi principi della filosofia naturale.

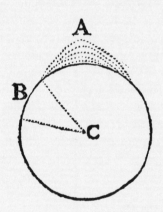

surchargée encore de tout l'océan? Les lois de la gravitation, et celles des fluides n'eussent jamais été accomplies. Comment cet océan se fût-il tenu sur les montagnes sans couler dans ce lit immense que la nature lui a creusé? Les philosophes qui font un monde ne font guère qu'un monde ridicule.

Je suppose un moment, avec ceux qui admettent la période de deux millions d'années, que nous sommes parvenus au point où l'écliptique coïncidera avec l'équateur: le climat de l'Italie, la France et l'Allemagne, seront dans la zone torride; il ne faut pas s'imaginer qu'alors, ni dans aucun temps, l'océan pût changer de place: aucun mouvement de la Terre ne peut s'opposer aux lois de la pesanteur; en quelque sorte que notre globe soit tourné, tout pressera également le centre. [12] La mécanique universelle est toujours la même.

[*La figure, ainsi que l'explication dessus, est absente de la traduction française*]

231-232 ᴋ: l'océan. Comment
238-239 ᴋ: l'Italie, de la France et de l'Allemagne sera changé; mais il
241 ᴋ: place; ce mouvement

[12] Voltaire refuse explicitement le transformisme en biologie (la mutabilité des espèces) de la *Vénus physique* de Maupertuis.

Non v'è dunque alcun sistema che possa recare la minima verisimilitudine all'opinione corrente, della quale molti si sono invaghiti, cioè che il globo è tutto cangiato, che l'oceano ondeggiò molti secoli fà dove sono ora le nostre città, e che gli uomini ebbero la lora dimora dove nuotano oggi i pescicani, e le balene. Tutto ciò che vegeta, tutto ciò che viene animato, i minerali, i metalli ancora, hanno ritenuto la loro natura. Ogni specie, ogni genere di vermi, e d'erbe s'è mantenuto senza corruzzione, o alterazione alcuna. Veramente sarebbe una cosa strana, se mentre la semenza di senapa, o di fungo, rimane eternamente la medesima, il globo il quale produce invariabili semi, cangiasse affatto la sua natura!

Quel che dico dell'oceano, bisogna dirlo del Mediterraneo, e del gran lago Caspiano. Se questi mari frapposti nel mezzo di terre, non sono così antichi come il globo, certo è che l'Universo fù essenzialmente differente da quello che pare. Numerosa è la turba degli autori, che ci hanno informato d'una non sò che scossa di terra, d'un gran monte inghiottito dall'oceano, tra Calpe, ed Abila, il quale diede subito passaggio all'acque dell'oceano, e ne constituì il Mar Mediterraneo, il quale si stese insino a mille, e cinque cento miglia verso la Tartaria. Cioè in un tratto un letto di mille, e cinque cento miglia fù cavato dalla natura, e tutti i fiumi d'intorno s'accordarono ad imboccarsi in questo nuovo Mare. Il caso di Calpe, ed Abila, è veramente molto meraviglioso: e si può dire che questa istoria non fù scritta da un contemporaneo.

245

250

255

260

265

Il n'y a donc aucun système qui puisse donner la moindre 245
vraisemblance à cette idée si généralement répandue que notre
globe a changé de face, que l'océan a été très longtemps sur la Terre
habitée, et que les hommes ont vécu autrefois où sont aujourd'hui
les marsouins et les baleines. Rien de ce qui végète et de ce qui est
animé n'a changé; toutes les espèces sont demeurées invariable- 250
ment les mêmes; il serait bien étrange que la graine de millet
conservât éternellement sa nature, et que le globe entier variât la
sienne.

Ce qu'on dit de l'océan, il faut le dire de la Méditerranée, et du
grand lac qu'on appelle mer Caspienne. Si ces lacs n'ont pas 255
toujours été où ils sont, il faut absolument que la nature de ce globe
ait été tout autre qu'elle n'est aujourd'hui.

Une foule d'auteurs a écrit, qu'un tremblement de terre ayant
englouti un jour les montagnes qui joignaient l'Afrique et l'Europe, l'océan se fit un passage entre Calpé et Abila, [13] et alla former 260
la Méditerranée, qui finit à cinq cents lieues de là, aux Palus-
Méotides; c'est-à-dire que cinq cents lieues de pays se creusèrent
tout d'un coup pour recevoir l'océan. On remarque encore que la
mer n'a point de fond vis-à-vis Gibraltar, [14] et qu'ainsi l'aventure
de la montagne est encore plus merveilleuse. 265

249   w48D, w51: baleines. ¶Rien
254   w48D-w68: dit ici de
257   w56, w57, w64G, w70L, K: toute autre

[13] Calpé et Abila étaient les deux colonnes d'Hercule, séparées, comme on le sait,
par le détroit de Gibraltar: Calpé, à l'extrémité de la péninsule ibérique, prit le nom
de Gibraltar après l'invasion des Maures.
[14] Un argument scientifique ajouté remplace ici la plaisanterie du texte original:
'et l'on peut dire que cette histoire n'a pas été écrite par un contemporain [de
l'événement]'.

Se si volesse solamente considerare il corso di tanti fiumi dell'Asia, e dell'Europa, che scendono da tutte le parti del Mondo di là di Gibraltar, e che vanno l'uno all'incontro dell'altro, sarebbe cosa facile d'accorgersi, che tutti questi fiumi dovevano naturalmente produrre un immenso Lago. Certo che il Tanaïs, il Boristene, l'Istro, il Rodano, etc. non potevano avere la lora imboccatura nell'oceano; o sarebbero stati costretti di correre tutti insieme, e di perforare i Pirenei per andare di compagnia al Mar di Biscaja.

Nondimeno molti filosofi asseriscono, che il Mediterraneo fù prodotto casualmente da una irruzzione dell'oceano. Si domandava che sarebbe avvenuto di tanti fiumi senza imboccatura? Che si sarebbe fatto d'un gran Lago senza uscita? Che pensare ancora del Mare Caspiano? Si rispondeva esservi una vasta sotterranea cavità; un secreto canale, al favor del quale il Mare Caspiano communicava le sue superflue onde al Mediterraneo, come il Mediterraneo era creduto portare le sue all'Oceano. In oltre si diceva, che questa comunicazione veniva comprovata da molti pesci gettati nel Mare Caspiano con un'anello alle nari, e poi pescati a Constantinopoli, o in Africa. In questa guisa fù trattata da molti l'istoria, e la filosofia; ma la critica mandò fuori le favole; la fisica esperimentale cacciò i sistemi. Cotali ciancie non devono più essere accreditate, giacchè è calcolato, che la sola evaporazione, è bastante ad impedire tutti i mari d'inondare le loro spiaggie. E dunque assai verisimile che il Mediterraneo, e l'oceano siano sempre stati fermi nel loro seno, eccetto li cento cinquanta giorni del diluvio, e che la costituzione fondamentale del mondo fù sempre l'istessa.

270

275

280

285

290

Si on voulait bien seulement faire attention à tous les fleuves de l'Europe et de l'Asie qui tombent dans la Méditerranée, on verrait qu'il faut nécessairement qu'ils y forment un grand lac. Le Tanaïs, le Boristhène, le Danube, le Pô, le Rhône, etc.,[15] ne pouvaient avoir d'embouchure dans l'océan, à moins qu'on ne se donnât encore le plaisir d'imaginer un temps où le Tanaïs et le Boristhène venaient par les Pyrénées se rendre en Biscaye. 270

Les philosophes disaient, qu'il fallait bien cependant que la Méditerranée eût été produite par quelque accident. On demandait encore ce que devenaient les eaux de tant de fleuves reçus 275 continuellement dans son sein; que faire des eaux de la mer Caspienne? On imaginait un vaste souterrain formé dans le bouleversement qui donna naissance à ces mers; on disait que ces mers communiquaient entre elles et avec l'océan par ce gouffre supposé; on assurait même que les poissons qu'on avait jetés dans la 280 mer Caspienne, avec un anneau au museau, avaient été repêchés dans la Méditerranée. C'est ainsi qu'on a traité longtemps l'histoire et la philosophie; mais depuis qu'on a substitué la véritable histoire à la fable, et la véritable physique aux systèmes, on ne doit plus croire de pareils contes. Il est assez prouvé que l'évaporation seule 285 suffit à expliquer comment ces mers ne se débordent pas: elles n'ont pas besoin de donner leurs eaux à l'océan. Et il est bien vraisemblable que la mer Méditerranée a été toujours à sa place, et que la constitution fondamentale de cet univers n'a point changé.

280 w48D, w51, w56, w57G, w64G, w68: que des poissons

[15] Voltaire mêle, dans cette hydrographie, les noms anciens et modernes: le Tanaïs est aujourd'hui le Don et le Borysthène le Dniepr; le Danube s'appelait autrefois Ister et le Pô Eridan.

Sò bene che vi saranno sempre uomini, lo spirito de'quali sarà più percosso d'un luccio insassito sul monte Ceni, e d'un rombo petrificato in Hassia, che di tutti i ragionamenti della vera filosofia. Si compiaceranno nell'immaginare, che i fiumi correvano antica- 295 mente sù l'erte cime dell'Alpi, che l'oceano copriva la Germania; e vedendo certe conchiglie affermeranno, che il Mar di Soria è venuto a Francfort. Il gusto del meraviglioso produce i sistemi stravaganti, ma la natura è altrettanto uniforme, semplice, e costante, quanto le nostre immaginazioni sono invaghite de 300 prodigi, e di segnalate revoluzioni.

VOLTAIRE.
Aprile 1746.

Je sais bien qu'il se trouvera toujours des gens, sur l'esprit   290
desquels un brochet pétrifié sur le Mont-Cenis, et un turbot trouvé
dans le pays de Hesse, auront plus de pouvoir que tous les
raisonnements de la saine physique: ils se plairont toujours à
imaginer que la cime des montagnes a été autrefois le lit d'une
rivière, ou de l'océan, quoique la chose paraisse incompatible; et   295
d'autres penseront, en voyant des prétendues coquilles de Syrie en
Allemagne, que la mer de Syrie est venue à Francfort. Le goût du
merveilleux enfante les systèmes; mais la nature paraît se plaire
dans l'uniformité et dans la constance autant que notre imagination
aime les grands changements; et, comme dit le grand Newton,[16]   300
natura est sibi consona. L'Ecriture nous dit qu'il y a eu un déluge,
mais il n'en est resté (ce semble) d'autre monument sur la Terre que
la mémoire d'un prodige terrible qui nous avertit en vain d'être
justes.

296   w48D-β: de prétendues [*erreur corrigée par* K]
302   w48D: n'en a laissé (ce

---

[16] Le nom de Newton ne paraît pas dans la version italienne.

Digression sur la manière dont notre globe
a pu être inondé

Quand je dis que le déluge universel, qui éleva les eaux quinze   305
coudées[17] au-dessus des plus hautes montagnes, est un miracle
inexécutable par les lois de la nature que nous connaissons, je ne dis
rien que de très véritable. Ceux qui ont voulu trouver des raisons
physiques de ce prodige singulier, n'ont pas été plus heureux que
ceux qui voudraient expliquer, par les lois de la mécanique,   310
comment quatre mille personnes furent nourries avec cinq pains
et trois poissons. La physique n'a rien de commun avec les
miracles; la religion ordonne de les croire, et la raison défend de
les expliquer.

Quelques-uns ont imaginé que les nuages seuls peuvent suffire à   315
inonder la terre; mais ces nuages ne sont que les eaux de la mer
même, élevées continuellement de sa surface, et atténuées et
purifiées. Plus l'air en est chargé, plus les eaux de notre globe en
ont perdu. Ainsi la même quantité d'eau subsiste toujours; si les
nuages se fondent également sur tout le globe, il n'y a pas un pouce   320
de terre inondé. S'ils sont amoncelés par le vent dans un climat, et
qu'ils retombent sur une lieue carrée de terrain aux dépens des
autres terres qui restent sans pluie, il n'y a que cette lieue carrée de
submergée.

D'autres ont fait sortir tout l'océan de son lit, et l'ont envoyé   325
couvrir toute la terre. On compte aujourd'hui que la mer, en prenant
ensemble les fonds qu'on a sondés et ceux qui sont inaccessibles à la
sonde, peut avoir environ mille pieds de profondeur. Elle n'a que
cinquante pieds en beaucoup d'endroits, et sur les côtes bien moins.

313-314   w51: défend de les en douter.
317   w48D, w51: de la surface

[17] Genèse, vii.20. Ce chiffre est rappelé par Buffon dans son article, *Du système de
M. Woodward.*

En supposant partout sa profondeur de mille pieds, on ne s'éloigne   330
pas beaucoup de la vérité.

Or les montagnes vers Quito s'élèvent au-dessus du niveau de la
mer de plus de dix mille pieds. [18] Il aurait donc fallu dix océans l'un
sur l'autre, élevés sur la moitié aqueuse du globe, et dix autres
océans sur l'autre moitié; et comme la sphère aurait alors plus de   335
circonférence, il faudrait encore quatre océans pour en couvrir la
surface agrandie; ainsi il faudrait nécessairement vingt-quatre
océans au moins pour inonder le sommet des montagnes de
Quito; et quand il n'en faudrait que quatre, comme le prétend le
docteur Burnet, un physicien serait encore bien embarrassé avec   340
ces quatre océans. Qui croirait que Burnet imagine de les faire
bouillir pour en augmenter le volume? Mais l'eau en bouillant ne se
gonfle jamais un quart seulement au delà de son volume ordinaire.
A quoi est-on réduit quand on veut approfondir ce qu'il ne faut que
respecter?   345

333   w51: de vingt mille
      w51: fallu vingt océans
334   w51: et vingt autres
337   w48D, w51: nécessairement quarante-quatre

[18] Cf. *Eléments*, 3ᵉ partie, ch.10, 52-67 variantes provenant des cartons de
l'édition de 1741. Voltaire avait peut-être consulté M. Bouger, 'Relation abrégée
du voyage fait en Pérou', *Histoire de l'Académie royale des sciences* (1744), p.249-97.
Cf. également l'article 'Déluge universel' des *Questions sur l'Encyclopédie*
(M.xviii.327-31).

De Cromwell

Critical edition

by

Mark Waddicor

CONTENTS

INTRODUCTION

This short piece was first published in the fourth volume of the 1748 Dresden edition of Voltaire's works, which appeared in September or October 1748 (D3795). It could have been included in one of the three 'tomes' containing several 'choses qui ne sont dans aucune autre édition', sent by Voltaire to Walther, the publisher of the Dresden edition, in July 1747 (D3557, D3574);[1] or it could have been in the fourth 'tome', which was ready by 7 November (D3582). In any case it must have been sent before 2 January 1748, when the sixth volume was sent to Walther (D3602).

I have been unable to discover any reference to the composition of *De Cromwell* in Voltaire's correspondence. It may be a 'by-product' of his research for *Le Siècle de Louis XIV* and the *Essai sur les mœurs*, on both of which he had been working for some time.[2] On the other hand, as we shall see, its anecdotal nature, together with its patently pro-Stuart bias, means that it lacks the relative serenity and objectivity of treatment found in those two historical works. It is more in the genre of the anecdotal *Lettre sur mademoiselle de Lenclos* (1751) and the *Anecdotes sur Louis XIV* (also first published in the Walther edition).[3]

---

*I am grateful to my former colleagues Dr Norma Perry of the Department of French at the University of Exeter, and Professor Ivan Roots of the Department of History at the University of Exeter for the help they have given me in the preparation of this text.

[1] These letters refer to three 'tomes' sent by Voltaire to Walther. It is uncertain whether 'tome' here means Walther's proof copies, being returned by Voltaire, or to the 1739 Amsterdam edition, upon which Voltaire was making corrections (D3625).

[2] Voltaire began work on *Le Siècle de Louis XIV* in 1732; it was first published in full in 1751. Work on the *Essai sur l'histoire générale* (later known as the *Essai sur les mœurs*) began in 1741; it was first published in full in 1756 (*Œuvres historiques*, ed. R. Pomeau, Paris 1957, p.28-31).

[3] See my introduction to the *Lettre sur mademoiselle de Lenclos*, p.i.

There are a number of references to Cromwell himself in Voltaire's writings before 1748, particularly in the Notebooks, and some of these references find an echo in the present text. Both the Notebooks and the text below provide a hint that Voltaire's interest in Cromwell came from, or was at least stimulated by, his contacts with Bolingbroke, either before or during his visit to England of 1726-1728/29. [4]

One of the earliest references to Cromwell comes in the *Epître à monsieur le duc d'Orléans* of 1716, where the Protector is seen as a bloodthirsty tyrant who was ultimately unsuccessful. [5] An entry in the 'Small Leningrad Notebook' of 1726-1728/29, on the contrary, shows Voltaire trying to understand Cromwell's character and his success as a political leader, without making any moral judgement:

He was so far from being a fanatik That he rul'd all who were so. He had a quick sighted sagacity, a firm understanding, an irresistible eloquence, a courage above all mankind, a profound knowledge of the world. He did not aim at first at the supreme power, but he was carried on by degree's [...] making alwais the best use of the least circumstances. [6]

The *Lettres philosophiques* of 1734 contain only one specific mention of Cromwell: he is cited as an example of the right man in the right place at the right time (letter VII). [7] The eighth letter, however, consists of a largely favourable account of the political benefits resulting from the English Civil War and from the Revolution of 1689: 'La Nation Anglaise est la seule de la terre, qui soit parvenue à régler le pouvoir des Rois en leur résistant, et qui d'efforts en efforts ait enfin établi ce Gouvernement sage où le Prince tout-puissant pour faire du bien, a les mains liées faire le mal [...] c'est dans des mers de sang qu'on a noïé l'Idole du pouvoir despotique.' [8] No sympathy is shown for Charles I, at least not in

---

[4] See below, lines 131-44 and n.45.
[5] *OC*, vol.1B, p.257-68, lines 43-50.
[6] *Notebooks*, i.62.
[7] *Lettres philosophiques*, ed. G. Lanson and A.-M. Rousseau (Paris 1964), i.81.
[8] *Lettres philosophiques*, i.89-90.

the first four editions of the *Lettres philosophiques*.[9] A reference in the 'Leningrad Notebooks' (1735-1750) reveals a certain respect for Cromwell, who 'n'abusa jamais de son pouvoir pour opprimer le peuple. [...] Usurpateur et non tiran'.[10] The *Essai sur le siècle de Louis XIV* of 1739 paints a brief picture not dissimilar to the present text. Cromwell is described as a man who subdued the English 'en portant l'Evangile dans une main, l'épée dans l'autre, le masque de la religion sur le visage, et qui dans son gouvernement couvrit des qualités d'un grand roi tous les crimes d'un usurpateur' (w51, ii.286).

The present text, is unfavourable towards Cromwell. He is seen as a successful orator (lines 31-34), and as a skilful and brave military leader (34-36, 46-61, 76-82) – but even here Voltaire suggests that there was a bloodthirsty and irrational streak in his character ('comme un grenadier furieux et acharné', 82). Elsewhere Cromwell is shown as a hypocrite in religion (1-10, 66-70, 130-44, appendix) and as a man of dubious sexual morality (15-17, 83-85) who allowed personal feelings to influence his political actions (85-87). He is depicted as a usurper and regicide (99-100), and as a tyrant (89-98). All in all he was more absolute than the monarch he deposed (124-28), yet Voltaire sees him as a personal failure in that he was unable to achieve happiness through tyranny (146-50, appendix 18-21). Most of these criticisms, as the notes to the text show, are based on 'facts' which are at best dubious and at worst simply wrong.

When we look at Voltaire's likely sources for *De Cromwell* we find that he does not rely on English writings, or even use them to any extent. It is surprising, for instance, that there are only a few possible borrowings from the important and relatively impartial source Clarendon's *History of the Rebellion and Civil War in*

[9] Lanson cites, however, the note, 'Monarque digne d'un meilleur sort', from edition 39⁴ of the *Lettres philosophiques* (see Lanson, i.92, text and variants).

[10] *Notebooks*, i.229. This has the ring of a statement written to contradict another authority, perhaps Leti (for whom see below): '[Cromwell] fut tyran et usurpateur' (*Vie de Cromwell*, ii.498).

England (1702-1704; French translation 1704).[11] Nor does he appear to have used two other well-known and more fervently pro-royalist texts, James Heath's *Flagellum* (1663), or Ludlow's *Memoirs* (1698; French translation 1699; BV2228), although he does refer to the latter in other works.[12] On the other hand there are numerous borrowings from, and reminiscences of, two important continental anti-Cromwellian works, François Raguenet's *Histoire d'Olivier Cromwell* (Paris 1691; BV2860) and Gregorio Leti's *La Vie d'Olivier Cromwell* (1692; French translation 1694; BV2066).

Raguenet's 'Avertissement' claims that his work is impartial. He gives an impressive list of forty-seven pamphlet sources that he has consulted and tells us 'Je n'avance rien dans tout ce qu'on va lire, que sur le témoignage d'auteurs la plupart contemporains, par conséquent bien instruits, et dont les ouvrages ont été très bien reçus dans leur temps.' He notes, nevertheless, that all these writers were biased: some were fawners and flatterers of Cromwell, others were violently opposed to him; he himself has tried to find the happy medium. The work is dedicated to Bossuet, Raguenet's purpose being, he says, to continue Bossuet's discourses on heresies in general and the trials of countries riven by different sects. Interestingly, Raguenet describes two episodes not related by Voltaire: the occasion when Mlle Greinvil fired a pistol shot at Cromwell as he was on his way to a Lord Mayor's banquet in London in 1654 (p.279-81),[13] and an encounter between Oliver St John, as British ambassador to Holland, and the duke of York at

[11] Cf. notes 9 and 18 to the text.

[12] For example, *Essai sur les mœurs*, ed. R. Pomeau (Paris 1990), ii.674-75; *Questions sur l'Encyclopédie*, 6ᵉ partie (1771), M.xix.85.

[13] Raguenet tells us that he had this story from the manuscript 'du feu M. de Brosses, docteur de la Faculté de Paris', who spent five years in England and six in Holland. Raguenet's account states that Mlle Greinvil (?Granville) was the mistress of Francis Buckingham, younger brother of the duke of Buckingham, whom Cromwell killed with his own hands at the battle of St Neots, and that she had planned this revenge for six years. Francis Buckingham was indeed killed during the Surrey insurgence that culminated in the battle of St Neots.

The Hague (p.243-44). These are the sort of anecdotes in which Voltaire revels. His omission of them suggests that he may have read Raguenet less carefully than the more gossipy and anecdotal Leti.

Gregorio Leti (1630-1701), a prolific author, spent several years at the court of Louis XIV, and later in London at the court of Charles II. Voltaire's copy of *La Vie d'Olivier Cromwell* is marked in several places by vertical lines in the margins. Leti sets out to provide more human interest, to flesh out what he sees as Raguenet's rather cold account. He also claims to include many particularities of Cromwell's life that Raguenet omits.[14] He mentions two contemporary sources, 'le comte d'Anglesey',[15] and the unidentified Chevalier Devaux, 'mon grand ami et qui je crois encore pleine de vie à Londres, lequel avait connu Cromwell dans son plus tendre enfance et qui m'a fourni une grande partie des mémoires dont j'ai composé cette histoire'.[16] Leti's account has more discussion than the others of Cromwell's relationship with France.

Voltaire may also have used volume iii of Pierre-Joseph d'Orléans's violently pro-royalist *Histoire des révolutions d'Angleterre* (1693-1694),[17] and more probably Rapin-Thoyras's famous and more impartial *Histoire d'Angleterre* (1724-1736; BV2871).[18]

[14] Comparing the two works, the 'Avertissement du traducteur' writes: 'Quoi que la première [Raguenet] soit écrite avec beaucoup de politesse et d'exactitude, on peu pourtant assurer qu'on trouve dans celle de M. Leti mille *particularités* de la vie de Cromwel dont l'abbé Raguenet ne fait aucune mention. On y voit plusieurs circonstances de la naissance de Cromwel, de ses études, de ses voyages, et de son mariage, que cet abbé semble avoir entièrement ignorées.'

[15] Arthur Annesley (1614-1686), of Castlewellan, Co. Down, was appointed first earl of Anglesey for his services in bringing about the restoration of Charles II. His father was Secretary of State at Dublin during the governor-generalship of Henry Cromwell: see T. C. Barnard, *Cromwellian Ireland 1649-1660* (Oxford 1975), p.20; also Douglas R. Lacey, *Dissent and parliamentary politics in England 1661-1689* (New Brunswick, NJ 1969), p.459-63.

[16] Leti, *Vie de Cromwell*, i.209.

[17] See for instance notes 1 and 40 to the text.

[18] Volumes viii-ix in this edition cover the Civil War and the Interregnum.

Orléans is at times vitriolic in his condemnation of Cromwell, perhaps more so than any of the others; he frequently refers to Cromwell as 'the usurper'. His account is mostly to do with military and political matters, however, and has little on Cromwell's personal life.

In Voltaire's historical works his documentation for the Cromwellian period certainly extends well beyond these continental writers. The limitations of his sources for *De Cromwell* must have helped to produce the limitations, real or assumed, in his outlook in the present text.

In *Le Siècle de Louis XIV* and in the *Essai sur les mœurs* Voltaire uses much of the material found in *De Cromwell*, but maintains a more detached attitude. In the *Siècle* Cromwell figures only for a few pages in chapter 6 ('Etat de la France jusqu'à la mort de Mazarin'),[19] mainly in relation to French affairs. He is described as 'cet usurpateur digne de régner', as instanced by his skilful avoidance of arbitrary actions in matters of taxation and in legal proceedings, by his lack of ostentation in private and public life, by his encouragement of commerce and by his successful foreign policy. Even the depiction of the plight of the Stuarts in exile is less emotional than in *De Cromwell*.[20] The difference between Cromwell and Mazarin is skilfully summed up: 'Maître de la France, comme Cromwell l'était de l'Angleterre, après une guerre civile, [Mazarin] eüt pu faire pour le pays qu'il gouvernait ce que Cromwell avait fait pour le sien, mais il était étranger, et l'âme de Mazarin, qui n'avait pas la barbarité de celle de Cromwell, n'en avait pas aussi la grandeur.'[21]

The account of the civil war and of the Commonwealth and Protectorate in the *Essai sur les mœurs* occupies the whole of chapters 180 ('Des malheurs et de la mort de Charles Ier') and 181 ('De Cromwell').[22] Few of the historically dubious anecdotes

[19] *OH*, p.667-86, at p.670-73.
[20] Lines 117-23; *OH*, p.672.
[21] *OH*, p.671.
[22] *Essai sur les mœurs*, ii.661-84.

found in *De Cromwell* appear, [23] and the presentation is more
strictly chronological as well as more accurate and impartial;
admittedly the criticism of fanaticism, so obvious in the present
text, reappears, albeit in a more sober form. Voltaire talks of
Cromwell's 'hypocrisie', [24] but the emphasis is on his political
merits, and on his ambition, which is seen as a positive quality; he
is presented as a champion of toleration, and even as a secret
admirer of theism – the apparent hypocrisy involved here
becoming a virtue in Voltaire's eyes. [25] The execution of Charles
I is described as a 'meurtre' [26] at one point, but the account of the
proceedings is restrained in tone. [27] The account of the dissolution
of Parliament is much more satisfactory in the *Essai* than in the
present text. [28] As in the *Siècle* there is emphasis on Cromwell's
personal sobriety. [29] All in all, the picture of Cromwell given in the
Essai is consistent with the generally dignified and impartial
attitude which Voltaire wishes to preserve, even though it is still
coloured to a certain extent by his anti-religious views and by his
personal sympathy for the Stuarts.

However great that sympathy, though, at the time of writing
the relevant sections of the *Siècle* and the *Essai* Voltaire had
evidently reached the conclusion that the Stuart cause was
hopeless. In the *Siècle* he inclines to attribute their failure to
fate: 'Si quelque chose justifie ceux qui croient une fatalité à

[23] An exception is Cromwell's supposed action of re-animating the earl of
Manchester on the battlefield (*Essai*, ii.668-69; cf. *De Cromwell*, lines 51-61).

[24] *Essai sur les mœurs*, ii.681.

[25] *Essai sur les mœurs*, ii.683: 'Ce n'est pas qu'il vit de bon œil la religion du
théisme, qui, étant sans fanatisme, ne peut guère servir qu'à des philosophes, et
jamais à des conquérants. Il y avait peu de ces philosophes, et il se délassait
quelquefois avec eux aux dépens des insensés qui lui avaient frayé le chemin du
trône, l'Evangile à la main.'

[26] *Essai sur les mœurs*, ii.676.

[27] The note in Kehl at this point, if it is by Voltaire, re-introduces indignation and
strong condemnation of Cromwell.

[28] *Essai sur les mœurs*, ii.679-81; *De Cromwell*, lines 91-98.

[29] *Essai sur les mœurs*, ii.682-83; *Le Siècle de Louis XIV*, ch.6, *OH*, p.670.

laquelle rien ne peut se soustraire, c'est cette suite continuelle de malheurs qui a persécuté la maison des Stuart pendant plus de trois cents années.'[30] It is not difficult to imagine, however, that Voltaire is implying that the Stuarts were somewhat incompetent.[31]

In later years Cromwell continues to figure frequently in Voltaire's writings, but not always in such a way as to make it possible to evaluate his real view of the Protector as a political leader.

In the correspondence of the 1760s the allusions to Cromwell mostly concern the dramatic potential of his career – in plays by J. M. B. Clément[32] and by A. Maillet Du Clairon,[33] and in one wrongly thought by Algarotti to be in the process of composition by Voltaire.[34] The tone in which Voltaire outlines the possible ways in which Cromwell could be portrayed on the stage – as 'un sublime fanatique', 'un respectable hippocrite' or 'un grand homme abominable'[35] – is more similar to that of *De Cromwell* than to that of the historical works. Voltaire also remains intrigued by the way in which Cromwell's use of language reflected the social and political climate of the times in which he lived.[36]

---

[30] *OH*, p.770.

[31] Cf. for example Voltaire's treatment of Charles' attempted arrest of the five members of Parliament (*Essai sur les mœurs*, ii.663).

[32] D10453 (17 May 1762). Clément's *Charles Ier* has not come down to us. See Voltaire's comment in *Dialogue de Pégase et du Vieillard* (1774), M.x.202.

[33] D11906, D11921, D11922. Antoine Maillet Du Clairon, *Cromwell* (Paris 1764; BV2259).

[34] D10629 (3 August 1762), to which Voltaire replied, 'Il est vrai que toutes les révolutions que j'ai vues depuis que je suis au monde, n'approchent pas de celle de Cromwell. Je ne crois pourtant pas que je mette jamais cet illustre fripon sur le théâtre; il me faudrait un parterre de puritains; et les puritains ne vont pas à la comédie' (D10644, 13 August 1762). Two years later Clément also thought that Voltaire was writing a play about Cromwell (D11906).

[35] D11922.

[36] *De Cromwell*, lines 29-30, appendix; cf. D11818, D10413 (15 April 1762), D14039 (variant printed in textual notes) (14 or 15 March 1767); also M.xxv.172-73.

Among other references in the late 1760s and early 1770s, Voltaire defends the view expressed in *Le Siècle de Louis XIV* that Cromwell 'couvrit des qualités d'un grand roi tous les crimes d'un usurpateur',[37] and, more critically, asserts that he was doubly a tyrant in that he was both a usurper and a regicide.[38] In many of these allusions we find further evidence of Voltaire's ambiguous attitude towards Cromwell: admiration for his political skill coupled with dislike of his manipulation of people's religious sentiments. Once again, the tone is reminiscent of *De Cromwell* rather than of the historical works.[39]

We can only conjecture as to the reasons for the difference in Voltaire's treatment of Cromwell between his other works and the present text. One speculation may be that *De Cromwell* was influenced by Voltaire's own involvement – in his capacity of *historiographe du roi* – as a protagonist for the Stuart cause in the unsuccessful Jacobite rising of 1745, which aimed to put Charles Edward Stuart on the throne of England. Voltaire was in the centre of the pro-Jacobite circle in Versailles, and was the author of the *Manifeste du roi de France en faveur du prince Charles-Edouard*.[40] He treats at length the 'défaite et malheurs' of Charles Edward in chapters 24 and 25 of the *Précis du siècle de Louis XV* (M.xv.281-306).

The fragment printed by Kehl as 'Section II' (our Appendix), which is not found in any earlier edition known to me, consists of a parallel between Cromwell and his son Richard, who became

---

[37] *Les Honnêtetés littéraires* (1767), M.xxvi.145.

[38] *Questions sur l'Encyclopédie* (1772), M.xx.542.

[39] In addition to the epithets given to Cromwell and quoted above, see, in D11922, the allusion to Cromwell's supposed love affair with Lambert's wife; cf. below, lines 83-87.

[40] M.xxiii.203-204; and see *Commentaire historique*, M.i.90. See also Laurence Bongie, 'Voltaire's English, high treason and a manifesto for bonnie prince Charles', *SVEC* 171 (1977), p.7-29; and F. J. McLynn, 'Voltaire and the Jacobite rising of 1745', *SVEC* 185 (1980), p.7-20.

Protector on the death of his father but resigned less than a year later. The tone of this piece, in which Richard is praised for his lack of the political ambition and ruthlessness which Cromwell had so eminently displayed, is similar both to that of the closing lines of the base text, where the Protector is compared unfavourably with Newton, and to letter XII of the *Lettres philosophiques*, in which Newton is seen as a greater man than 'ces politiques et ces conquérants', such as Caesar, Alexander, Tamburlaine and Cromwell.[41] But the theme of opposition to war and bloodshed is one which is found in works from all periods of Voltaire's life,[42] so it is not really possible to use such similarities to date the fragment. The references to Richard in *Le Siècle de Louis XIV*[43] and in the *Essai sur les mœurs*[44] make the same contrast between father and son, but again no certain dating can be established from these similarities. The similarities just alluded to indicate beyond reasonable doubt that the Kehl fragment is by Voltaire.

De Cromwell is an amusing but superficial and inaccurate piece which tends to paint history in terms of good and evil and which seems to show Voltaire subscribing to the philosophy which is sometimes evident in *Le Siècle de Louis XIV*: 'Du caractère d'un seul homme dépend souvent la destinée de l'Etat',[45] a view which is profoundly modified in *Le Siècle de Louis XIV* itself and in the *Essai sur les mœurs*.[46]

---

[41] Ed. Lanson and Rousseau, i.152.

[42] Cf. Brumfitt, *Voltaire historian*, p.15.

[43] For example, 'On sait qu'à Montpelier le prince de Condé [...] dit un jour: "Olivier Cromwell était un grand homme, mais son fils Richard est un misérable de n'avoir pas su jouir du fruit des crimes de son père." Cependant ce Richard vécut heureux, et son père n'avait jamais connu le bonheur' (*Siècle*, ch.6; *OH*, p.676).

[44] *Essai sur les mœurs*, ii.685-86. The contrast is not made so clearly here, but on his resignation Richard is said to have lived 'en particulier paisible'.

[45] Ch.6, *OH*, p.676.

[46] See Brumfitt's discussion, 'Causation and development', in *Voltaire historian*, p.104-11.

Editions

w48D

Œuvres de M. de Voltaire. Dresde: Walther, 1748-1754. 10 vol. 8°.

Produced with Voltaire's participation.

Volume iv, p.455-60, 'De Cromvel'. The base text.

Bengesco 2129; Trapnell 48D; BnC 28-35.

Oxford, Taylor. Paris, BnF: Rés. Z Beuchot 12 (4); Bengesco 70.

w38 (1749)

Œuvres de M. de Voltaire. Amsterdam: Ledet [or] Desbordes, 1738-1756. 9 vol. 8°.

Volumes i-iv at least were produced under Voltaire's supervision.

Volume vii (1749), p.140-47, 'De Cromwel'.

Corrects the errors of w48D at lines 33, 89, 106, 107 and 123 (see p.71).

Bengesco 2120; Trapnell 39A; BnC 7-11.

Paris, BnF: Ye 9213 (7), Z. 24566 (7); Rés. Z Bengesco 468 (7).

w51

Œuvres de M. de Voltaire. [Paris: Lambert], 1751. 11 vol. 12°.

Based on w48D, with additions and corrections. Produced with the participation of Voltaire.

Volume vi, p.245-52, 'De Cromwel'.

As w38, except that it gives 58 instead of 55 as Cromwell's age at his death (line 150). [47]

Bengesco 2131; Trapnell 51P; BnC 40-41.

Oxford, Taylor: V1 1751 (6). Paris, Arsenal: 8° B 13057; BnF: Rés. Z Beuchot 13.

---

[47] In order to avoid overloading the variants to the text with minor differences in the spelling of proper names, such differences are given in the descriptions of the editions.

w52

Œuvres de M. de Voltaire. Dresde: Walther, 1752. 9 vol. 8°.

Based on w48D. Produced with the participation of Voltaire.

Volume ii, p.154-59, 'De Cromwel'.

Follows w38 and w51, except that it gives 57 as Cromwell's age at his death, maintained by all subsequent editions, and suppresses the new paragraphs in these editions at lines 6-7, 18-19, 45-46 and 129-30.

Bengesco 2132; Trapnell 52, 70x; BnC 36-38.

Oxford, Taylor: V1. 1752. Paris, BnF: Rés. Z. Beuchot 14 (2). Vienna, Österreichische Nationalbibliothek: *38 L 1.

w56

Collection complette des œuvres de Mr. de Voltaire. [Genève: Cramer], 1756. 17 vol. 8°.

The first Cramer edition. Produced under Voltaire's supervision.

Volume iv, p.236-42, 'De Cromwell'.

Follows the paragraphing of w52. Introduces the spellings 'Cromwell' and 'Dunckerque'. New readings at lines 99-100 (reinforcing disapproval of the execution of Charles I), and 154 are maintained in all subsequent editions.

Bengesco 2133; Trapnell 56, 57G; BnC 55-56.

Paris, Arsenal: 8° B 34 048 (4); BnF: Z. 24585.

w57G1

Collection complette des œuvres de Mr. de Voltaire. [Genève: Cramer], 1757. 10 vol. 8°.

A revised edition of w56, produced with Voltaire's participation.

Volume iv, p.236-42, 'De Cromwel'.

Reverts to the spellings 'Cromwel' and 'Dunkerque'. Introduces an error at line 110.

Bengesco 2134; Trapnell 56, 57G; BnC 67.

Paris, BnF: Rés. Z Beuchot 21 (4).

W57G2

A reissue of w57G1.

Paris, BnF: Rés. Z Beuchot 20. St Petersburg: GpgbVM 11-74.

W57P

Œuvres de M. de Voltaire. [Paris: Lambert], 1757. 22 vol. 12°.

Based in part upon w56 and produced with Voltaire's participation.

Volume vii, p.414-22, 'De Cromwel'.

Follows the spellings 'Cromwel' and 'Dunkerke'. Repeats the error of w57G at line 110.

Bengesco 2135; Trapnell 57P; BnC 45-54.

Paris, BnF: Z. 24642-24663.

W64G

Collection complette des œuvres de M. de Voltaire. [Genève: Cramer], 1764. 10 vol. 8°.

A revised edition of w57G produced with Voltaire's participation.

Volume iv, p.240-46, 'De Cromwell'.

Similar to w56 for spellings 'Cromwell' and 'Dunckerque'; new spelling 'Lambert' at line 85, and 'Bolingbrooke' at line 135. Introduces the error 'Crommwell' at line 97.

Bengesco 2133; Trapnell 64; BnC 89.

Oxford, Merton College; Taylor: V1 1764 (4); VF.

W64R

Collection complette des œuvres de M. de Voltaire. Amsterdam: Compagnie [Rouen: Machuel], 1764. 22 tomes in 18 vol. 12°.

Volumes i-xii were produced and belong to the edition suppressed by Voltaire (w48R).

Volume xvii, pt I, p.138-43, 'De Cromwell'.

Similar to w57G and w57P, but does not repeat the error at line 110. Introduces the spelling 'Bullingbrooke' at line 135.

Bengesco 2136; Trapnell 64R; BnC 145-48.

W70G

Collection complette des œuvres de M. de Voltaire. [Genève: Cramer], 1770. 10 vol. 8°.

A new edition of w64G with few changes.

Volume iv, p.240-46, 'De Cromwell'.

Similar to w64G, but spells 'Yorck' at line 52. The typeface, layout and pagination are almost identical to w64G, but the type has been re-set at least partially and w64G's error at line 97 has been corrected.

Bengesco 2133; Trapnell 70G; BnC 90-91.

Oxford, Taylor: V1 1770 G/1 (4). Paris, Arsenal: 8 BL 34054 (4).

w68 (1771)

Collection complette des œuvres de M. de Voltaire. [Genève: Cramer; Paris: Panckoucke], 1768-1777. 30 vol. 4°.

Volumes i-xxiv were produced by Cramer under Voltaire's supervision.

Volume xiv (1771), p.136-41, 'De Cromwell'.

Similar to w64G and w70G at lines 85 and 135, but to earlier editions at line 52 ('York'). New spellings 'Babilone' at line 65 and 'Dunkerque' at line 120.

Bengesco 2137; Trapnell 68; BnC 141-44.

Oxford, Taylor, VF.

w71

Collection complette des œuvres de M. de Voltaire. Genève [Liège: Plomteux], 1771-1777. 32 vol. 12°.

Reproduces the text of w68. No evidence of Voltaire's participation.

Volume xiv, p.148-53, 'De Cromwel'.

Bengesco 2139; Trapnell 71; BnC 151.

Oxford, Taylor: WF.

W71P

Œuvres de M. de V***. Neuchâtel: Société de l'Imprimerie [Paris: Panckoucke], 1771. 6 vol. 12°.

No evidence of Voltaire's participation.

Volume v (Mélanges de littérature), p.160-68, 'De Cromwel'.

Spells 'Cromwel' as w57G, w57P and w64R; 'Lambert' and 'Boling-brooke' as w64G, w70G and w68; 'Dunkerque' as w68 at line 120. The only edition to give a new paragraph at line 45.

BnC 152.

Oxford, Taylor. Paris, BnF: Z 24794.

W70L (1772)

Collection complette des œuvres de M. de Voltaire. Lausanne: Grasset, 1770-1781. 57 vol. 8°.

Some volumes, particularly the theatre, were produced with Voltaire's participation.

Volume xxvii (1772), p.213-20, 'De Cromwell'.

Seems to be based on w64G, w70G and w68. Follows w68 in spelling 'Babilone' and 'Dunkerque'.

Bengesco 2138; Trapnell 70L; BnC 149 (1-6, 14-21, 25).

Lausanne, Bibliothèque cantonale et universitaire. Oxford, Taylor: V1 1770 L (27).

W72X

Collection complette des œuvres de M. de Voltaire. [Genève: Cramer?], 1772. 10 vol. 8°.

A new edition of w70G, probably printed for Cramer. No evidence of Voltaire's participation.

Volume iv, p.240-46, 'De Cromwell'.

Bengesco 2133; Trapnell 72X; BnC 92, 105.

Oxford, Taylor: V1 1770 G/2 (4). Paris, BnF: 8° Yth. 5949.

W75G

La Henriade, divers autres poèmes et toutes les pièces relatives à l'épopée.
Genève [Cramer & Bardin], 1775. 37 [40] vol. 8°.

The *encadrée* edition, produced at least in part under Voltaire's super-vision.

Volume xxxiii, p.174-79, 'De Cromwell'.

Similar to w68 for the spellings 'Cromwell', 'Babilone' and 'Dunkerque', but 'Yorck' at line 52.

Volume xxxiii is missing from the 'Ferney' set and uncut in the 'Paris' set of the *édition encadrée* revised by Voltaire: see S. S. B. Taylor, 'The definitive text of Voltaire's works: the Leningrad *encadrée*', *SVEC* 124 (1974), at p.129. Pages 173-74 in the copy of the *encadrée* in the BnF are a cancel, but the changes made were only typographical: see J. Vercruysse, *Les Editions encadrées des Œuvres de Voltaire de 1775*, *SVEC* 168 (1977), p.148, and the original page 173-74 bound in Z 24 871 at the end of the volume.

Bengesco 2141; Trapnell 75G; BnC 158-61.

Oxford, Taylor: V1 1775 (33); VF.

K

Œuvres complètes de Voltaire. [Kehl] Société littéraire-typographique, 1784-1789. 70 vol. 8°.

Volume xxxix, p.198-205, 'Cromwell'.

Spelling of proper names as w75G. Addition of 'Section II. Richard Cromwell'.

Oxford, Taylor: V1 1785/2 (39); VF. Paris, BnF: Rés. p. Z. 2209 (39).

Principles of this edition

The base text is w48D. Variants are drawn from the following editions in which Voltaire is known to have participated: w38, w51, w52, w56, w57G, w57P, w64G, w68, w70G, w70L, w71P, w72P, w75G and K.

Modernisation of the base text

The following errors have been silently corrected: line 33 'des royalistes' for 'de royalistes'; line 89 'de bourreaux' for 'des bourreaux'; line 106 'trives' for 'truces'; line 107 'de six' for 'des six'; line 123 'soutient' for 'soutint'. Cromwell was spelled Cromvel; Cicéron lacked the acute accent; Suède lacked the grave accent. The punctuation of the base text has been respected.

The following aspects of spelling and orthography have been modernised to conform to present-day usage:

I. Consonants

— *p* was not used in: tems.
— *t* was used for *d* in: echafaut.
— *t* was not used in the syllable endings: confidens, pensans.
— a single consonant was used in: developérent.
— double consonants were used in: deffendu, duppe, fidelle, jetter, trouppes.

II. Vowels

— the spelling *oi* rather than *ai* was used in the following verb endings: aimoit, alloit, avoit, buvoit, consistoit, declaroit, devoit, étoient, étoit, faisoit, falloit, parloit, passoit, portoient, savoient, servoit, valoit.
— *y* was used in place of *i* in: bisayeul, croyent, playe.

III. Accents

— The acute accent
    — was used instead of the grave in: briguérent, developérent, entiérement, portérent, procurérent, ramene.
    — was not used in: assurement, credule, declaroit, devot, fremir, feroce, intrepide, legitime, menageant, periodes, perir, posseder, republiques.
— The circumflex accent
    — was used in: vû (past participle).
    — was not used in: entraina, otaient, precher.
— The dieresis
    — was used instead of the grave in: Poëte.

- The grave accent
  - was not used in: frere, lumiere.

IV. Abbreviations

- St was abbreviated St.

V. Hyphenation

- the hyphen was not used in: cinquante cinq, cousins germains, Figurez vous, petit fils, quatre vingt quatre.

VI. Capitalisation

- capital letters were attributed to the following nouns: Amant, Ambassadeurs, Armée, Aumonier, Avanturier, Cardinal, Colonel, Comte, Cousins Germains, Couvent, Députation, Devot, Diacres, Ecclésiastique, Ecriture, Eloquence, Enthousiaste, Episcopat, Evêque, Fanatisme, Faquir, Fils, Généraux, Homme, Huissier, Lieutenant-Général, Loix, Maître, Major-Général, Ministre, Moine, Novice, Officiers, Parent, Parlement, Poëte, Prêtres, Protecteur, Puritain, Republique, Roi, Royalistes, Royaume, Soldat, Souverains, Theologien.
- capital letters were also attributed to adjectives denoting nationality: Anglais.

VII. Points of grammar

- the plural in x was used in: loix.

VIII. Other

- partout and tirebouchon were both printed as one word; sur tout was printed as two words.
- the ampersand was used throughout.

DE CROMWELL

On peint Cromwell comme un homme qui a été fourbe toute sa vie.[1] J'ai de la peine à le croire. Je pense qu'il fut d'abord enthousiaste et qu'ensuite il fit servir son fanatisme même à sa grandeur. Un novice fervent à vingt ans devient souvent un fripon habile à quarante. On commence par être dupe et on finit par être fripon[2] dans le grand jeu de la vie humaine.

Un homme d'Etat prend pour aumônier un moine tout pétri des petitesses de son couvent. Dévot, crédule, gauche, tout neuf pour le monde. Le moine s'instruit, se forme, s'intrigue, et supplante son maître.

Cromwell ne savait d'abord, s'il se ferait ecclésiastique ou soldat.[3] Il fut l'un et l'autre. Il fit en 1622 une campagne dans l'armée du prince d'Orange Frédéric Henri, grand-homme, frère

6-7 w52-w57P, w68-K: humaine. Un

[1] Raguenet implies that hypocrisy was one of the fundamental traits of Cromwell's character (*Histoire de Cromwell*, p.6-8); Leti talks of Cromwell's 'hypocrisie naturelle' (*Vie de Cromwell*, ii.105), and gives an example of its manifestation at the age of fifteen (i.166-67). Orléans refers to him possessing 'une hypocrisie inouie' (*Histoire des révolutions*, p.209). Such views are typical of the supporters of the Stuart monarchy during the Interregnum and more especially after the Restoration.

[2] An echo of some lines in Mme Deshoulières's poem 'Réflexions diverses' (1686): 'Le désir de gagner qui nuit et jour occupe / Est un dangereux aiguillon; / Souvent, quoique l'esprit, quoique le cœur soit bon, / On commence par être dupe, / On finit par être fripon.' Quoted from *Œuvres de madame et de mademoiselle Deshoulières* (Paris 1823), 2 vols, i.203-204. Voltaire owned the 1747 edition of this work (BV1008).

[3] Cf. Leti, *Vie de Cromwell*, i.4-6, claiming to quote 'le comte d'Anglesey': 'Cromwell, qui s'était destiné à l'état ecclésiastique, changea de dessein par esprit de faction. D'ecclésiastique, il devint soldat.' There is no evidence for this.

de deux grands-hommes;[4] et quand il revint en Angleterre, il se mit au service de l'évêque Williams et fut le théologien de 15 monseigneur, tandisque monseigneur passait pour l'amant de sa femme.[5] Ses principes étaient ceux des puritains; ainsi il devait haïr de tout son cœur un évêque et ne pas aimer les rois.[6]

On le chassa de la maison de l'évêque Williams, parce qu'il était puritain; et voilà l'origine de sa fortune.[7] Le parlement d'Angle- 20 terre se déclarait contre la royauté et contre l'épiscopat, quelques amis qu'il avait dans ce parlement lui procurèrent la nomination

18-19   w52-K: rois. On

[4] Cf. Leti (*Vie de Cromwell*, i.210-14), who gives the date as 1632. Modern historians make no mention of any period of foreign service in the 1620s or 1630s. Frederick Henry of Orange (1584-1647), Statholder from 1625 until his death, was brother of Maurice of Nassau (1567-1625) and of Philip William (1554-1618); the first two were renowned for their military prowess. In the *Essai sur les mœurs*, ch.164, Voltaire refers to Maurice of Nassau as a *grand homme*.

[5] Modern historians make no allusion to this episode, but both Raguenet (*Histoire de Cromwell*, p.13-14) and Leti (*Vie de Cromwell*, i.210, 215-16, 223-26) do, Leti going so far as to imply that Williams was the father of Cromwell's son Richard. John Williams, bishop of Lincoln, lived near Huntingdon, was a distant relative of Cromwell and spoke critically of him as a 'sectary' (R. S. Paul, *The Lord Protector: religion and politics in the life of Oliver Cromwell*, London 1955, p.45). The reference to Cromwell's wife appears to be an example of royalist slander. Voltaire's source could well be Leti (*Vie de Cromwell*, i.209). Cromwell had married Elizabeth Bourchier in 1620 and their relationship is taken to have been a happy one.

[6] Cromwell was brought up in an area where the Puritan outlook was strong. He may have been influenced by the teaching of Thomas Beard at Huntingdon free school, and by other Puritan teachers during his time at Sidney Sussex College, Cambridge, a hotbed of Puritanism. He does not seem to have expressed anti-monarchical views publicly before 1640.

[7] Raguenet tells a complicated story of how Cromwell, expelled from Williams's household for his Puritan leanings, cultivated anti-royalist sentiments by reading the works of 'Buchanan' and 'Hinsborne' (*Histoire de Cromwell*, p.16-17; cf. Leti, *Vie de Cromwell*, i.244-46). According to Clarendon (*History of the Rebellion*, iii.103, iv.130; French translation, i.288, 464-65), Williams was himself a Puritan, as well as being opposed to the Court.

74

d'un village.⁸ Il ne commença à exister que dans ce temps-là, et il avait plus de quarante ans sans qu'il eût jamais fait parler de lui.⁹ Il avait beau posséder l'écriture sainte, disputer sur les droits des prêtres et des diacres, faire quelques mauvais sermons et quelques libelles, il était ignoré.¹⁰ J'ai vu de lui un sermon qui est fort insipide et qui ressemble assez aux prédications des quakers, on n'y découvre assurément aucune trace de cette éloquence persuasive avec laquelle il entraîna depuis les parlements.¹¹ C'est qu'en effet il était beaucoup plus propre aux affaires qu'à l'Eglise.¹² C'était

⁸ An exaggeration at this stage: the 'Root and Branch' Bill, for the abolition of episcopacy, was not introduced until 1641, when Cromwell was one of its strongest supporters. Cromwell was elected to represent his native Huntingdon, which was a small town and not a 'village', in Charles I's third Parliament in 1628.

⁹ See also the Leningrad Notebooks (*Notebooks*, i.250), and the *Essai sur les mœurs*, ch.181. This is largely true: born in 1599, Cromwell did not emerge into national prominence before 1642. Voltaire could be following Clarendon, who says that even in 1641 Cromwell 'was little taken notice of' (*History of the Rebellion*, iv.51; i.419), or Rapin-Thoyras: '[Cromwell] avait passé les deux premières années de ce parlement [that is, 1640 and 1641] dans la chambre des communes [...] *sans faire beaucoup parler de lui*' (*Histoire d'Angleterre*, viii.639; my italic).

¹⁰ Raguenet claims that Cromwell acquired some notoriety during his year at Cambridge as a man of piety and a religious speaker (*Histoire de Cromwell*, p.10-12); there is no doubt that he had a profound knowledge of the Bible. The attacks on episcopacy to which Voltaire refers could be those that Cromwell made in Parliament in 1641. Raguenet also says (p.42-43) that Cromwell published two pamphlets in the early 1640s: *La Samarie anglaise*, an attack on the Court, and *Le Prothée puritain*, a satire of anti-royalists. His attribution of these works to Cromwell has little sound factual basis. There are no 'sermons' by Cromwell among his extant writings and speeches, as published by W. C. Abbott, *The Writings and speeches of Oliver Cromwell* (Cambridge, Mass. 1937-1947). The Puritans tended to see 'sermons' as a reprobate Anglican practice and favoured the religious 'lecture'. Nevertheless, some of Cromwell's authentic speeches sound somewhat like what we would now call sermons.

¹¹ Cf. Leti, *Vie de Cromwell*, i.168-69: 'Il est certain qu'il possédait tous les talents nécessaires à un bon orateur, une voix nette, claire et forte, l'expression dégagée, la prononciation douce et distincte, l'esprit présente, un profond savoir, l'air persuasif, le geste agréable et la mémoire fertile et heureuse.'

¹² There is no evidence that Cromwell considered an ecclesiastical career. Leti's assessment of Cromwell's capacities, though equally prejudiced, is somewhat different: 'on ne peut s'empêcher de le regarder comme [...] également capable de

surtout dans son ton et dans son air que consistait son éloquence; un geste de cette main qui avait gagné tant de batailles et tué tant de royalistes persuadait plus que les périodes de Cicéron. Il faut avouer que ce fut sa valeur incomparable qui le fit connaître et qui 35
le mena par degrés au faîte de la grandeur. [13]

Il commença par se jeter en volontaire qui voulait faire fortune, dans la ville de Hull assiégée par le roi. [14] Il y fit de belles et d'heureuses actions pour lesquelles il reçut une gratification d'environ six mille francs du parlement. [15] Ce présent fait par le 40
parlement à un aventurier, fait voir que le parti rebelle devait prévaloir. [16] Le roi n'était pas en un état de donner à ses officiers-généraux, ce que le parlement donnait à ses volontaires. Avec de

---

régler les affaires ecclésiastiques, et de gouverner un état' (*Vie de Cromwell*, ii.293-94). It is true that, after the death of Charles I, Cromwell displayed skill in moderating the extreme demands of religious enthusiasts (A. Woolrych, 'Oliver Cromwell and the Rule of the Saints', in *Cromwell: a profile*, ed. I. Roots, London 1973, p.50-71).

[13] Leti (*Vie de Cromwell*, ii.131-32) is less generous; while admitting that Cromwell's 'valeur' was one of the most important causes of his rise to power, he claims that it was the lack of effective European opposition to his schemes which was the decisive factor.

[14] See Raguenet, *Histoire de Cromwell*, p.60: 'Voyant que le Parlement commençait à craindre pour la ville de Hull [Cromwell] demanda permission d'aller *s'y jeter*, ce qu'il fit *heureusement* [...] à la tête de douze chevaux'; or Leti, *Vie de Cromwell*, i.273: 'Voyant que le Comte d'Essex [...] commençait à craindre pour la ville de Hull [Cromwell] demanda à ce général permission de s'y *jeter*' (my italic). In fact, Cromwell's military activities had begun earlier than this with his formation at Huntingdon, in late 1642, of a troop of horsemen later to become the 'Ironsides'. According to Clarendon, the name *volunteer* was applied to members of the Parliamentary militia in an attempt to disguise the fact that such soldiers were recruited and trained without royal consent (*History of the Rebellion*, v.45; ii.23).

[15] Leti talks of a 'présent de 400 guinées' (*Vie de Cromwell*, i.277; marked with a marginal line in Voltaire's copy, *CN*, v.323); approximately 4500 livres. Raguenet says that he was given 'un régiment composé de deux mille hommes' (*Histoire de Cromwell*, p.90).

[16] A similar contrast between the financial states of the two sides is drawn by Raguenet (*Histoire de Cromwell*, p.66), Clarendon (*History of the Rebellion*, v.430; ii.249) and Rapin-Thoyras (*Histoire d'Angleterre*, v.286).

l'argent et du fanatisme on doit à la longue être maître de tout. On
fit Cromwell colonel. [17]   45

Alors ses grands talents pour la guerre se développèrent, au
point que lorsque le parlement créa le comte de Manchester général
de ses armées, il fit Cromwell lieutenant-général, sans qu'il eût
passé par les autres grades. [18] Jamais homme ne parut plus digne de
commander; jamais on ne vit plus d'activité et de prudence, plus   50
d'audace et plus de ressources que dans Cromwell. Il est blessé à la
bataille d'York; et tandis que l'on met le premier appareil à sa plaie,
il apprend que son général Manchester se retire et que la bataille est
perdue. Il court à Manchester, il le trouve fuyant avec quelques
officiers, il le prend par le bras, et lui dit avec un air de confiance et   55
de grandeur: vous vous méprenez Milord, ce n'est pas de ce côté-ci
que sont les ennemis. Il le ramène près du champ de bataille, rallie
pendant la nuit plus de douze mille hommes, leur parle au nom de
Dieu, cite Moyse, Gédéon et Josué, recommence la bataille au
point du jour contre l'armée royale victorieuse, et la défait   60
entièrement. [19] Il fallait qu'un tel homme pérît ou fût le maître.

44-46   w71P: tout. ¶On fit Cromwell colonel. Alors

[17] 26 January 1643. According to Leti (*Vie de Cromwell*, p.277), the promotion
was part of the recompense for Cromwell's activity in Hull.

[18] See Leti (*Vie de Cromwell*, i.5 and 304-308) or Clarendon (*History of the
Rebellion*, viii.18; iii.340). The two promotions were not simultaneous: the earl of
Manchester was made Major-General of the Eastern Association on 9 August 1643;
Cromwell was appointed Lieutenant-General to Manchester on 21 January 1644.

[19] Voltaire's source for this account of what appears to be the battle of Marston
Moor (2 July 1644) is almost certainly either Raguenet (*Histoire de Cromwell*, p.110-
14), whose chronological annotation gives '23 juin' shortly before the account of the
battle in question, or Leti (*Vie de Cromwell*, i.329-39). Orléans (*Histoire des
révolutions*, p.6) says that Cromwell first came to attention at the battle of Marston
Moor. In the *Essai sur les mœurs*, ch.180, Voltaire says that the incident with
Manchester occurred at the battle of Newbury (October 1644), but this must be an
error since Cromwell was not wounded, nor did Manchester flee, on that occasion.
Several phrases are repeated verbatim from Raguenet (p.111): 'sans attendre qu'on
eût mis l'*appareil à sa plaie*'; 'le comte de *Manchester qui fuyait avec les autres, il le prit
par le bras en lui disant: "Vous vous méprennez, milord, les malignants ne sont pas où*

Presque tous les officiers de son armée étaient des enthousiastes, qui portaient le nouveau Testament à l'arçon de leur selle, on ne parlait à l'armée comme dans le parlement, que de perdre Babylone, d'établir le culte dans Jérusalem, de briser le Colosse.[20] 65 Cromwell parmi tant de fous cessa de l'être, et pensa qu'il valait mieux les gouverner, que d'être gouverné par eux. L'habitude de prêcher en inspiré lui restait. Figurez-vous un *faquir*, qui s'est mis aux reins une ceinture de fer par pénitence, et qui ensuite détache sa ceinture, pour en donner sur les oreilles aux autres *faquirs*. Voilà 70 Cromwell! Il devient aussi intrigant qu'il était intrépide; il s'associe avec tous les colonels de l'armée, et forme ainsi dans les troupes une république, qui force le généralissime[21] à se démettre.[22] Un

---

vous allez, il faut venir de ce côté-ci pour les trouver"'. Voltaire's words 'leur parle au nom de Dieu, cite Moyse, Gédéon et Josué' (lines 58-59) would appear to be his own embellishment, but it is true that Cromwell frequently alluded to biblical characters – he often compared himself to Moses and used biblical language (see below, n.20).

[20] 'Souvent [Cromwell] se mêlait parmi les troupes [...] et exhort[ait] les officiers à faire lire l'Ecriture aux soldats' (Leti, *Vie de Cromwell*, ii.3); Rapin-Thoyras, who 'quotes' Cromwell's religious exhortation to his soldiers before the battle of Dunbar (1650), says of the men: 'la plupart étaient du nombre des fanatiques' (*Histoire d'Angleterre*, ix.36).

[21] The usual term for a military commander was 'Major-General', but Clarendon uses 'generalissimo' (*History of the Rebellion*, vi.262; ii.465), and Leti 'généralissime' (*Vie de Cromwell*, i.437).

[22] An allusion to the Self-Denying Ordinance (February 1645) by which Essex and Manchester were forced to resign their military commands since the Ordinance forbade the holding of military office by any member of either house of Parliament. Cromwell, who was also a member of Parliament and a military commander, was excluded from the provisions of the act, perhaps as a result of his own manoeuvring (Clarendon, *History of the Rebellion*, ix.5, iv.6). The influence of the Agitators in the army, to which Voltaire also seems to be referring, does not seem to have been decisive in parliamentary decisions until 1647, the year to which Rapin-Thoyras is referring when he paints a picture very similar to that of Voltaire (*Histoire d'Angleterre*, viii.583, 586). Raguenet also makes reference to Cromwell's use of 'les Agitateurs' (*Histoire de Cromwell*, p.131). There was, Rapin-Thoyras and Voltaire suggest, an element of what we might now call democracy in the beliefs and practices of the extremists in the army (see also Woolrych, 'Oliver Cromwell and the Rule of the Saints', p.57).

autre généralissime est nommé et il le dégoûte.[23] Il gouverne l'armée, et par elle il gouverne le parlement;[24] il met ce parlement 75 dans la nécessité de le faire enfin généralissime. Tout cela est beaucoup; mais ce qui est essentiel, c'est qu'il gagne toutes les batailles, qu'il donne en Angleterre, en Ecosse, en Irlande,[25] et il les gagne, non en voyant combattre, et en se ménageant; mais toujours en chargeant l'ennemi, ralliant ses troupes, courant partout, 80 souvent blessé, tuant de sa main plusieurs officiers royalistes, comme un grenadier furieux et acharné.[26]

Au milieu de cette guerre affreuse Cromwell faisait l'amour; il allait, la Bible sous le bras coucher avec la femme de son major-général Lamberth. Elle aimait le comte de Holland, qui servait dans 85 l'armée du roi. Cromwell le prend prisonnier dans une bataille et

[23] Fairfax was named as Commander-in-Chief of the New Model Army in January 1645, with Skippon as Major-General. Both Raguenet ('Cromwell [...] fatiguait [Fairfax] autant qu'il lui était possible, pour le *dégoûter* du commandement', *Histoire de Cromwell*, p.129), and Leti ([Cromwell used] 'les ruses les plus cachées et les plus adroites pour engager [Fairfax] à *se dégoûter* du commandement', *Vie de Cromwell*, i.380, my italic; also at i.382), throw light on Voltaire's somewhat odd use of the word 'dégoûté'.

[24] Voltaire follows the royalist propagandists in suggesting a plot, engineered by and for Cromwell, against the Parliament, which they elsewhere affect to regard as a cunning and self-seeking gang of malcontents (Rapin-Thoyras, *Histoire d'Angleterre*, viii.591-95; also d'Orléans, *Histoire des révolutions*, iii.114, 141-43; Leti, *Vie de Cromwell*, i.381-85, ii.1-2; and Raguenet, *Histoire de Cromwell*, p.130-31, 177-80).

[25] Among the battles won by the Parliamentary forces, including Cromwell's troops, in England are: Marston Moor, 1644; Naseby, 1645; Langport, 1645; and Preston, 1648. In 1649 Cromwell led his forces to Ireland, where he captured Drogheda and Wexford, then Cork; he met with some successful resistance, but when he left in May 1650 most of Ireland was controlled by Parliamentary forces. In July he went to Scotland. The Scots were resoundingly defeated at Dunbar (3 September), and again at Worcester exactly one year later.

[26] Cromwell's personal courage is frequently stressed by the French historians, for example Raguenet, *Histoire de Cromwell*, p.61: 'il fit paraître, dans cette rencontre, des prodiges de valeur [...] il n'y avait point de jour auquel il ne fît une sortie sur les assiégants [...]. Enfin il abattait ou entraînait, comme un torrent, tout ce qui se rencontrait sur son passage.'

jouit du plaisir de faire trancher la tête à son rival. [27] Sa maxime était de verser le sang de tout ennemi important, ou dans le champ de bataille, ou par la main des bourreaux. [28] Il augmenta toujours son pouvoir, en osant toujours en abuser; les profondeurs de ses desseins n'ôtaient rien à son impétuosité féroce. [29] Il entre dans la chambre du parlement, et prenant sa montre, qu'il jette à terre, et qu'il brise en morceaux: je vous casserai, dit-il, comme cette montre. Il y revient quelque temps après, chasse tous les membres l'un après l'autre en les faisant défiler devant lui. Chacun d'eux est obligé en passant de lui faire une profonde révérence; un d'eux

[27] This anecdote must come from Raguenet (*Histoire de Cromwell*, p.xvi-xvii, 120-22), who claims to have the story from the manuscript of 'Monsieur de Brosse, docteur de la faculté de Paris', or from Leti (*Vie de Cromwell*, i.357-69), who gives a novelistic account of the supposed love affair, including the reactions of Elizabeth Cromwell, based on his own two sources, Devaux and the earl of Anglesey. It is to be found, in part, in Heath's *Flagellum* (p.128). The whole incident is in all probability a royalist fabrication. It is true, however, that Cromwell did not always see eye to eye with his subordinate (see G. D. Heath, 'Cromwell and Lambert, 1653-57', in *Cromwell: a profile*, ed. Roots, p.72-90). The earl of Holland changed sides more than once during the Civil War, and was either weak-willed or treacherous. There is no factual evidence of his involvement with Lambert's wife. Lambert was captured by Fairfax at St Neots, in Huntingdonshire, in July 1648 (Raguenet, p.172; Leti, i.456-57), and together with other royalist leaders captured at the same time he was executed in early in 1649, no doubt with Cromwell's approval.

[28] 'D'où on peut conclure', writes Leti, 'que Cromwell ne répandit le sang que par pure nécessité d'Etat; nécessité qui n'était fondée que sur les conseils que son ambition et le désir violent qu'il avait de s'aggrandir, lui inspiraient' (*Vie de Cromwell*, i.8). Cf. also Leti: 'sa grande maxime, de ne persécuter jamais son ennemi à demi' (i.408); one of Cromwell's 'maximes secrètes' was to 'faire mourir, par la voie de la justice en apparence, tous ceux qui auraient été capables de lui faire du mal' (ii.506); 'Jamais le monde ne vit un tigre plus altéré que lui de sang humain. [...] il prenait plaisir au carnage, et à déchirer les entrailles de ceux qui n'avaient pas le bonheur de lui plaire' (ii.379-80). These words are not, however, typical of all pro-royalist assessments of Cromwell.

[29] Raguenet gives an example of this 'profondeur': 'comme il avait la présomption de croire qu'il n'arrivait des disgraces à son parti, qu'afin qu'il eût la gloire de les réparer, il laissait souvent naître [...] des difficultés et des contretemps qu'il aurait pu prévenir: politique dangereuse, mais qui avait néanmoins coutume de lui réussir' (*Histoire de Cromwell*, p.231-32).

passe le chapeau sur la tête, Cromwell lui prend son chapeau, le jette par terre: apprenez, dit-il, à me respecter.[30]

Quand il eut fait couper la tête à son roi légitime sur un échafaud,[31] il osa envoyer son portrait à une tête couronnée, c'était à la reine de Suède Christine. Marvel, fameux poëte anglais, qui faisait fort bien des vers latins, accompagna ce portrait de six vers, où il fait parler Cromwell lui-même. Cromwell corrigea les deux derniers que voici:

100

97   w52-K: chapeau et le
99   w38, w51, w52: Lorsqu'il
     w38, w56G-K: eut outragé tous les rois en faisant couper
100 K: il envoya son

[30] Voltaire's source is almost certainly Leti, but he has inverted the order of the two incidents, and implies that they follow on from one to the other, whereas Leti presents them as separate events. The reference to breaking the watch is in Leti's account of Cromwell's meeting with a deputation of Members of Parliament just before what looks like the dissolution of the first Protectorate Parliament in 1654. The incident of the members bowing as they leave comes from Leti's description of what must be the dissolution of the Rump Parliament (though Leti places the incident in 1650, instead of 1653): Cromwell entered the Chamber with his soldiers and 'leur ordonna de prendre les députés deux à deux, et de les tirer ainsi hors de la salle. Alors, pour éviter ce nouvel affront, [les députés] se levèrent d'eux-mêmes, et commencèrent à défiler, les uns après les autres. Et ce qu'il y eut de bien mortifiant pour eux, c'est qu'ils furent contraints de saluer en sortant de la salle celui qui les insultait si cruellement. Car l'un d'eux, ayant voulu passer sans se découvrir, Cromwell lui arracha son chapeau de la tête et, en le jetant à ses pieds, "Apprenez", lui dit-il, "à saluer une autre fois le généralissime de l'armée." Cette action intimida les autres, qui lui firent tous en sortant une profonde révérence' (*Vie de Cromwell*, ii.194-95; cf. Heath, *Flagellum*, p.130-31).

[31] It is probably true that Cromwell was the principal influence in pursuing the trial and securing the execution of Charles I on 30 January 1649, although he was certainly not alone in wishing for it. Like Voltaire, Leti attributes all the responsibility to Cromwell (*Vie de Cromwell*, ii.38). For a rather different assessment by Voltaire of the rights and wrongs of the execution, see the end of the eighth of the *Lettres philosophiques* (ed. Lanson and Rousseau, i.92, text and variants).

At tibi submittit frontem reverentior umbra,   105
  Non[32] *sunt hi vultus regibus usque truces.*

Le sens hardi des six vers peut se rendre ainsi.

Les armes à la main j'ai défendu les lois,
D'un peuple audacieux, j'ai vengé la querelle;
Regardez sans frémir cette image fidèle,   110
Mon front n'est pas toujours l'épouvante des rois.

Cette reine fut la première à le reconnaître dès qu'il fut protecteur des trois royaumes.[33] Presque tous les souverains de l'Europe envoyèrent des ambassadeurs à leur frère Cromwell, à ce domestique[34] d'un évêque, qui venait de faire périr par les mains du   115 bourreau un souverain leur parent. Ils briguèrent à l'envi son alliance.[35] Le cardinal Mazarin pour lui plaire chassa de France les

107   K: hardi de ces six
110   W57G, W57P: frémir cet image

[32] The authentic text as given by McQueen and Rockwell reads '*Nec*'.

[33] Marvell had a Puritan upbringing and would more naturally have sided with Cromwell and Fairfax than with the Cavaliers. In 1652 or 1653 he became tutor to Cromwell's ward William Dutton, and from 1650 onwards he wrote various pieces in celebration of Cromwell (A. M. Patterson, *Marvell and the civic crown*, Princeton, NJ 1978, p.19). On his Latin poetry, see the introduction by W. A. McQueen and K. A. Rockwell to *The Latin Poetry of Andrew Marvell* (Chapel Hill, NC 1964). Modern editors do not suggest that Cromwell had any hand in the poem, which has on occasion been attributed to Milton. In the Leningrad Notebooks (*Notebooks*, i.335, 340) Voltaire quotes some lines of the poem, attributing it to Cromwell.

[34] Although this word could designate anyone attached to an important household it is undoubtedly intended as a slur.

[35] Cf. *Le Siècle de Louis XIV*, ch.6, p.671, where the expression *briguer l'alliance* is also used, and the *Essai sur les mœurs*, ch.181. The indignant tone is also to be found in Leti: 'Il n'y avait pas un seul ministre qui osât témoigner du mépris contre le nouveau gouvernement [...]. Non seulement il n'y avait aucun prince de l'Europe qui osât dire le plus petit mot en faveur de la maison royale, ou lui donner le moindre secours; il s'empressèrent tous à l'envi l'un de l'autre d'envoyer des ambassadeurs à la nouvelle république' (*Vie de Cromwell*, ii.140). Like d'Orléans (*Histoire des révolutions*, iii.253), Voltaire emphasises the family links between Charles I and other

deux fils de Charles Premier, les deux petits-fils de Henri IV, les deux cousins-germains de Louis XIV.[36] La France conquit Dunkerke pour lui, et on lui en remit les clefs.[37] Après sa mort Louis XIV et toute sa cour portèrent le deuil, excepté Mademoiselle, qui eut le courage de venir au cercle en habit de couleur, et soutint seule l'honneur de sa race.[38]

120

European monarchs: on the words 'leur frère Cromwell', cf. *Le Siècle de Louis XIV*, ch.6, where Voltaire tells how Cromwell successfully insisted that Louis XIV should address him as 'mon frère'. It is not the case that all Europe sought alliance with Cromwell as soon as he became Protector – the Dutch and the Swedes both procrastinated – but treaties were eventually signed with Sweden, Holland, Denmark and Portugal (all in 1654) and France (1655 and 1657). The European powers were aware that England – now free from internal strife but with a powerful army and navy – was in a strong military position. Cromwell's foreign policy has been the subject of much controversy (see R. Crabtree, 'The idea of a Protestant foreign policy', in *Cromwell: a profile*, ed. Roots, p.160-89).

[36] Cf. *Le Siècle de Louis XIV*, ch.6, p.670-72. There is a similar indignation in Leti's account of the way in which Mazarin, as a secret condition of his first treaty with Cromwell of 1655, engineered the exile from France of the two sons of Charles I, who had found shelter at the French court with their mother, Henriette Marie, third daughter of Henri IV (*Vie de Cromwell*, ii.402-409). Under pressure from Mazarin, Charles Stuart had already left France for the Low Countries in 1653; the duke of York was excluded in 1656. Mazarin's compliance with England was due to his anti-Spanish policy; Cromwell's desire to ally himself with France can be attributed to his hostility towards Spain, and possibly to a desire to protect the French Huguenots (see Crabtree, 'The idea of a Protestant foreign policy').

[37] By the 1657 treaty with France, England agreed to send 6000 soldiers to Flanders to assist in driving back the Spanish, in return for the towns of Dunkirk and Mardyke when they had been captured. Like Rapin-Thoyras (*Histoire d'Angleterre*, ix.95) and Leti (*Vie de Cromwell*, i.456), Voltaire ignores the role of the English in the capture of Dunkirk.

[38] Voltaire is no doubt embroidering on the *Mémoires de Mlle de Montpensier*: 'la mort du petit Conti sauva la honte que la cour aurait eue de porter le deuil de ce destructeur de la monarchie d'Angleterre. Pour moi, je ne l'aurais pas porté, à moins qu'un ordre exprès du roi, devant ce respect à la reine d'Angleterre, de qui je suis si proche. La reine a eu la bonté, par cette raison, de me dispenser de me trouver au Louvre toutes les fois que les ambassadeurs d'Angleterre y allaient' (*Mémoires de Mlle de Montpensier*, ed. A. Chéruel, Paris 1810, iii.283). In *Le Siècle de Louis XIV*, ch.6, Voltaire follows the *Mémoires* more accurately.

Jamais roi ne fut plus absolu que lui;[39] il disait, qu'il avait mieux aimé gouverner sous le nom de protecteur que sous celui de roi, parce que les Anglais savaient jusqu'où s'étend la prérogative d'un roi d'Angleterre, et ne savaient pas jusqu'où celle d'un protecteur pouvait aller.[40] C'était connaître les hommes que l'opinion gouverne, et dont l'opinion dépend d'un nom.

Il avait conçu un profond mépris pour la religion, qui avait servi à sa fortune. Il y a une anecdote certaine conservée dans la maison de St Jean,[41] qui prouve assez le peu de cas, que Cromwell faisait de

125

130

129-130   w52-k: nom. Il

[39] The same idea is found in Leti: 'Jamais monarque en Angleterre n'avait eu une autorité égale à la sienne' (*Vie de Cromwell*, ii.112); 'Il se rendit [...] beaucoup plus grand, plus respecté, et plus formidable par le refus qu'il fit de la couronne [...], parce qu'en refusant le titre de roi il en conserva l'autorité' (ii.495). Cf. d'Orléans (*Histoire des révolutions*, iii.181); also *Essai sur les mœurs*, ch.81: Cromwell 'régna, sans être roi, avec plus de pouvoir et plus de bonheur qu'aucun roi'. Some modern historians have questioned the assumption that as Protector Cromwell had absolute or tyrannical powers, and have pointed to the limitations imposed by the Instrument of Government, by the Council and even by Parliament (E. Barker, 'The achievement of Oliver Cromwell', in *Cromwell: a profile*, ed. Roots, p.14-15; Heath, 'Cromwell and Lambert', in *Cromwell: a profile*, p.78-79).

[40] Cf. an almost identical statement in *Le Siècle de Louis XIV*, ch.6, p.676, where Voltaire does not attribute the statement to Cromwell himself. Cromwell's motives for refusing the crown in 1657 are obscure, but among them must have been a realisation that his more radical supporters disliked the word 'king', and that monarchy would eventually involve the re-establishment of the Anglican Church, and possibly also the restoration of the Stuarts. Both Leti (*Vie de Cromwell*, ii.273-74) and d'Orléans (*Histoire des révolutions*, iii.242-43) also suggest that Cromwell was hypocritical and ambitious in refusing the kingship.

[41] Oliver St John (1603-1642), first earl of Bolingbroke. Oliver St John had played a part in the overthrow of Charles I and served in Cromwell's administration. He was related to Cromwell by marriage, and Johanna, his third child by his first wife, was the grandmother of Voltaire's friend Henry St John, Viscount Bolingbroke. I have not found the following story in any of the non-Voltairian sources consulted. That Bolingbroke was the source is made more likely by the fact that the entry in the Small Leningrad Notebook comes almost immediately after two entries concerning Bolingbroke (i.61).

84

cet instrument, qui avait opéré de si grands effets dans ses mains. [42]
Il buvait un jour avec Ireton [43] Fletwood [44] et St Jean, bisaïeul du
célébre milord Bollingbrooke; on voulut déboucher une bouteille,   135
et le tire-bouchon tomba sous la table, ils le cherchaient tous et ne le
trouvaient pas. Cependant une députation des Eglises presbyté-
riennes attendait dans l'antichambre, et un huissier vint les
annoncer. Qu'on leur dise que je suis retiré, dit Cromwell, et *que
je cherche le Seïgneur*. C'était l'expression, dont se servaient les   140
fanatiques, quand ils faisaient leurs prières. Lorsqu'il eut ainsi
congédié la bande des ministres, il dit à ses confidents ces propres
paroles: *ces faquins-là croient que nous cherchons le Seigneur, et nous
ne cherchons que le tire-bouchon.* [45]

Il n'y a point d'exemple en Europe d'aucun homme, qui venu de   145
si bas, se soit élevé si haut. Mais que lui fallait-il absolument avec
tous ses grands talents? La fortune. Il l'eut cette fortune, mais fut-il
heureux? [46] Il vécut pauvre et inquiet jusqu'à quarante-trois ans; il
se baigna depuis dans le sang, passa sa vie dans le trouble, et

---

145   w38, w56G-K: n'y a guère d'exemple

[42] There is no factual evidence for this statement, which Voltaire is only able to
'prove' with an anecdote, but which is a commonplace of pro-royalist propaganda.

[43] Henry Ireton, one of Cromwell's generals, was also his son-in-law, an
Independent in the Long Parliament and a skilful soldier; he died during the Irish
campaign, in late 1651.

[44] Charles Fleetwood, another of Cromwell's generals, and one of his political
advisers during the Protectorate.

[45] Cf. *Notebooks*, i.371. In the Small Leningrad Notebook Cromwell's companions are given as Oliver St John, Milton and Waller, and Voltaire uses the story
to show that although Cromwell was 'nothing less than an enthusiast', and his
humour was 'severe', 'sometimes he indulged privately to some mirth with his
private friends' (i.62). In the Leningrad Notebook Cromwell's companions are
Waller and Milton, and the story is intended to illustrate the idea that Cromwell
ruled over England not only with his sword but also by the skilful use of religious
language (i.371).

[46] Raguenet talks of 'la fortune de Cromwell qui d'une condition très médiocre
s'éleva au plus haut degré de la souveraine puissance' (*Histoire de Cromwell*, p.1).

mourut avant le temps à cinquante-cinq ans.[47] Que l'on compare à   150
cette vie celle d'un Neuton, qui a vécu quatre-vingt-quatre années,
toujours tranquille, toujours honoré, toujours la lumière de tous
les êtres pensants, voyant augmenter chaque jour sa renommée, sa
réputation, sa fortune, sans avoir jamais ni soin ni remords, et
qu'on juge lequel a été le mieux partagé.[48]   155

O curas hominum, ô! quantum est in rebus inane![49]

---

150   W52-K: cinquante-sept
       W51: cinquante-huit
154   W56G-K: ni soins ni

[47] In fact, fifty-nine (b. 3 April 1599, d. 3 September 1658).

[48] Cf. *Lettres philosophiques*, XIV: '[Newton] a vécu quatre-vingt cinq ans,
toujours tranquille, heureux at honoré dans sa patrie' (ed. Lanson and Rousseau,
ii.5). Newton (25 December 1642-20 March 1727) died in his eighty-fifth year.
Voltaire oscillates between admiration for military heroes (a similar attitude is found
in the *Histoire de Charles XII*) and condemnation of them (as in letter XII of the
Lettres philosophiques).

[49] 'O the vanity of human cares! O what a huge vacuum man's nature admits'
(Persius Flaccus, I.i; *The Satires of A. Persius Flaccus*, Oxford 1893, p.3).

86

APPENDIX

Addition by the Kehl editors

Section II

Olivier Cromwel fut regardé avec admiration par les puritains et les indépendants d'Angleterre;[1] il est encore leur héros. Mais Richard Cromwel son fils est mon homme.

Le premier est un fanatique qui serait sifflé aujourd'hui dans la chambre des communes, s'il y prononçait une seule des inintelli-gibles absurdités qu'il débitait avec tant de confiance devant d'autres fanatiques qui l'écoutaient la bouche béante, et les yeux égarés, au nom du Seigneur. S'il disait qu'il faut chercher le Seigneur, et combattre les combats du Seigneur; s'il introduisait le jargon juif dans le parlement d'Angleterre, à la honte éternelle de l'esprit humain, il serait bien plus près d'être conduit à Bedlam que d'être choisi pour commander des armées.

Il était brave, sans doute; les loups le sont aussi: il y a même des singes aussi furieux que des tigres. De fanatique il devint politique habile, c'est-à-dire que de loup il devint renard, monta par la fourberie, des premiers degrés où l'enthousiasme enragé du temps l'avait placé, jusqu'au faîte de la grandeur; et le fourbe marcha sur

[1] Firth defines the beliefs of the Independents thus: '[they] drew their inspiration [...] from the Puritan exiles in Holland and the Puritan colonists in New England. To the idea of a national Church with its local basis and its hierarchy of authorities, they opposed the idea that a true Church was a voluntary association of believers, and that each congretation was of right complete, autonomous and sovereign'; they were Calvinist in inspiration, and 'claimed the right to interpret the Bible for themselves' (p.144). They were a strong force both in the army and in Parliament. Cromwell tended to side with the Independents but probably without himself being one (Paul, *The Lord Protector*, p.65-66). Rapin-Thoyras gives a summary of the outlook of the Independents (*Histoire d'Angleterre*, viii.535-36). See above, n.20. On Cromwell's hypocrisy, see above, n.1.

les têtes des fanatiques prosternés. Il régna, mais il vécut dans les horreurs de l'inquiétude. Il n'eut ni des jours sereins ni des nuits tranquilles.[2] Les consolations de l'amitié et de la société n'approchèrent jamais de lui; il mourut avant le temps,[3] plus digne, sans doute, du dernier supplice, que le roi qu'il fit conduire d'une fenêtre de son palais[4] même à l'échafaud.

Richard Cromwel, au contraire, né avec un esprit doux et sage, refuse de garder la couronne de son père aux dépens du sang de trois ou quatre factieux qu'il pouvait sacrifier à son ambition. Il aime mieux être réduit à la vie privée que d'être un assassin toutpuissant. Il quitte le protectorat sans regret, pour vivre en citoyen. Libre et tranquille à la campagne, il y jouit de la santé; il y possède son ame en paix pendant quatre-vingt-dix années, aimé de ses voisins, dont il est l'arbitre et le père.[5]

[2] Cf. *Essai sur les mœurs*, ch.clxxi. Raguenet comments at length on Cromwell's fears and on his precautions against assassination (*Histoire de Cromwell*, p.293-97), seeing this state of mind, as does Voltaire, as a kind of natural punishment for his tyranny. In earlier years Cromwell is known to have had periodic fits of melancholy (Paul, *The Lord Protector*, p.38-39). During the Protectorate he suffered from illhealth (Paul, p.320); added to this were a number of deaths in his family, his fear of assassination and his doubts about how the country would be governed after his death (Paul, p.378-79; Firth, p.439-44).

[3] Cromwell died of pneumonia; Voltaire tries to suggest that the real cause was his evil ways (as he was to do more explicitly in the *Essai sur les mœurs*, ch.clxxxi).

[4] Cf. Leti, ii.45-46. 'Ayant aperçu Cromwel à une fenêtre il dit à l'oreille de l'evêque de Londres "Voilà celui qui est l'auteur de ma mort".' Charles was led to the scaffold from the middle window on the Banqueting House of the Palace of Whitehall.

[5] Cf. *Le Siècle de Louis XIV*, ch.vi; also *Notebooks*, ii.678-79: 'Richard est mort à l'âge de 88 ans heureux dans un état médiocre, et ne perdit le protectorat que pour n'avoir pas voulu être tiran.' Leti (*Vie de Cromwell*, ii.532) and d'Orléans (*Histoire des révolutions*, iii.259-60) name those who were plotting against Richard, and whom he refused to have imprisoned or killed: Fleetwood, Desborough, Lambert and Vane. Cf. d'Orléans, *Histoire des révolutions*, iii.261, where Richard refuses the offer made by one of his supporters to rid him of the plotters, saying: 'il n'immolerait jamais tant de victimes à son ambition'. According to Leti, when Richard resigned, Parliament offered him a pension of £30,000 (ii.538). On the restoration of Charles II (8 May 1660) Richard slipped away to France, where he lived without his family

Lecteurs, prononcez. Si vous aviez à choisir entre le destin du père et celui du fils, lequel prendriez-vous?

---

until 1680, when he returned to England and lived with his daughters at Cheshunt until his death in 1712. Voltaire is thus exaggerating the extent to which he was able to return to private life unmolested; in *Le Siècle de Louis XIV*, ch.vi, he does mention the stay in France, but he does not mention it in the *Essai sur les mœurs*, ch.clxxxii. Born in 1626, Richard was aged eighty-six at his death.

Anecdotes sur Louis XIV

Critical edition

by

Marc Serge Rivière

ACKNOWLEDGEMENTS

I would like to express my warmest gratitude to the following people who have, in different ways, assisted me in the preparation of this edition: Mr Giles Barber; the staff of the Voltaire Foundation; the staff of the Taylor Institution Library, Oxford, the Bibliothèque de l'Opéra, the Bibliothèque nationale, Leeds University Library, the National Library of Australia and James Cook University Library; Mrs Thuy Hyunh Einam and Michelle Dineen who helped me with the typing and proof-reading; and the late Professor K. V. Sinclair for his encouragement. I also wish to acknowledge the research grant made available to me by the Carnegie Trust for the Universities of Scotland, the Visiting Fellowship offered me by St David's University College of Wales and the Travel Scholarship from the Humanities Research Centre, Australian National University, Canberra; these made it possible for me to visit several libraries. Finally, my special thanks go to my wife, Lyndsay, for her unfailing encouragement.

Serge Rivière

CONTENTS

INTRODUCTION

In the *Anecdotes sur Louis XIV*, drawn from material collected over many years and written at Versailles in late 1745 or 1746, Voltaire tests the water for his major work on the Sun King, now nearing completion. The text was first published in the Dresden edition of his works in 1748. He soon feared, however, that their slight and perhaps over-eulogistic nature might detract from the balanced seriousness of *Le Siècle de Louis XIV* when it was ready for publication in 1751. Most of the material in the *Anecdotes* is also found in the *Siècle* in fuller form.[1] The *Anecdotes* therefore soon disappeared from Voltaire's collective works.

1. *Voltaire and the age of Louis XIV before the 'Anecdotes'*

Voltaire's first clear reference to his intention to write a history of the reign of Louis XIV is found in a letter written in English to Thiriot in May 1732: 'I never go out of doors, I see nobody but at home. I hope to employ such a studious leisure with Eriphyle, the English letters, and the age of Lewis the fourteenth' (D488). It is likely, however, that he had started collecting material for this work in a haphazard manner much earlier, perhaps as early as 1714 – the year of the king's death – when he was a member of the Caumartin circle. His presence at the Société du Temple in 1712 had already introduced him to other significant older men, contemporaries of the king, such as the marquis de La Fare, the

---

[1] Much of it in the four chapters of 'Particularités et anecdotes du règne de Louis XIV'; see ch.25-28 of *Le Siècle de Louis XIV*, in *Œuvres historiques de Voltaire*, ed. R. Pomeau (Paris 1957), p.889-962. Unless otherwise stated all references to the *Siècle* are to this edition.

abbé Courtin, Chaulieu and the duc de Sully.[2] According to the *Commentaire historique*, probably written by Voltaire himself,[3] the young historian had collected material for a work on Louis XIV during his stay at the home of Louis-François Lefèvre de Caumartin, a friend and client of Voltaire's father.

Following from these *ad hoc* beginnings, it is probable that *Le Siècle de Louis XIV* was subsequently planned in a more tangible manner during Voltaire's stay in England in the 1720s, when he set about the systematic assembly of information pertaining to the glorious reign. The *Small Leningrad Notebook*, which dates from 1726 and the next year or two,[4] and the *Cambridge Notebook* show a marked interest in the prominent English personalities of the seventeenth century, such as Cromwell and Marlborough.[5] It is difficult to date the individual entries precisely, but it would be logical to assume that the notes written in English go back to Voltaire's stay in England, or the period immediately after. Among these entries are various anecdotes in English relevant to the Sun King, for instance his gift to the Italian mathematician Viviani, which possibly came from an oral source and was later to be incorporated into the *Siècle*.[6]

After his return to France Voltaire began working in a more decisive manner. In August 1732 he requested permission to borrow books from the Bibliothèque du roi[7] and made full use of this privilege. Between 1732[8] and 1735 he carried out much of

[2] R. Pomeau, *Voltaire en son temps*, 2nd edn, 2 vols (Oxford 1995), i.40, 47.

[3] See Beuchot, M.i.69-70; also G. Murray, *Voltaire, the Protean gardener*, *SVEC* 69 (1970), p.85, and Pomeau, *Voltaire en son temps*, i.47.

[4] Voltaire, *Notebooks*, ed. Theodore Besterman, *OC*, vol.81-82 (1968), i.17.

[5] For example, *Notebooks*, i.55, 66, and *De Cromwell*, above in this volume.

[6] *Notebooks*, i.72; *OH*, p.911.

[7] D509. In the first instance this request was for English books, no doubt in connection with the *Letters concerning the English nation*.

[8] There is no evidence that Voltaire started writing in 1732 as Pomeau implies, *OH*, p.26; and see *Voltaire en son temps*: 'Au printemps 1733, il achève sa nouvelle tragédie, *Adélaïde Du Guesclin*, commence *Le Siècle de Louis XIV*' (i.235).

the necessary research for the *Siècle*. I. O. Wade's findings about Voltaire's borrowings from the Bibliothèque du roi in May 1735 show that this was a period of intense intellectual activity,[9] and a letter of 26 June 1735 to Cideville indicates that at last writing has begun: 'Mon principal emploi à présent est ce siècle de Louis 14, dont je vous ai parlé il y a quelques années: c'est là, la sultane favorite, les autres études sont des passades. J'ai apporté avec moi beaucoup de matériaux et j'ai déjà commencé l'édifice, mais il ne sera pas achevé de longtemps. C'est l'ouvrage de toute ma vie' (D885). From now on, Voltaire's passion for the history of Louis XIV is unbridled, and he launches himself into the project with fervour.

In addition to consulting written primary and secondary sources for his history, Voltaire continuously urges his own correspondents to ferret out *historiettes* and *petits faits* pertaining to the Sun King. He knew that the essential data were already to be found in the histories of his predecessors such as Larrey[10] and Limiers,[11] and that the success of his own work would ultimately depend on the amount of 'new' or *inédit* material which his roving reporters would uncover.

Thiriot is one of the first to be put under commission: 'Je pourrai vous demander de temps en temps des anecdotes concernant le siècle de Louis XIV. Comptez qu'un jour cela peut vous être utile, et que cet ouvrage vous vaudrait vingt volumes de *Lettres philosophiques*' (D875; June 1735). A further letter[12] broadens the focus of the search and touches on many details and persons of the court of Louis XIV which were incorporated

---

[9] Ira O. Wade, *The Search for a new Voltaire* (Philadelphia 1958), p.67; see also J. Brumfitt, *Voltaire historian* (Oxford 1970), p.48.

[10] Isaac de Larrey, *Histoire de France sous le règne de Louis XIV* (Amsterdam 1718; BV1930: 2nd edn, 3 vols, Rotterdam [Paris] 1718-1722). References are to the 2nd edition.

[11] H.-P. de Limiers, *Histoire du règne de Louis XIV* (7 vols, Amsterdam 1717; BV2119: 2nd edn, 10 vols, Amsterdam 1718). References are to the second edition.

[12] D893; to Thiriot, 15 July 1735.

both into the *Anecdotes* and later into the chapters of anecdotes of the *Siècle*:

Quand je vous ai demandé des anecdotes sur le siècle de Louis 14, c'est moins sur sa personne que sur les arts qui ont fleuri en son temps. J'aimerais mieux des détails sur Racine et Despreaux, sur Quinaut, Lully, Moliere, Lebrun, Bossuet, Poussin, Descartes, etc. que sur la bataille de Stinkerke. Il ne reste plus rien que le nom de ceux qui ont conduit des bataillons et des escadrons. Il ne revient rien au genre humain de cent batailles données, mais les grands hommes dont je vous parle ont préparé des plaisirs purs et durables aux hommes qui ne sont point encore nés. Une écluse du canal qui joint les deux mers, un tableau du Poussin, une belle tragédie, une vérité découverte sont des choses mille fois plus prétieuses que toutes les annales de cour, que toutes les relations de campagnes.

As Lanson puts it, '[Voltaire] reprit méthodiquement ses interrogations, suivant toutes les pistes, frappant à toutes les portes, allant de la duchesse de Saint-Pierre, sœur de Torcy, au cardinal Fleury [...] Il fit la chasse à l'inédit.'[13] From this ever increasing bank of material pertaining to Louis XIV's personal life and the lives of the artists and men of letters of his court were laid the foundation stones of the *Siècle*, 'ce grand édifice' in honour of the reign of Louis XIV, as well as the more modest collection of *petits faits* that were to become the *Anecdotes*.

The full extent of the 'moisson de petits faits' that resulted from the material supplied by Voltaire's correspondents is difficult to assess, but there is no doubt that much of the appeal of the *Siècle* was due to the research carried out by Voltaire's friends and acquaintances, and that to no small extent, the *Anecdotes* owe their liveliness to Thiriot, d'Olivet, Berger, Cideville, Levesque de Burigny, d'Argental and others.[14]

In September 1735 Voltaire announces that he has covered some thirty years of military history.[15] In November, during Algarotti's

[13] G. Lanson, *Voltaire* (Paris 1906; repr. 1960), p.112-13.

[14] D887, D906, D1012, D1630.

[15] D911. In other words he has drafted the first ten chapters of the 1751 edition, the first eleven of the final edition.

visit to Cirey, he reads a chapter aloud to him (D935). By December he has reached the battle of Hochstedt (Blenheim), at least in draft form.[16] In 1735, too, Voltaire read the manuscript of his main literary source, Dangeau's *Journal*.

Subsequently Voltaire became engrossed in the first performance of *Alzire*, and he was distracted by his quarrel with Lefranc de Pompignan[17] and the law-suit brought against him by Jore.[18] By the end of 1737, however, having been further side-tracked by the *Eléments de la philosophie de Newton* and the 'querelle du *Mondain*', Voltaire is able to add a supplementary chapter and to report to Cideville that he has progressed as far as the battle of Turin (1706).[19] In January 1738 he sent 'le commencement du siècle de Louis 14' to d'Olivet for comment (D1834). He also sent it to Frederick, whose reply was ecstatic: 'Je vous prie instamment de continuer l'histoire du siècle de Louis XIV. Jamais l'Europe n'a vu de pareille histoire, et j'ose vous assurer qu'on n'a pas même l'idée d'un ouvrage aussi parfait que celui que vous avez commencé' (D1524).

A letter to the abbé Dubos indicates that by 1738 Voltaire had in mind the main outlines of the one chapter that he planned – at this stage – to devote to Louis's personal life and that he had consulted his main sources:

J'ai pour la vie privée de Louis XIV, les mémoires de m. Dangeau, en quarante volumes dont j'ai extrait quarante pages; j'ai ce que j'ai entendu dire à de vieux courtisans, valets, grands seigneurs, et autres; et je rapporte les faits dans lesquels ils s'accordent [...] J'ai un extrait de la fameuse lettre du roi au sujet de m. de Barbésieux dont il marque tous les défauts auxquels il pardonne en faveur des services du père:[20] ce qui caractérise Louis XIV bien mieux que les flatteries de Pellisson.[21]

[16] D966. Voltaire has written, then, 19 chapters of his planned 39.

[17] Pomeau, *Voltaire en son temps*, i.303.

[18] Pomeau, *Voltaire en son temps*, i.316-18.

[19] D1409; in other words Voltaire had reached ch.20 of the *Siècle*.

[20] This letter finds its way into the *Anecdotes* (391-407). In the version of this story in the *Siècle* Louis's tone is less fatherly (ch.28; *OH*, p.958-59).

[21] D1642. The abbé Jean-Baptiste Dubos, permanent secretary of the Académie Française, was admired by Voltaire (D2005, D2038). Dubos was also a fellow

It is difficult to evaluate the overall state of the work at this stage, but the crucial part, the section on the arts, remained to be done. It would certainly be erroneous to conclude that Voltaire's manuscript was relatively complete by 1738, or that he had composed the sole chapter of anecdotes planned.[22]

In December 1738, no doubt encouraged by Frederick's enthusiasm, Voltaire wrote to the Dutch printer Henri Du Sauzet: 'Vous seul des libraires de Hollande aurez le privilège d'imprimer mon histoire du siècle de Louis XIV [...]. Le mérite du livre consistera principalement dans la peinture de la vie privée de Louis XIV sur laquelle j'ai des mémoires authentiques qui doivent instruire la postérité et, j'ose dire, servir d'exemple aux rois' (D1692). Du Sauzet's *Essai sur l'histoire du siècle de Louis XIV* was published in Amsterdam in 1739 and seems to have been circulated widely, together with Voltaire's letter to Dubos.[23] The *Essai* was almost immediately translated into English by John Lockman.[24] In a letter to Baron Hervey of Ickworth of June 1740 Voltaire characteristically grumbled about Du Sauzet's text: 'Ne jugez point je vous prie de mon essai sur le siècle de Louis XIV par les deux chapitres imprimés en Hollande avec tant de fautes qui rendent mon ouvrage méconnaissable, et inintelligible.' Although ostensibly written in the hope that the defects of the Amsterdam edition might be corrected in the English translation, this letter

---

historian as the author of an *Histoire critique de l'établissement de la monarchie française dans les Gaules* (Amsterdam 1734; BV1109). Voltaire's letter was written as from one professional to another. The letter was printed and circulated in 1739; it is reprinted in *OH*, p.605-607.

[22] See Ira O. Wade, *The Intellectual development of Voltaire* (Princeton, NJ 1969), p.351. Cf. Th. Besterman's commentary to D1642.

[23] See D1642. The *Essai* contained what later became the introduction to the first edition and chapter 1, 'Des Etats Chrétiens de l'Europe avant Louis XIV', presumably the text previously sent to d'Olivet and then evidently to Thiriot, d'Argental and Dubos (D1834, D1877, D1917, D1934).

[24] *An essay on the age of Lewis XIV* (London 1739); see A.-M. Rousseau, *L'Angleterre et Voltaire*, *SVEC* 145-47 (1976), iii.713.

was clearly intended for the separate publication that it soon received. Full as it is of praise of the king, it sums up Voltaire's approach to his task (D2216):

Je ne considère pas seulement Louis XIV parce qu'il a fait du bien aux Français, mais parce qu'il a fait du bien aux hommes. C'est comme homme, et non comme juge que j'écris, je veux peindre le dernier siècle, et non seulement un prince. Je suis las des histoires, où il n'est question que des aventures d'un roi, comme s'il existait seul ou que rien n'existât que par rapport à lui; en un mot c'est d'un plus grand siècle que d'un plus grand roi que j'écris l'histoire. [25]

In March 1739 Voltaire wrote to Prault: 'Je serai fort aise que vous donniez incessament un petit recueil contenant mes épîtres, quelques odes, le commencement de l'histoire de Louis 14, une lettre sur Neuton, etc' (D1956). This was the ill-fated *Recueil des pièces fugitives en prose et en vers*[26] which contained a revised text of the *Essai sur le Siècle de Louis XIV*. Although the *Essai* was the only substantial new piece published in the *Recueil* and is the first item in the volume, it is followed by the first six Discours of the subversive *Discours en vers sur l'homme*, of which the fifth and sixth discourses had not been previously printed, and the volume also contains the *Ode sur le fanatisme* not previously published in France. It is therefore not surprising that d'Argental, acting on behalf of Voltaire, did not apply for an official *privilège* – which would not have been granted. The unauthorised *Recueil* was seized on 24 November and suppressed on 4 December 1739. Prault's printing shop was closed and he was fined 500 *livres*.[27]

The effect on Voltaire was devastating: 'J'avais mis mes complaisances dans ce petit livre', he wrote to d'Argenson. 'Le

[25] D2216. The letter appeared in print as *Lettre de M. de Voltaire sur son Essai de l'histoire de Louis XIV. A Milord Harvey garde des sceaux d'Angleterre* (1740). It is reprinted, with minor variations, in the 1748 Dresden edition of Voltaire's work, where it precedes the *Essai*. Also *OH*, p.608-12.

[26] [Paris, Prault] 1740 [1739], in-8°. Bengesco 2193; BnC 3361. This text differs from the *Essai* in that it omits the introduction and adds chapter 2.

[27] See *OC*, vol.17, p.401-403; Pomeau, *Voltaire en son temps*, i.381.

principal objet même de ce recueil était le commencement du siècle de Louis 14, ouvrage d'un bon citoyen et d'un homme modéré. J'ose dire que dans tout autre temps une pareille entreprise serait encouragée par le gouvernement.'[28]

Thereafter Voltaire gave various excuses for not completing the *Siècle*: to d'Argenson he claimed that he lacked the necessary resources in Brussels (D2148), and to Frederick he declared that he was prevented from resuming work by ill-health (D2177). The project was shelved, at least for the time being. From 1739 onwards, in view of his own increasing aspirations at court, he evidently felt that it would be unwise to risk offending the present king by publishing in France a work in honour of his predecessor.

2. *The composition of the 'Anecdotes'*

The letter to John Hervey quoted above indicates that by June 1740 Voltaire has formulated an assessment of the king's overall achievements: 'Il n'a pas fait tout ce qu'il pouvait faire, sans doute, parce qu'il était homme, mais il a fait plus qu'aucun autre, parce qu'il était un grand homme.' References to Louis's pensions to sixty foreign *savants*, Racine's visit to Marly, the king's patronage of the academies, the foundation of the Observatoire, the exodus from France in 1685 of 'un million d'hommes', all this indicates that Voltaire planned to write the chapter of anecdotes (but not that he had already done so). A further passage in the letter to Hervey contains many points developed in the *Anecdotes* and anticipates their laudatory tone (D2216):

Ne regardez pas seulement Louis XIV comme un homme heureux qui n'a point de part à la gloire de son règne, il a réformé seul le goût de sa cour en plus d'un genre. Il choisit Lulli pour son musicien, il ôta le privilège à Lambert parce que Lambert était un homme médiocre, et Lulli un homme excellent. Il savait distinguer l'esprit, du génie. Il donnait à Quinault le

---

[28] D2135; 8 January 1740. Voltaire wrote in almost identical terms to Cideville on the following day (D2137).

sujet de ses opéra; il dirigeait les peintures de le Brun; il soutenait Corneille et Racine contre leurs ennemis; il encourageait les arts utiles comme les beaux arts, et toujours en connaissance de cause; il prêtait de l'argent à Vanrobez pour établir des manufactures; il avançait des millions à la compagnie des Indes qu'il avait formée; il donnait des pensions aux savants et aux braves officiers.

By 1740, then, Voltaire had assembled much information for the chapter of anecdotes on Louis's personal life.[29] This preliminary groundwork was to pay dividends in 1748, after Voltaire's great adventure in courtly circles.

In April 1745 Voltaire was appointed *historiographe du roi* and took up residence at Versailles. He took his position seriously despite various self-deprecating remarks found in his correspondence. The victory at Fontenoy on 11 May 1745 occasioned the *Poème de Fontenoy*, published with the approval of the king, and Voltaire then embarked on the *Histoire de la Guerre de 1741*, which occupied him almost exclusively from August 1745 until March 1746. Enthusiasm turned to disenchantment when the successes of the maréchal de Maillebois in Italy at the end of 1745 failed to lead to a general peace in Europe, the king reacted with indifference to the presentation of Voltaire's manuscript history of the first four years of the war, and he was dogged by ill-health. As he stated to Cideville: 'L'air de la cour ne me vaut peut-être rien; mais je n'étais point à la cour, je n'étais qu'à Versailles où je travaillais à extraire dans les bureaux de la guerre, les mémoires qui peuvent servir à l'histoire dont je suis chargé [...] J'ai porté cet ouvrage jusqu'à la fin de la campagne de 1745, mais ma détestable santé m'oblige à présent de tout interrompre' (D3306).

In view of Voltaire's duties as historiographer during the early 1740s it is difficult to say precisely when the *Anecdotes sur Louis XIV* were composed, but it would not be unreasonable to assume that he turned to this task as a result of his disillusionment with the reception of his history of the campaigns of Louis XV.

29 See M. S. Rivière, 'Voltaire editor of Dangeau', *SVEC* 311 (1993), p.15-23.

Not only would he have been in the right frame of mind to look back with nostalgia and renewed enthusiasm at the golden era of royal patronage of the arts, but he would also have had the leisure to work on minor projects as he awaited either the king's verdict on the existing manuscript or fresh developments on the political front. The history of Louis XIV continued to offer consolation to Voltaire for the ills of the day, seen as a lack either of personal recompense, or of official support – for example, the refusal of an official permission for a new edition of *La Henriade* in August 1746[30] – or his general dissatisfaction with the present régime, or the literary sterility of his own age.

The evidence points, then, to a date of composition of the *Anecdotes* between 11 May 1745 – the date of the battle of Fontenoy, alluded to in the text – and December 1746 when they were sent to Frederick, who acknowledged their receipt on the 18th with the same enthusiasm with which he had greeted the *Essai* some eight years previously: 'Les anecdotes sur la vie privée de Louis 14 m'ont faites bien du plaisir, quoiqu'à la vérité je n'y ai pas trouvé des choses nouvelles. Je voudrais que vous n'écrivassiez point la campagne de 47 et que vous metiez plutôt la dernière main au siècle de Louis XIV.'[31]

In all likelihood the period of composition can be narrowed to the months between March and December 1746. Throughout April 1746 Voltaire was distracted from history both past and present by the tasks first of canvassing for his eventual election to the Académie française on 25 April,[32] and then of composing his *Discours de réception* which he delivered on 9 May 1746.[33] The eulogy of Louis XV at the end of this oration was tempered by the

[30] See P. Conlon, *Voltaire's literary career from 1728 to 1750*, *SVEC* 14 (1961), p.301.

[31] D3488. Frederick continued: 'S'il y a moyen de vous faire faire un mauvais ouvrage, c'est en vous obligeant à travailler à celui que vous avez entrepris.' Whether as a result of Frederick's advice or not, Voltaire followed this course. *L'Histoire de la guerre de 1741* skates rapidly over the campaign of 1747, while the *Siècle* was ready for publication in 1750.

[32] Pomeau, *Voltaire en son temps*, i.486.

[33] Pomeau, *Voltaire en son temps*, i.489.

claim that 'Louis XIV se signala par des monuments admirables, par l'amour de tous les arts, par les encouragements qu'il leur prodiguait: O vous, son auguste successeur, vous l'avez déjà imité, et vous n'attendez que cette paix que vous cherchez par des victoires, pour remplir tous vos projets bienfaisants qui demandent des jours tranquilles.' [34] The tone of the *Anecdotes* is equally eulogistic. It may be that Voltaire's thoughts turned once more to Louis XIV, the protector of the arts and of the academies, during the months that followed his election.

By November 1746 the reign of Louis XV had the upper hand once again. To all intents and purposes, the short flirtation with the reign of Louis XIV was over, as Voltaire was eventually awarded the coveted, albeit meaningless, title of *gentilhomme de la chambre du roi* on 22 December 1746. There was no great joy in his letters, as Conlon has remarked, [35] chiefly because of the limitations imposed on the title by the king. Still, this was not the right time to look back with nostalgia at the previous reign, and the history of the age of Louis XIV was once more abandoned until Voltaire arrived in Berlin in 1750.

3. *Publication*

Soon after reading Frederick's comments on the first draft of the *Anecdotes* towards the end of 1746 (D3488), Voltaire accepted a proposal from the Dresden printer Conrad Walther to publish the first complete edition of his works to date. [36] By 23 September 1747 he had sent Walther three volumes 'remplis de beaucoup de choses qui ne sont dans aucune autre édition' (D3557, D3574). We must assume that the *Anecdotes*, which appeared in volume ii of Walther's edition, together with the *Essai sur le Siècle de Louis*

---

[34] *Discours de réception à l'Académie française*, *OC*, vol.30A, p.34.

[35] Conlon, *Voltaire's literary career*, p.302.

[36] On Walther's edition of Voltaire's complete works (w48D), see Conlon, *Voltaire's literary career*, p.80-81.

XIV from the suppressed *Recueil* of 1739, were among them. On 26 February 1748 Voltaire had received and checked the first three volumes, which included the *Anecdotes* (D3625). Anxious to recoup his investment, Walther started selling his edition in October 1748, far too hastily in Voltaire's view, as he complained on 22 October: 'Mais vous m'apprenez que vous débitez déjà votre édition. Je suis fâché pour vous que vous vous soyez ainsi précipité, malgré mes conseils, et que vous ne vous soyez pas donné seulement le temps de profiter des errata des cinq volumes que je me suis donné la peine de faire pour vous' (D3795). A quick glance at w48D shows that Voltaire was justified.

Once installed in Berlin in 1750, Voltaire resumed work in earnest on the *Siècle*, which was almost ready for publication. He was keen once more to test public opinion, and sent the *Anecdotes* to the *Mercure de France*, where they were published in August 1750 (p.5-31). Voltaire must have had a degree of control over the text that appeared in the *Mercure*, for there are certain omissions from the text of w48D, of which the most important can be explained by new information gathered from La Beaumelle, who had written to Voltaire from Copenhagen[37] and arrived in Berlin on 7 November 1751.

This long excision concerns Louis XIV's amours with Mme de Maintenon and the biographical sketch of her early life (line 408, 'Dans mille libelles', to lines 497-98, 'qu'elle se réserva'). Voltaire may well have wanted to reserve this sketch as a selling point for the *Siècle*,[38] but having based his potted history of Mme de

---

[37] The purpose of this letter was to explain a major project of his, namely annotated editions of French classics, including *La Henriade*: see C. Lauriol, *La Beaumelle. Un Protestant cévenol entre Montesquieu et Voltaire* (Geneva 1978), p.248.

[38] Sections of these letters were in due course inserted into the 1756 edition of the *Siècle* after Voltaire had been able to balance as best he could their authenticity versus their apocryphal nature. Voltaire had no scruples in quoting at length a letter from Mme de Maintenon to Mme d'Hudicourt in the *Siècle*, but he took the precaution of adding: 'Cette infidélité pourrait donner de violents soupçons sur l'authenticité de ces lettres, si d'ailleurs on n'y reconnaissait pas un caractère de naturel et de vérité qu'il est presque impossible de contrefaire' (*OH*, p.935).

Maintenon in the Walther edition on unreliable sources such as the abbé de Choisy, La Fare and Reboulet, he would have recoiled in panic at the news that La Beaumelle was in possession of supposedly invaluable and authentic letters of Mme de Maintenon herself. [39] Two other shorter omissions from w48D in the version published in the *Mercure* [40] are less significant and relate to sectarian quarrels in France, notably the upheaval caused by the Jansenists. Voltaire may well have decided to leave this material for the chapters on religion in the first edition of the *Siècle*.

In September 1750 [41] the *Anecdotes* also appeared in Mme Leprince de Beaumont's new literary journal *Le Nouveau Magasin français*. [42] The 1750 issues also contained *Babouc ou Le Monde comme il va* (February to May) and the *Anecdotes sur le czar Pierre le Grand* (July and August). Voltaire's acquaintance with the *Nouveau magasin* is shown by his *Lettre de M. Voltaire contre le Système de M. Le Cat, donné dans le précédent Magasin*, [43] and it is probably safe to assume that his other works appeared with his knowledge and approval. The text of the *Anecdotes* shares the omissions of the *Mercure* so it must have been taken from that

[39] Eventually published as *Lettres de Mme de Maintenon*, 2 vols (Nancy [Frankfurt], Deilleau, 1752). After reading them Voltaire wrote in relief to d'Argental on 22 November 1752: 'C'est un monument bien précieux pour les gens qui aiment les petites choses dans les grands personnages. Heureusement ces lettres confirment tout ce que j'ai dit d'elle. Si elles m'avaient démenti mon *Siècle* était perdu' (D5082).

[40] Line 525, 'les luthériens', to line 530, 'sa fin', and line 549, 'Quand l'Etat fut', to line 554, 'ridicules'.

[41] And not in August as stated by Bengesco.

[42] *Le Nouveau magasin français, ou bibliothèque instructive et amusante. Par madame L. P. de Beaumont* (London; François Changuion, R. Griffiths, J. Newsberry and David Henry), p.323-33. Paris, BnF: Rés. Z Beuchot 974 (1). It was on sale in Paris 'Chez David le jeune, Briasson, Montalant etc'. The journal was founded in 1749. See *Dictionnaire des journaux*, ed. J. Sgard (Oxford and Paris 1991), ii.914. The *Mémoires de Trévoux* announced its appearance in February 1751 (li.525-29). Mme Du Bocage was a contributor and may have provided the link with Voltaire.

[43] August 1750, p.281-84.

source rather than from the Walther edition. The *Anecdotes* were also printed in Berlin in 1750, in Formey's weekly *L'Abeille du Parnasse*.[44]

These three additional publications of the *Anecdotes* in 1750 formed part of a well-orchestrated publicity campaign for the forthcoming *Siècle*, before Voltaire decided that the smaller work would do more harm than good to his *magnum opus*.

Voltaire's correspondence shows his growing concern that the *Essai* and *Anecdotes* would detract from the impact of the first edition of the *Siècle*. From Berlin, he urged Walther, on 5 October 1750, to omit from the next collection of his complete works 'tout ce qui regarde Louis 14, parce qu'ayant bientôt achevé l'histoire de son règne, vous pourrez commencer à l'imprimer avant d'avoir fini l'édition de mes œuvres mêlées' (D4235). In May/June he urged Lambert to sell his Paris edition (w51, based on w48D) quickly in view of the imminent publication of the *Siècle*: 'Il me paraît qu'il est essentiel que vous vous défassiez de votre édition à quelque prix que ce puisse être, car que deviendra-t-elle quand le siècle de Louis 14 paraîtra, et qu'on verra un double emploi si considérable. Il y a quatre chapitres de ce siècle qu'on trouve chez vous avec les anecdotes de Louis 14. Tout cela ne peut plus subsister' (D4484). A similar plea was made on 25 June, but this fell on deaf ears. He even tried in vain, in February 1752, to dangle the carrot of a luxury edition of the *Siècle* in front of Lambert in order to persuade him to leave out the material on Louis XIV (D4788). On the one hand Voltaire was willing to concede that the Lambert edition was the best edition of his works thus far; on the other hand, as he wrote to Formey, he was afraid that it would do considerable damage to the edition of the *Siècle*: 'Je vous envoie un exemplaire de l'édition que l'on a faite à Paris de mes œuvres

<hr />

[44] Vol.ii, no.43. The same volume also contained the *Anecdotes sur le czar Pierre le Grand*. Formey was permanent secretary of the Berlin Academy. His *Abeille du Parnasse* (1750-1754) carried many texts by Voltaire: see *Dictionnaire des journaux*, ed. Sgard, i.1-2.

bonnes ou mauvaises. C'est de toutes la plus passable, il y a pourtant bien des fautes. Une des plus grandes est d'y avoir inséré quatre chapitres du siècle de Louis XIV, qui est imprimé aujourd'hui séparément. C'est un double emploi.'[45] Voltaire had perhaps not expected to make such speedy progress with the *Siècle* itself during his stay in Berlin, and he now viewed the *Essai* and *Anecdotes* as a potential source of embarrassment.

These two texts were therefore dropped from the next edition of Voltaire's collected works (w52). In July 1751 Voltaire invited Henning, the king's printer, to take charge of publishing the *Siècle* under the name of Francheville, a fellow Frenchman and member of the academy, who had settled in Berlin in 1742 at Frederick's invitation.[46] The work became available to the public in the early months of 1752. At that point, the *Anecdotes* were truly superseded and served no further purpose.

The publication of the *Essai sur le siècle de Louis XIV* and the *Anecdotes sur Louis XIV* were stepping-stones towards the culmination of a project planned in the 1720s. Voltaire had predicted in 1733 that this enterprise would be long-term: 'Pour cette *Histoire du siècle de Louis XIV*, c'est une entreprise qui sera l'occupation et la consolation de ma vieillesse; il faudra peut-être dix ans pour la faire. Heureux qui peut se faire un plan d'occupation pour dix années' (D669). This letter, written at the point of departure, can be compared with one written at journey's end: 'Je me flatte de ne point déplaire, surtout après avoir sondé les esprits et préparé l'opinion publique par le commencement de cet essai sur Louis 14, et par les anecdotes, où je dis des choses très fortes et où je n'ai nullement ménagé la conduite inexcusable du parlement dans la régence d'Anne d'Autriche' (D4561, to Richelieu, 31 August 1751).

---

[45] D4867. The Paris edition referred to is no doubt Lambert's.
[46] Pomeau, *Voltaire en son temps*, i.661.

The translation of the 'Anecdotes' in 'The Gentleman's magazine'

The *Anecdotes sur Louis XIV* were quickly translated into English and presented to the reading public across the Channel in the 1750 volume of *The Gentleman's magazine*. [47] A comparison of the English translation with W48D and other editions indicates that the text translated was that of the *Nouveau Magasin français* (NM), which as we have seen was itself borrowed from the *Mercure*. It would have made sense for the translator to use the text published in London in the same year.

Of the image of Voltaire historian in *The Gentleman's magazine*, A.-M. Rousseau comments: 'Il est significatif que [...] dans le *Gentleman's magazine*, qui ne consacrait à l'histoire qu'une place réduite, 50% des extraits historiques soient de la plume de Voltaire [...] Le Voltaire constamment et abondamment lu en Angleterre est bien l'historien.' [48] The translator of the *Anecdotes* in *The Gentleman's magazine* does not always do justice to Voltaire's original, perhaps because of pressure of time. His version is stilted and gives the impression of having been translated literally word for word. Moreover there are some unfortunate slips (for example '1690', line 70, becomes '1699'). On the other hand, this speed in putting Voltaire's new literary productions at the disposal of an ever increasing European reading public testifies to genuine interest in his works abroad, especially in England. He would gladly have overlooked the errors for the sake of the promotion campaign that *The Gentleman's magazine* had undertaken on his behalf.

[47] *The Gentleman's magazine*, August and September 1750, xx.358-62, 395-403. The translation is embellished by a fold-out plate of the park of Fontainebleau opposite the account of the duc d'Antin and the alley of trees.

[48] A. M. Rousseau, *L'Angleterre et Voltaire*, *SVEC* 145-47 (1976), p.694-95.

4. *Voltaire and the genre of the anecdote in France before 1748*

Chapter 25 of the *Siècle*, 'Particularités et anecdotes du règne de Louis XIV', opens with a few general observations on the place of anecdotes in the writing of history. Voltaire specifies that 'les anecdotes les plus utiles et les plus précieuses sont les écrits secrets que laissent les grands princes, quand la candeur de leur âme se manifeste dans ces monuments; tels sont ceux que je rapporte de Louis XIV'. He warns the historian to be on his guard against the bias of contemporaries (advice that he does not always follow himself): 'Les mémoires secrets des contemporains sont suspects de partialité; ceux qui écrivent une ou deux générations après doivent user de la plus grande circonspection, écarter le frivole, réduire l'exagéré, et combattre le satire.'[49]

The word 'anecdote' was flexible in use in mid-eighteenth-century France. The brief entry in the *Encyclopédie* (1751) considered a working definition to be 'tout écrit de quelque genre qu'il soit qui n'a pas été encore publié'. This goes further than Furetière's definition of 1690: 'Terme dont se servent quelques historiens pour intituler les histoires qu'ils font des affaires secrètes et cachées des princes, c'est à dire des mémoires qui n'ont point paru au jour, et qui n'y devraient point paraître.'[50] In the mid-1740s the word certainly held negative connotations of things told that were unsubstantiated and perhaps best kept hidden, but it had not yet acquired its association with the curious or satirical. The anecdote can be seen as a half-way house between fiction and history at a time when history was still primarily a literary medium. The anecdote should be instructive as well as enlightening, its role being to give the flavour of its

[49] *OH*, p.890.
[50] Cf. *OH*, p.890, where Voltaire seems to accept this definition.

subject, to add context and immediacy but not to descend to disrespect or mere rumour.[51]

Voltaire's much quoted denunciations of the use of anecdotes in the writing of history date for the most part from the years after 1748. In the preface to the 1754 Walther edition of the *Essai sur les mœurs* he writes: 'Les détails qui ne mènent à rien sont dans l'histoire ce que sont les bagages dans une armée, *impedimenta*. Il faut voir les choses en grand, par cela même que l'esprit humain est petit, et qu'il s'affaisse sous le poids des minuties; elles doivent être recueillies par les annalistes, et dans des espèces de dictionnaires, où on les trouve au besoin.'[52] Many of these assertions reveal, however, his need to justify his inclusion of – and reliance upon – *petits faits* in his own historical works. This contradiction is found, for instance, in the article 'Ana, Anecdotes' of the *Questions sur l'Encyclopédie*,[53] where Voltaire first declares that the testimonies of the *valets de chambre* of the twelve Caesars are far more valuable than the narrative of Suetonius, but then voices his contempt for the 'mensonges insipides' of the *Segraisiana* and other 'livres grossis de fausses anecdotes'. In Voltaire's scheme of things, the historian attempting a 'rational' account of events should exercise his judgement in distinguishing important and authentic facts from cumbersome and unfounded *minutiae*.

Voltaire's use of anecdotes, and his enjoyment of them, can be traced back to the choice of entries for his *Notebooks*, and to his first historical work, the *Essai sur les guerres civiles de France*, a trailer for the readership of *La Henriade* in the same way that he used the *Anecdotes* some twenty years later.

---

[51] See Philippe Hourcade, 'Problématique de l'anecdote dans l'historiographie à l'âge classique', *Littératures classiques* 30 (1997), p.75-82.

[52] *Essai sur les mœurs*, ed. R. Pomeau (Paris 1990), ii.889-90. In *Le Pyrrhonisme de l'histoire* (1769) he reinforces this view: 'Je fais gloire d'avoir les mêmes opinions que l'auteur de *l'Essai sur les mœurs et l'esprit des nations;* je ne veux ni un pyrrhonisme outré, ni une crédulité ridicule' (M.xxvii.235).

[53] M.xvii.119-222. The term 'ana' denotes a collection of 'pensées détachées' by the same author, as in *Segraisiana, Ménagiana*.

Both the *Notebooks* and the *Essai sur les guerres civiles de France* date back to Voltaire's stay in England after 1726.[54] To that time too can be dated Voltaire's interest not only in the age of Louis XIV, but also in Charles XII of Sweden and thence in Peter the Great. The *Histoire de Charles XII* (1727) was the first of these major works to reach fruition. In it Voltaire relies heavily on eye-witness accounts, and he makes much use of anecdotes to vary the tone of the narrative. In the *Nouvelles Considérations sur l'histoire*, written in 1744, a couple of years before the composition of the *Anecdotes sur Louis XIV*, Voltaire is already disparaging of this technique: 'Il y a des livres qui m'apprennent les anecdotes vraies ou fausses d'une cour. Quiconque a vu les cours, ou a eu envie de les voir, est aussi avide de ces illustres bagatelles qu'une femme de province aime à savoir les nouvelles de sa petite ville: c'est au fond la même chose et le même mérite. [...] Toutes ces petites miniatures se conservent une génération ou deux, et périssent ensuite pour jamais.'[55]

A comparison between Voltaire's two veritable *pots pourris* of anecdotes – the *Anecdotes sur Louis XIV* and the *Anecdotes sur le czar Pierre le Grand* – shows some interesting parallels and introduces a new angle into the publication history of the *Anecdotes*. In each case the anecdotes about the monarch himself are a prelude to a larger work surveying the broader scene – *L'Histoire de l'Empire de Russie sous Pierre le Grand*, *Le Siècle de Louis XIV*. Both works were written at Versailles shortly after Voltaire's appointment as historiographer. Neither was separately published, and both first appeared in volume ii of the 1748 Dresden edition of Voltaire's works. Both were reprinted in 1750 in the *Mercure*, the *Nouveau Magasin français* and the *Abeille du Parnasse*, and both were translated into English in *The Gentleman's magazine* of the same year. All this suggests a definite

---

[54] In the *Essay on epic poetry*, a product of his years in England, Voltaire is the first to relate in print the anecdote of Isaac Newton and the falling apple. *OC*, vol.3B, p.372-73.

[55] *OH*, p.47.

publishing campaign on Voltaire's part, perhaps to ensure a wider readership of some of the short texts first published in the Dresden edition of his works.

An important difference between the two works is that the *Anecdotes sur le czar Pierre le Grand* were published several years in advance of the composition of *L'Histoire de l'Empire de Russie*, and their material was not duplicated in the larger work.[56] They therefore retained their place in Voltaire's complete works, whereas the *Anecdotes sur Louis XIV*, almost certainly composed after the writing, or at least the detailed planning, of the relevant chapter of the *Siècle*,[57] were quickly hustled off the stage after the publication of the *Siècle* itself in 1751. The anecdotes recounted about Peter the Great are of altogether a more substantial nature than those about Louis XIV, and they paint a more balanced portrait of their subject than does the one-sided praise of Louis's greatness.[58]

The *Anecdotes sur Louis XIV*, as we have seen, concentrate on the years of the Sun King in his prime and belong almost more to the genre of the *panégyrique* than to that of the anecdote. They have the merit of being more readable than the equivalent chapters of anecdotes in the *Siècle*. They are enlivened by more direct speech, and more use of the first person. We shall see that Voltaire was aware that his great work would stand or fall by material from first-hand accounts that he could make newly available – what he

[56] On the *Anecdotes sur le czar Pierre le Grand*, see *OC*, vol.46, ed. M. Mervaud, p.1-84; for their composition and publication, p.24-26. Voltaire's notion of writing a life of Peter the Great is first expressed in a letter to the comte Alion, French ambassador to St Petersburg, of June 1745. And the Empress Elizabeth herself was not exempt from the quest for anecdotes: 'Si la digne fille de l'empereur Pierre, qui a toutes les vertus de son père avec celles de son sexe daignait entrer dans mes vues, et me faire communiquer quelques particularités intéressantes et glorieuses de la vie du feu Empereur, elle m'aiderait à élever un monument à sa gloire dans une langue qu'on parle à présent dans presque toutes les cours de l'Europe' (D3146; 16 June 1745).

[57] See the letter to the abbé Dubos.

[58] See M. Mervaud, 'Les *Anecdotes sur le czar Pierre le Grand*: genèse, sources, forme littéraire', *SVEC* 341 (1996), p.89-126.

could add to the standard accounts in Limiers, Larrey and others. As the notes to the text indicate, much of the material in the *Anecdotes* is also treated in the *Siècle*, and the *Anecdotes* contain little that is not also in the *Siècle*. Chapters 25 to 28 of the *Siècle* are pedestrian in tone and much of the material in the *Anecdotes* is repeated at greater length, usually to no greater effect. Chapter 28 of the *Siècle*, after summing up Louis's life and achievements, continues with the relation of a succession of unrelated episodes most of which appear in the *Anecdotes*,[59] although some do not. It would be interesting to know, for instance, why Voltaire does not tell the reader of the *Anecdotes* about Louis's modesty over prizes offered by the Académie for works in praise of his virtues, the episode of the disputed throw at dice, or his giving way to Boileau's opinion about a piece of verse. It is not easy, however, to read into this anything about Voltaire's conception of the genre of the anecdote since the episodes seem all of a piece. It may simply indicate that the missing anecdotes came to his hand after 1748, or when he was re-reading either his notes from Dangeau or the source itself.[60] In sum, to the reader of both texts it is perhaps more surprising that the anecdotal material, particularly the second half of chapter 28, was not removed from the *Siècle* rather than that the *Anecdotes* were suppressed after 1752. The modern reader wonders, as did La Beaumelle,[61] whether in the long run the large number of *minutiae* in the *Siècle* detract from its value as serious history. And Voltaire himself was prepared to

[59] *OH*, p.957-63. The anecdotes that appear in both places include the ill-natured remark of the duchesse de Bourgogne, the patriotic comment of the officer with only one arm, the verse 'quand la chasse appelle', the letter about Barbésieux, both the incidents involving the duc d'Antin and the statue in the Place de Vendôme.

[60] This is particularly likely with regard to the anecdote about Boileau, absent from the first edition of the *Siècle* but added in 1752, see *OH*, p.959-60 and note. The anecdote about the dice, however, is originally from Dangeau.

[61] *Le Siècle de Louis XIV* (Frankfurt 1753), i.77: 'On dira à Mr de Voltaire que cette multitude de petits faits n'est guère précieuse qu'aux petits esprits, comme il l'avoue lui-même.' For a twentieth-century perspective, see Suzanne Gearhart, *The Open boundary* (Princeton, NJ 1984), p.48.

admit that the king's *bons mots* in the *Siècle* 'se réduisent à très peu de chose'. [62]

5. The sources for the 'Anecdotes'

Voltaire's documentation for the *Siècle* itself has been highly praised by critics over the years. [63] As a 'galop d'essai' for the major work, however, the *Anecdotes* do not reflect the care with which Voltaire researched his subject throughout the 1730s, although, as we shall see, many facets of his historical method and utilisation of sources come to light when we examine the text closely. Taken in isolation, the *Anecdotes* lend little or no weight to the view expressed by many critics, such as Morley, that Voltaire's approach was 'prematurely scientific'. [64] That he envisaged the shorter text merely as a sketch not to be compared to, or measured against, the grand *tableaux* of the *Siècle*, is obvious. As we have seen, the *Anecdotes* seem to have been drafted at speed and with few serious philosophical or historical pretensions. They portray a preconceived and partial picture of the king, and do not display the methodical approach to historical documentation that Voltaire adopted in the 1730s. [65] In 1746 Voltaire did not, it would appear, go back to the original sources which he had painstakingly consulted for the longer work a decade or so previously; rather, he seemingly either worked from a few notes or relied on vague recollections of conversations which he had had with contemporaries of the Sun King.

[62] *OH*, p.951.

[63] See A. Bellesort, *Essai sur Voltaire* (Paris 1926), p.206; Charles Rihs, *Voltaire. Recherches sur les origines du matérialisme historique* (Geneva 1977), p.119; John Morley, *Voltaire* (London 1886), p.303; N. Johnson, *Louis XIV and the age of the Enlightenment*, *SVEC* 172 (1978), p.318; Lanson, *Voltaire*, p.113; J. H. Brumfitt, *Voltaire historian*, p.131; Voltaire, *Le Siècle de Louis XIV*, ed. E. Bourgeois (Paris 1924), p.xli.

[64] Morley, *Voltaire*, p.303.

[65] See Wade, *The Search for a new Voltaire*, p.64-70.

Throughout the gestation and composition of the *Siècle*, as much as in that of the *Histoire de Charles XII*, and indeed in all Voltaire's historical works, his love of *petits faits* was much in evidence. As I. O. Wade pointed out, Voltaire, who was going to eliminate insignificant details ('malheur aux détails'), ended up writing four chapters of them. [66] Lanson makes the same point: 'Il aime le détail particulier, le chiffre précis, le petit fait qui peint.' [67] Voltaire's keen eye for picturesque, colourful, exotic or unusual details gives his historical works much of their special charm, despite the fact that he did not bring to light a great deal of new material either in the *Siècle* or in the *Anecdotes*, and that his use of primary sources falls well short of modern expectations. Furthermore Voltaire felt under no obligation to show the same degree of accuracy here as in the *Siècle*, and he revelled in the freedom afforded by the genre of the anecdote.

In place of written sources Voltaire relied on recollections of his conversations with eyewitnesses. Even here the picture is far from clear, since Voltaire holds that in works which describe recent events there is no need for the historian to be precise about his sources. He defends this practice in the 'Préface historique et critique' to the *Histoire de l'Empire de Russie sous Pierre le Grand* (1759): 'Il y a peu de citations dans *Le Siècle de Louis XIV*, parce que les événements des premières années connus de tout le monde, n'avaient besoin que d'être mis dans leur jour, et que l'auteur a été témoin des derniers.' [68] This view was contrary to those of contemporary historians such as the Père Daniel, who held that the citing of sources was 'une obligation indispensable pour

[66] Wade, *The Intellectual development of Voltaire*, p.481. See also Paul Sakmann, 'The problems of historical method and of philosophy of history in Voltaire', *Enlightenment historiography* (Middleton, Conn. 1971), p.28.

[67] G. Lanson, 'Notes pour servir à l'étude des chapitres 35-39 du *Siècle de Louis XIV*', *Mélanges offerts à M. Charles Andler* (Strasbourg 1924), p.193. See also Lanson, *Voltaire*, p.120, and Rihs, *Voltaire. Recherches*, p.116.

[68] *OC*, vol.46, p.390.

l'historien'. [69] Voltaire's neglect of scholarly working habits is even more flagrant in the *Anecdotes*; for example, even when he attacks Reboulet directly, he fails to give a precise reference. [70]

From a consideration of oral documentation for the *Anecdotes* and the *Siècle*, we can see that in his approaches to contemporaries of Louis XIV Voltaire was persistently looking for information of a certain type — anecdotal material and little-known *petits faits* which would add spice to his account of events and satisfy the curiosity of the layman and the idly inquisitive reading public. In as much as he collected many such *historiettes* passed on through an oral tradition, Voltaire could rightly claim a certain measure of originality in his presentation of life at the court of Louis XIV.

i. *Oral sources*

Voltaire's theoretical observations on the writing of history are issued with the authority of one who has evolved his principles from working experience, but they have been well described as 'a series of almost spontaneous and instinctive critical flashes'. [71] There is nevertheless a certain consistency in Voltaire's conviction that besides documents, to which we shall return, the most acceptable historical proof is the testimony of trustworthy eye-witnesses. [72]

In the *Histoire de Charles XII* (1727) Voltaire relies heavily on contemporary reports, [73] but in the preface to the 1748 edition of

[69] Gabriel Daniel, *Histoire de France depuis l'établissement de la monarchie française dans les Gaules jusqu'à la fin du règne de Louis le Grand* (1713; BV938: Paris 1729), préface.

[70] Lines 481-84 and note 112. See Simon Reboulet, *Histoire du règne de Louis XIV* (3 vols, Avignon 1742-1744; BV2882: 9 vols, Avignon 1746). References are to the edition of 1746. Reboulet's history is based on the memoirs of the abbé de Choisy.

[71] Brumfitt, *Voltaire historian*, p.141.

[72] See M. S. Rivière, 'Voltaire's journalistic approach to history writing in *Le Siècle de Louis XIV*', *Essays in French literature* 25 (November 1988), p.16-36; and 'Voltaire's use of eyewitnesses' reports in *Le Siècle de Louis XIV*', *New Zealand journal of French studies* 9.2 (1988), p.5-26.

[73] *Histoire de Charles XII*, ed. G. von Proschwitz, *OC*, vol.4 (1996), see p.19.

the same work, he admits that these have their drawbacks: 'Mais comme les témoins ne voient pas tout, et qu'ils voient quelquefois mal, je tombai dans plus d'une erreur, non sur les faits essentiels, mais sur quelques anecdotes, qui sont assez indifférentes en elles-mêmes, mais sur lesquelles les petits critiques triomphent.' [74] For all that, his faith in eyewitnesses was not shaken and he was quick to add: 'Car, en fait d'histoire, rien n'est à négliger et il faut consulter, si l'on peut, les rois et les valets de chambre.' [75]

Voltaire follows the obvious principle that when the testimonies of Louis XIV's contemporaries concur – particularly if they are men who normally disagree – they ought to be accepted as valid, but when they contradict one another they should be treated with caution. [76] He warned the reader to be on his guard against the partiality of witnesses: 'Les mémoires secrets des contemporains sont suspects de partialité; ceux qui écrivent une ou deux générations après doivent user de la plus grande circonspection, écarter le frivole, réduire l'exagéré, et combattre la satire.' [77] He himself is not always aware of the prejudices of Louis's contemporaries, and he fails to appreciate the role of the official campaign in the seventeenth century to promote the legend of the monarch. [78]

Although few witnesses are named in the *Anecdotes*, we may safely assume that much of the information originated from

[74] *Histoire de Charles XII*, p.576.

[75] *Histoire de Charles XII*, p.578. Voltaire's account of Polish affairs in the *Histoire de Charles XII*, based essentially on eyewitness reports by western diplomats was recognised from the outset to be inaccurate with regard to details of political and diplomatic developments in Poland: see Wanda Dzwigala, 'Voltaire and Poland: the historical works', *SVEC* 267 (1989), p.105; Stanislaw Fiszer, *L'Image de la Pologne dans l'œuvre de Voltaire*, *SVEC* 2001:05.

[76] See appendix. Voltaire went to great lengths to compare accounts of events during the Fronde: see M. S. Rivière, 'Voltaire and the Fronde', *Nottingham French studies* 26.1 (1987), p.1-18.

[77] *OH*, p.890.

[78] See Johnson, *Louis XIV*, p.111-71; Sakmann, 'The Problems of historical method', p.58.

Voltaire's conversations in the first two decades of the century with courtiers and acquaintances who had first-hand experience of events during the reign of Louis XIV. Voltaire's father was the friend and lawyer of several noble families, including those of Caumartin, Sully, Richelieu and Saint-Simon.

There is little doubt that Louis-Urbain Lefèvre de Caumartin (1653-1720), the former *intendant des finances* and *conseiller d'état*, who was a friend of cardinal de Retz, was particularly useful. [79] We know that Voltaire visited him in 1717 and that through Caumartin he probably saw Retz's memoirs, as well as the manuscripts of Joly's memoirs and of Mme de La Fayette's *Histoire de madame Henriette d'Angleterre*, [80] both important sources for the *Siècle*, and works which Voltaire read again in the 1730s. Many anecdotes were learnt from Caumartin and inserted into the *Siècle*. [81] Listening to Caumartin would also have shown Voltaire the advantages of the anecdotal style and of mingling details of people's lives in his histories, as he acknowledges in the *Commentaire historique*:

M. de Voltaire recueillit dès lors une partie des matériaux qu'il a employés depuis dans l'histoire du *Siècle de Louis XIV*. L'evêque de Blois, Caumartin, avait passé une grande partie de sa vie à s'amuser de ces petites intrigues qui sont pour le commun des courtisans une occupation si grave et si triste. Il en connaissait les plus petits détails, et les racontait avec beaucoup de gaieté. [82]

---

[79] Pomeau, *Voltaire en son temps*, i.47.

[80] Jean-François-Paul de Gondi de Retz, *Mémoires [...] contenant ce qui s'est passé de remarquable en France, pendant les premières années du règne de Louis XIV* (new edn, Amsterdam 1731; BV2967); *Mémoires de Guy Joly, conseiller du roi au Châtelet de Paris, pour servir d'éclaircissement et de suite aux Mémoires de M. le c. de Retz* (Rotterdam [Paris] 1718; BV1738); Mme de La Fayette, *Histoire de madame Henriette d'Angleterre, première femme de Philippe de France, duc d'Orléans* (Amsterdam, J.-F. Bernard, 1742; BV1846). See R. Peyrefitte, *Voltaire* (Paris 1985), i.276.

[81] For instance, that of the wardrobe full of gold left by Mazarin (*OH*, p.901).

[82] M.i.74n.

Voltaire was also a frequent visitor to Sully-sur-Loire, where he was exiled in May 1716 (D29) and again in 1719, 1721 and 1722.[83] Not only did the duc de Sully provide him in 1719 with a copy of his ancestor's *Mémoires*,[84] but he also had a well-stocked library. The duc probably also recounted many *historiettes* about the previous reign and introduced Voltaire to several of the frequent visitors to the Temple, including the abbé Servien[85] and the abbé Courtin, the poet of Sully-sur-Loire, who had known Chapelle, Bachaumont, Desbarraux, Chaulieu and Voiture.[86] It was seemingly Sully also who encouraged Voltaire to obtain and read the manuscript memoirs of Dangeau left in the care of the duc de Luynes in 1720 upon the death of his grandfather. During one of his visits to Sully in 1716 Voltaire met the marquise de Gondrin and the comte de Toulouse, both mentioned in the *Anecdotes*, while on another occasion, during a 'Nuit blanche de Sully', two unexpected visitors were the marquise de La Vrillière and the marquise de Listenay who had survived the smallpox epidemic that killed members of the royal family in 1711-1712.[87]

---

[83] Pomeau, *Voltaire en son temps*, i.73-74. See also J. Loiseleur, *Voltaire au château de Sully d'après des documents inédits* (Paris 1866), p.1-27.

[84] *Mémoires de Maximilien de Béthune, duc de Sully, premier ministre de Henri le Grand* (London [Paris] 1745; BV3223).

[85] To whom Voltaire addressed an *épître* in 1714, 'Aimable abbé dans Paris autrefois' (*OC*, vol.1B, p.302-12). Servien was an influential figure in Voltaire's literary life. He had close links with Philippe d'Orléans, the future regent.

[86] Other acquaintances at the Temple would have included Nicolas de Malézieu, a member of the Académie française, with whom Voltaire later stayed after his release from the Bastille in April 1718; the duc de Villeroi, whom Voltaire met again at Versailles in 1725; the cardinal de Polignac; the marquis d'Ussé, a former *contrôleur de la maison du roi*; La Feuillade, son of the courtier who at his own expense had erected Louis XIV's statue at the Place des Victoires (line 300 and note); and the marquis de Canillac, who appears to have shed much light on the accusations of poisoning levelled against the regent in 1712 and on the role of Homberg (lines 576-81 and note).

[87] On Voltaire and the 'Nuit blanches de Sully', see *OC*, vol.1B, *passim*. The marquise de Gondrin, the marquise de La Vrillière and the marquise de Listenay were all the subject of poems or *épîtres* by Voltaire.

Richelieu [88] was a close friend of Voltaire and his life-long patron. His name is mentioned on two occasions in the *Anecdotes*. Voltaire was in constant contact with Richelieu during the 1740s, and he could easily have obtained in 1746 the information pertaining to the role of his father in the introduction to court of Mme Scarron (lines 426-43). This is clearly an attempt on Voltaire's part to flatter his patron, but he is not on his guard against the possibility that Richelieu may have been giving his father too much credit for Mme Scarron's rapid rise to fame and power.

Saint-Simon's memoirs were mainly composed between 1739 and 1749 and may not have provided much information for the *Anecdotes*. After 1723 Saint-Simon lived in seclusion at La Ferté-Vidame and did not often come to court; there is no evidence that Voltaire had seen an extensive draft of his memoirs before their publication. [89] Saint-Simon started drafting his memoirs in 1694 at the age of nineteen, however, and it is possible that he may have discussed those fragments with Voltaire in the early 1720s.

The duc d'Antin, [90] who became *surintendant des bâtiments* in 1708, was also a devotee of the Temple. [91] In the anecdote about Petitbourg (lines 187-92), the *bons mots* learnt from d'Antin in person are appended to material borrowed from Dangeau's memoirs.

Another eminent contemporary of Louis XIV known personally to Voltaire was the duc de Villars, [92] whose memoirs he saw in manuscript in 1718, some years before their publication. [93]

[88] Louis-François-Armand, duc de Richelieu, later Maréchal.

[89] Cf. Johnson, *Louis XIV*, p.36. Bourgeois (*Siècle*, p.xlii) and Brumfitt (*Voltaire historien*, p.131) make similar claims.

[90] Louis-Antoine de Pardaillan, marquis de Gondrin and d'Antin (1665-1736).

[91] In October 1724 Voltaire visited Stanislas Leszcynski in his company.

[92] Claude-Louis-Hector, duc de Villars (1653-1734); Voltaire was his guest on a number of occasions from 1718 onwards; see Pomeau, *Voltaire en son temps*, i.100-101.

[93] *Mémoires du duc de Villars, pair de France, maréchal-général des armées de sa majesté très chrétienne*, 2 vols (The Hague 1734-1736; BV3443).

Although only the first volume was written by Villars himself[94] this was a useful source of information. In January 1735 he wrote to Formont: 'Je connaissais les Mémoires du maréchal de Villars. Il m'en avait lu quelque chose, il y a plusieurs années' (D837). Instead of going back to this written source for the *Anecdotes*, however, Voltaire relies on vague recollections of conversations which he had with the duc either in 1718 at Vaux-Villars, later Vaux-le-Vicomte, when he was probably shown a letter from Louis XIV to the general following the battle of Denain, or during subsequent visits in July 1719, July 1723, August 1723 or October 1723.[95] When Voltaire discusses the pyramid allegedly erected by Leopold after the battle of Hochstedt (lines 334-41), he uses Villars's account of the failure of his expedition to find it three years later with which to refute Reboulet's claim that it had been erected in the first place.

Voltaire met Marthe Le Vallois, comtesse de Caylus, at La Source, Bolingbroke's residence, in December 1722 (D134), and probably heard from her many anecdotes about Mme de Maintenon, whose niece she was. He was to edit her *Souvenirs* in 1769.

It is not easy to assess the precise contribution of each acquaintance, but one figure stands out from the crowd: cardinal Fleury, who is mentioned more than any other individual in support of stories recounted in the *Anecdotes*.[96] Fleury died in 1743 and it is unlikely that Voltaire would have dared to quote him without good reason, but the suspicion remains that Voltaire wanted to be seen to have associated with such an eminent statesman. On the other hand Fleury may have been flattered to have his recollections recorded for posterity. In his *Vie de Voltaire*, Condorcet states: 'Le cardinal de Fleuri mourut. Voltaire avait été assez lié avec lui, parce qu'il était curieux de connaître les

---

[94] The second volume was by the abbé Margon. The indications are that Voltaire used only volume i; his copy of that volume contains many pencil marks, while vol.ii appears to have been ignored.

[95] D85, D158, D160, D165.

[96] Lines 30-31, 506-508.

anecdotes du règne de Louis XIV, et que Fleuri aimait à les conter, s'arrêtant surtout à celles qui pouvaient le regarder, et ne doutant pas que Voltaire ne s'empressât d'en remplir son histoire.'[97]

To some extent this tactic of using oral testimonies enabled Voltaire to pay homage to such witnesses as the duc d'Antin, portrayed as a likeable wit and a clever courtier, or to his patron, Richelieu. Where Voltaire does not provide the names of witnesses, it is either because he thought it unnecessary, as we have seen, or because he has forgotten his source of information, or perhaps also because he wants to take most of the credit for transmitting new material. There is little doubt, for instance, that he obtained details about the number of Huguenot refugees in Berlin from Frederick II (line 547) and learnt of the deaths of two daughters of Léopold of Lorraine (568) during a stay at Lunéville in May 1735,[98] but he does not acknowledge his debt to either man. Nor does he say that he first heard the colourful anecdote of how young Françoise d'Aubigné was almost killed by a snake in America from the poet Jean Segrais who learnt it from Mme de Maintenon herself.[99]

Most of Voltaire's oral documentation appears to go back to the first two decades of the century. It is less easy to establish what he discovered during his stay at Versailles in 1745 and 1746, just before drafting the *Anecdotes*. Many of the prominent actors in the drama were by then dead: Villeroi in 1730, Villars in 1734, Fleury in 1743, to name but a few. Those who remained would have been of limited use to Voltaire, with the exception of the duchesse du Maine and Richelieu. What is perhaps more significant about Voltaire's stay at Versailles is that he was able to absorb the atmosphere of the court and draw upon his own first-hand

[97] Kehl, lxx.52. Voltaire claimed to have met Fleury as bishop of Fréjus at the house of the marquise de Villars and it is known that he amused the cardinal with fragments of the *Lettres philosophiques* in 1732. It was probably in the late 1730s or early 1740s that many anecdotes were collected.

[98] Pomeau, *Voltaire en son temps*, i.291.

[99] Lines 451-54; and see Bourgeois, *Siècle*, p.513, n.6.

experience. He refers to the inscriptions of the Galerie des glaces (lines 319-23); Créqui's *bons mots* (172-74) were probably collected during his stay, and Voltaire is never reluctant to mention those items which he has seen for himself, for example original plots for plays by Bellocq (102-103).

Finally, we must not forget that Voltaire had personal recollections from the years of his own youth, as the curtain fell on the reign of Louis XIV. A number of these find their place in the *Anecdotes*, such as the deaths of members of the royal family in 1711-1712 and the ensuing rumours (568-84), and the economic problems that dogged France after the winter of 1709 (586-95). This first-hand experience adds to the *Anecdotes* an individual *cachet* and a quaintness which make up for the relative lack of both solid research and systematic reliance on written sources and documents.

ii. *Printed sources*

Voltaire was fond of saying that archives were of prime importance. During his stay at Versailles he constantly used archives and public records in his duties as *historiographe du roi*. While engrossed in his research as 'un vrai commis au bureau de la guerre' (D3327), he could have uncovered little-known documents and manuscript papers which would have added substance to his work on Louis XIV. In fact, this was not the case, despite the fact that Voltaire received the manuscript memoirs of Louis XIV in 1752 (D4993) and obtained permission to consult official papers about the secret partition of Spain in 1688 (D14686).

The *Anecdotes* mention only one archival document, and this goes back to a time before 1738 when Voltaire first mentions Louis XIV's letter to Le Tellier about the inadequacies of Barbezieux, which he had seen in the care of the *garde des sceaux*.[100] Furthermore it is presented not as documentary

---

[100] D1642; cf. *Notebooks*, i.226: 'Lettre du roy à le Tellier archevêque de Reims touchant Barbesieux, original chez le Gds', printed as 'Mémoire inédit remis par

evidence *per se*, but in support of Voltaire's preconceived view of Louis's paternalism, supporting Lanson's view of his cavalier attitude with regard to the *Siècle*: 'Même les documents qu'il cite, n'entrent dans son livre qu'allégés et clarifiés.' [101]

The tone of the original letter is much harsher than Voltaire implies, [102] although he may have had only a vague recollection in 1746 of a document which he read in the 1730s.

Voltaire's failure to name his sources – except on rare occasions when he attempts to authenticate little-known facts and anecdotes or to prove a point against an opponent – makes it is difficult for the modern scholar to identify his borrowings from the many general histories at his disposal. Much of the background reading undertaken by Voltaire in the 1730s would have paid dividends in the *Anecdotes*, but his debts are not easily recognisable, and much of what constitutes the core of historical data is based on vague recollections of this extensive research undertaken several years previously. In 1738 he tells Dubos: 'Je n'ai d'autres mémoires, pour l'histoire générale qu'environ deux cents volumes de mémoires imprimés que tout le monde connaît. Il ne s'agit que de former un corps bien proportionné à tous ces membres épars, et de peindre avec des couleurs vraies, mais d'un trait, ce que Larrey,

---

Louis XIV à l'archevêque de Reims Le Tellier, sur l'inconduite du marquis de Barbesieux, son neveu, Secrétaire-d'état de la guerre, en 1695', *Revue encyclopédique*, 83ᵉ série, cahier T. xxviii (novembre 1835), p.1-7 (BnF, Lb37 4834). The editor remarks: 'Voltaire a donné à ce morceau le titre de *Lettre*; on verra que celui de *mémoire* est le seul qui lui convienne. Il paraît que Voltaire, dans la suite de sa longue vie, n'a pu retrouver le manuscrit entier qu'il avoit lu dans sa jeunesse' (p.2). In a note to the *Siècle*, Voltaire admits that he is quoting from memory and adds: 'Au reste, cette lettre doit être encore parmi les manuscrits laissés par M. le garde des sceaux Chauvelin' (*OH*, p.959).

[101] Lanson, 'Notes pour servir', p.192.

[102] For example, 'qu'il est menteur, toujours amoureux, rôdant partout, peu chez lui, que le monde croit qu'il ne sauroit travailler, le voyant partout ailleurs' (*Revue encyclopédique*, xxviii.5) becomes 'qu'il néglige quelquefois les affaires pour les plaisirs' (lines 404-405). The text of the letter in the *Siècle* (*OH*, p.959) follows that of the *Anecdotes* fairly closely, but there are omissions and transformations.

Limiers, Lamberti, Roussel, etc., etc., etc., falsifient et délayent dans des volumes.'[103]

The copies of Larrey and Limiers in Voltaire's library bear little evidence of use although we know that both works, especially the former, provided the backbone to the *Siècle* as regards the corpus of essential facts.[104] Several of the above-mentioned historians were themselves indebted to one another – for example, it is clear that Larrey's history closely follows Limiers's, published a year earlier in 1717 – and both writers, in turn, utilised the works of others. The short factual and purely historical sections of the *Anecdotes* where Voltaire reviews the main achievements of Louis's reign in terms of internal reforms and military conquests (lines 346-54) owe much to Larrey and Limiers.[105] But even here Voltaire was working from memory and does not seem in 1746 to have gone back to his already completed manuscript chapters for the *Siècle* which included this material. As a populariser of history in the *Anecdotes* he endeavours to make this brief historical sketch more accessible and meaningful by putting it within his chosen

[103] *OH*, p.605-606. Complaints of this sort against Larrey and Limiers are familiar. In connection with the *Anecdotes* Voltaire does not elsewhere mention Guillaume de Lamberty, *Mémoires pour servir à l'histoire du XVIIIe siècle, contenant les négociations, traités, résolutions, et autres documents authentiques concernant les affaires d'Etat*, 12 vols (Amsterdam, P. Mortier, 1734-1736; BV1889). We have not identified Roussel, perhaps a slip for Rousset de Missy, two of whose short histories were among Voltaire's borrowings from the Bibliothèque du roi in 1737 (Wade, *The Search for a new Voltaire*, p.67). To these may be added La Mothe La Hode [A.-A. Bruzen de La Martinière], *Histoire de la vie et du règne de Louis XIV* (La Haye 1740-1742). We know that Voltaire also read the président Hénault's *Nouvel abrégé chronologique de l'histoire de France* (Paris 1742; BV1619: 2 vols Paris 1768).

[104] See M. S. Rivière, 'Voltaire's use of Larrey and Limiers in *Le Siècle de Louis XIV*: history as a science, an art and a philosophy', *Forum for modern language studies* 25:1 (January 1989), p.34-53.

[105] Specific references are given in the notes to the text. The king's reforms of the laws, his creation of the navy, the building of the Invalides, the establishment of an effective police force, all belong to chapter 27 of the first edition (L51), chapter 29 of Pomeau's edition in the *OH*; the conquest of Flanders belongs to chapter 7 of L51, the Franche-Comté to chapter 8, and the capture of Dunkirk and Strasbourg to chapter 6.

perspective – the glorification of the Sun King. Indeed, his terse presentation of some twenty-three chapters of the *Siècle* has much to recommend it. Through his racy style, Voltaire makes history come to life, and his creative mind is constantly at work, as literary considerations supersede historical ones. [106]

Even when he takes issue with his predecessors, Voltaire does not always name them or give specific references to their works, perhaps because he cannot remember which is which, and does not trouble to check. A good example is the supposed memorial erected at the site of the battle of Hochstedt: in the *Anecdotes* Voltaire attributes this claim to 'les misérables histoires', whereas in the *Siècle* he specifies Reboulet by name. [107] The likely source is again Reboulet when Voltaire objects to certain facts related by 'les dernières histoires de Louis XIV' (line 426) in connection with the admission to court of Mme de Maintenon. But he does not hesitate to name Reboulet when challenging his claim that Forbin was a witness to her wedding to Louis XIV. [108] Nevertheless Voltaire draws on Reboulet in assessing the number of Huguenots forced into exile abroad to be 'huit cent mille hommes'. [109] Elsewhere it looks as though he is targeting Limiers, for instance when he defends Louis XIV against the charge of vanity in connection with the statue at the Place des Victoires (299-308), and when he launches an attack on biased Protestant historians who took Louis XIV to task over the repeal of the Edict of Nantes (499-501).

In his eagerness to enhance the merit of his own work at the expense of his predecessors, Voltaire is at times guilty of misrepresentation. In his attempt to discredit the 'calomnies

[106] Rivière, 'Voltaire's use of Larrey and Limiers', p.46.

[107] Lines 334-41, and note 69. There is a *signet* in Voltaire's copy of Reboulet at this point.

[108] Lines 481-84. Saint-Simon confirms Voltaire's view that it was Montchevreuil, and not Forbin, who was present (Saint-Simon, *Mémoires*, ed. G. Truc, Paris 1953, i.45).

[109] Reboulet, v.273; cf. *Anecdotes*, 542.

abominables' launched against the duc d'Orléans he resorts to the vague 'on', but in a note to the *Siècle*, he specifically refers to La Hode's accusations against the duc and to Reboulet's assertion that an antidote was sent from Venice to save the son of the duc de Bourgogne.[110] In fact, Voltaire is unfair to both writers: La Hode tries to disprove the rumours in a section entitled 'Réfutation de ces calomnies' while Reboulet goes out of his way to vindicate the regent by stating: 'Enfin si l'on fait attention qu'on l'a depuis regardé constamment, comme d'un caractère naturellement bon, bienfaisant, et incapable de noirceur, on trouvera qu'il fut malheureux, mais qu'il n'étoit du tout point coupable.'[111]

Voltaire also draws on more specialist sources for specific parts of his text. One was Henri de Boulainvilliers, whose *Etat de la France*[112] provided many useful statistics and details regarding population growth and distribution in France, as well as information relating to commerce and trade. Boulainvilliers includes the memoirs of the *intendants* of all provinces. Voltaire asked for the book in June 1735 (D879), and from it extracted lengthy notes, published by Wade.[113] His own copy also contains several *signets*, for instance the reference to the Canal du Languedoc.[114] He also noted and used information concerning the number of Protestants left in the Languedoc after the repeal of the Edict of Nantes in 1685,[115] the creation of factories by Colbert,[116] and the establishment of the *capitation* in 1695.[117]

Another source is the *Mémoires* of Gourville (1625-1703), written almost entirely from memory in 1702 by the ex-*intendant*,

[110] *OH*, p.946. Cf. Reboulet, ix.143.
[111] La Mothe La Hode, *La Vie de Philippe d'Orléans*, i.111; Reboulet, ix.146.
[112] London 1727. References are to this edition. Voltaire owned a later edition (6 vols, London 1737; BV504).
[113] Wade, *The Search for a new Voltaire*, p.61-63.
[114] Lines 349-50; cf. *CN*, i.433.
[115] Line 511; Boulainvilliers, ii.505.
[116] Lines 534-536; Boulainvilliers, i.59.
[117] Line 591-92; Boulainvilliers, i.62.

then aged seventy-seven.[118] As secretary to La Rochefoucauld during the Fronde, Gourville had experienced events at first hand and was, to all intents and purposes, a reliable witness.[119] Voltaire's copy of the *Mémoires* contains many *notes muettes*.[120] He also jotted down details on loose sheets which have been collected by Caussy[121] and summarised a number of facts in his *Notebooks* (i.210). The passage from Gourville's memoirs quoted in the *Anecdotes* – chosen primarily to show the fanatical attitude of Louis's advisers to the Huguenot problem, in particular that of Louvois – shows how Voltaire transforms his convoluted and unwieldy source for the sake of greater clarity and concision: 'au bout de six mois, dit-il, la moitié de ces ministres abjurera' replaces Gourville's 'et bientôt, après qu'elles étaient dans la dernière extrêmité [...] il pourrait bien leur venir en pensée de convenir entre eux que l'on pouvoit se sauver dans les deux religions'.[122] Furthermore, Voltaire's recollections are hazy; while he says in the *Anecdotes* that it was Charles II who named Gourville 'le plus sage des Français' (line 515-16), an entry in the *Notebooks* says that Sir William Temple used the expression 'le français le plus sensé' in the course of a conversation with Charles II.[123]

Wade also shows that in 1744 Voltaire borrowed the *Histoire générale et particulière des finances* by Francheville[124] and Dutot's *Réflexions politiques sur les finances et le commerce*.[125] This shows that he had conceived at least an outline of chapters 27 and 28 of the *Siècle* (L51) – namely those on internal reforms and finance – a

[118] Jean Hérault, sieur de Gourville, *Mémoires* [...] *concernant les affaires auxquelles il a été employé par la Cour depuis 1647 jusqu'en 1698*, 2 vols in-12 (Paris, Ganeau, 1724; BV1507).

[119] See F. Freudmann, *L'Etonnant Gourville* (Geneva 1960), p.10-11.

[120] *CN*, iv.161-64.

[121] Voltaire, *Œuvres inédites*, ed. F. Caussy (Paris 1914), i.307-10.

[122] Lines 517-18. Gourville, *Mémoires*, ii.309.

[123] *Notebooks*, i.248.

[124] Francheville, *Histoire générale et particulière des finances*, 3 vols (Paris 1738).

[125] Charles Dutot, *Réflexions politiques sur les finances et le commerce*, 2 vols (La Haye 1738); Wade, *The Search for a new Voltaire*, p.67.

view upheld by a number of comments in the *Anecdotes* about Louis's innovations in those fields.

So far as the arts are concerned, Voltaire's own expertise and his extensive reading are generally sufficient for his purpose, whether he is dealing with Quinault's operas and prologues, Lulli's music, Duché's tragedies, Benserade's lyrics, Baron's acting, or Flemish painting. At the same time he may have used a number of little-known documents as he tried to convey the festive atmosphere of Versailles in the 1660s. From Wade's research we know that in 1735 Voltaire borrowed from the Bibliothèque du roi several works relating to chapter 25 ('Particularités et anecdotes de Louis XIV').[126] These may have also served as cultural background for the text of the *Anecdotes* in a general way.[127]

Desmolet's *Mémoires de littérature*,[128] Quesnel's *La Paix de Clément IX*[129] and the *Histoire des cinq propositions de Jansénius* attributed by Barbier to Le Tellier[130] may all have contributed to the background of the *Anecdotes*. Another source on the subject of Jansenism and the bull *Unigenitus* (lines 549-54 and note 128) was Villefore's *Anecdotes ou mémoires secrets sur la constitution Unigenitus*.[131]

One source which is not cited is the memoirs of the marquis de La Fare. Although Voltaire refuted many facts concerning Mme de Maintenon which he found both in Reboulet and in La Fare, to

[126] Wade, *The Search for a new Voltaire*, p.67.

[127] Voltaire consulted *Les Plaisirs de l'Isle Enchantée* [...] *et autres fêtes galantes et magnifiques faites par le Roi à Versailles, le 7 may 1664* (Paris 1673), see line 100 and note; *Le Grand Carrousel du roi, ou la course de bague, ordonnée par sa Majesté* [...] *le 2 juin, 1662* (Paris 1662), see lines 86-88; *L'Entrée solennelle dans la ville de Lyon, de Mgr. l'éminentissime Cardinal Flavio Chigi* (Lyon 1664), see lines 258-63.

[128] P. Desmolets, *Continuation des mémoires de littérature et d'histoire* (Paris 1730-1732), 11 vols in-12°; Wade, *The Search for a new Voltaire*, p.66.

[129] Quesnel, *La Paix de Clément IX*, 2 part. in-8° (Paris 1700); Wade, *The Search for a new Voltaire*, p.66.

[130] [Le Tellier], *Histoire des cinq propositions de Jansénius* (Liège 1699); Wade, *The Search for a new Voltaire*, p.66.

[131] J.-F. Bourgoing de Villefore, *Anecdotes, ou mémoires secrets sur la constitution 'Unigenitus'*, 3 vols (n.p. 1730); cf. Lanson, 'Notes pour servir', p.187.

whom the former was indebted, he appears to have borrowed other details from La Fare. He had known both La Fare himself, who died in 1712, and his son the abbé de La Fare, at the Société du Temple,[132] and he may even have seen the manuscript before its publication in 1716.[133] He judged a large part of the memoirs as unreliable: he rejected La Fare's claim that Mme Scarron was born in Canada and that she returned to France at the age of seventeen, stating that she was twelve at the time.[134] Yet he draws upon the memoirs for colourful details about her father.[135] Other examples of Voltaire's debt to La Fare's text are his description of Mme Scarron as having 'de la beauté', 'de la vivacité d'esprit',[136] and of her reliance in her youth on the duchesse de Navailles (lines 455-57). La Fare evidently provided a core of biographical information which Voltaire used, despite his reservations about the author. With regard to the identity of the witnesses at the wedding of Louis XIV and Mme de Maintenon he rejects the information given by La Fare, Choisy and Reboulet[137] in favour of that of Mme de Caylus, Mme de Maintenon's niece: 'Je nommerai seulement ceux qui, vraisemblablement, ont été dans le secret. Ce sont M. de Harlai, en ce temps-là archevêque de Paris, M. et Mme de Montchevreuil, Bontemps et une femme de chambre de Mme de Maintenon.'[138] Typically, though, Voltaire does not give any indication of his authorities, nor does he provide evidence in support of his own claim that Montchevreuil, and not Forbin, witnessed the ceremony (482-84). As we have seen, Voltaire was

[132] Pomeau, *Voltaire en son temps*, i.40.

[133] *Mémoires et réflexions sur les principaux événements du règne de Louis XIV* [...] *par Mr L. M. D. L. F.* (Rotterdam 1716; BV1842), references are to this edition.

[134] Line 455 and cf. La Fare, p.188.

[135] La Fare, p.188. See lines 448-51; cf. *Notebooks*, i.227.

[136] La Fare, p.189.

[137] La Fare, p.196-97, *signet*; Choisy, *Mémoires pour servir à l'histoire de Louis XIV* (Geneva 1727), ii.93-94; Reboulet, v.281.

[138] Mme de Caylus, *Souvenirs*, M.xxviii.298. See M. S. Rivière, 'Voltaire editor of Dangeau', p.21-22; and 'Voltaire reader of women's memoirs', *SVEC* 371 (1999), p.46-49.

uneasy about the reliability of his account of the early life of Mme de Maintenon and suppressed it in the text sent to the *Mercure*.

Voltaire's desire to publicise his own credentials as a historian often led him blatantly to disregard the merits of his predecessors, or to play them down. By comparing the memoirs at his disposal and extracting from them what he deemed to be reliable, useful or particularly interesting, Voltaire was able to shed new light on many important historical events, as well as giving an insight into the motivation, character and behaviour of the protagonists. The end product marked a huge step towards philosophical and social history in its day, but it has many affinities with historical memoirs. As a stepping-stone between the memoirs and the *Siècle*, the *Anecdotes* display many of the features of the latter, such as pen portraits which Voltaire generally disapproved of in history. That of Louis XIV recalls the one etched by Saint-Simon, although in a more positive spirit.[139] Both Voltaire and Saint-Simon underline the natural resilience of the king; Saint-Simon refers to his 'corps robuste',[140] while Voltaire mentions his good constitution and his 'tempérament robuste' (line 17). Both writers also praise the evenness of the king's temperament,[141] even if Saint-Simon goes out of his way to condemn Louis's vanity and susceptibility to flattery.[142] Although Voltaire had not seen much of Saint-Simon's manuscript memoirs when he drafted the *Anecdotes*, he appears to have used many details from common sources, such as the memoirs of the abbé de Choisy and Dangeau, which may partly explain some echoes of Saint-Simon in his text.

[139] Saint-Simon, *Mémoires*, iv.941: 'Né avec un esprit au-dessous du médiocre, mais un esprit capable de se former, de se limer, de se raffiner, d'emprunter d'autrui sans imitation et sans gêne, il profita infiniment d'avoir toute sa vie vécu avec les personnes du monde qui toutes en avaient le plus'; and p.950: 'A peine lui apprit-on à lire et à écrire; il demeura tellement ignorant que les choses les plus connues de l'histoire, d'événements, de fortunes, de conduites, de naissance, de lois, il n'en sut jamais un mot.'

[140] Saint-Simon, iv.952.

[141] Lines 20-22; Saint-Simon, iv.950.

[142] Saint-Simon, iv.951.

Voltaire adopts what we can only call a memorialist's approach in the *Anecdotes*; not only does he display a certain *insouciance*, but he exploits fully his undeniable skill as *raconteur*, and he revels in tit-bits, while he has a keen eye for colourful and quaint biographical details. The sources he employs, largely courtiers' memoirs, have a bearing on this mode of presentation.

iii. The 'Journal de Dangeau'

Voltaire's most important source of information was without doubt the memoirs of Philippe de Courcillon, marquis de Dangeau, which he read in manuscript form possibly as early as 1720 and certainly in the early 1730s, and which were also his main source for chapters 25-28 of the *Siècle*.[143] Despite his professed hostility towards Dangeau, Voltaire made extensive use of his memoirs over the years and published the first critical edition of the work.[144] By putting Dangeau, the *Notebooks* and the *Siècle* alongside the *Anecdotes*, it is easy to see how Voltaire embroidered upon, simplified or altered Dangeau's text for his own purposes. Most of Voltaire's borrowings are pointed out in the notes to the text; the following are 'échantillons' of the way in which Voltaire the literary artist and *raconteur* transforms the borrowed material in the *Anecdotes*, a half-way house between Dangeau and the *Siècle*.

As we have seen, Voltaire chooses material from his source in accordance with his preconceived thesis of showing Louis XIV as a generous, kind and witty ruler, and a generous patron of the arts, for instance his role in choosing the subject of *Armide* (line 42) or Racine's visit to Marly (70-71). The similarly eulogistic account of the pensions granted to men of letters (64-76) is an excellent example of how Dangeau's text ('Jeudi 22, à Versailles: Le Roi a

[143] *Journal du marquis de Dangeau publié en entier pour la première fois*, ed. Soulié, Dussieux *et al.* (Paris 1854), introduction, vol.i, p.v. See Rivière, 'Voltaire's use of Dangeau's *Mémoires*', p.97-106.

[144] *Journal de la Cour de Louis XIV, depuis 1684, jusqu'à 1715. Avec des notes intéressantes, etc., etc. etc.* (London [Paris] 1770), 174 pages. M.xxviii.249-83.

donné à Racine et à Despréaux qui travaillent à son histoire, 1000 pistoles à chacun') is simplified in the *Notebooks* ('1688, avril 22. Le roy donne à Racine et à Despréaux à chacun mille pistoles pour écrire son histoire') and in due course appears in a much more polished form in the *Anecdotes*: 'L'année d'auparavant il avait gratifié Racine et Boileau chacun de mille pistoles, qui font vingt mille livres d'aujourd'hui, pour écrire son histoire'. [145]

Another example is the king's willingness to sacrifice his own silverware and gilt-edged furniture during the financial crisis of 1689. Dangeau had written: 'Pour en donner l'exemple, il fait fondre toute sa belle argenterie, malgré la richesse du travail, il fait fondre même les filigranes.' This is summarised in the *Notebooks* as: 'Novembre [1689]. Toute l'argenterie à la monnaie. Le roi n'en retire que 3 millions', which forms the basis of the *Anecdotes* text: 'On fit porter tous les meubles d'argent orfévris à la Monnaie. Le roi lui-même donna l'exemple, en dépouillant sa galerie et son grand appartement de tous ces meubles admirables d'argent massif, sculptés par Balin sur les desseins du fameux le Brun, et de tout cela on ne retira que trois millions de profit', a generous embroidery on Dangeau's 'sa belle argenterie'. [146] Voltaire allows himself to be carried away by his flamboyant style, as he highlights the extent of the sacrifice made on behalf of the nation by the paternalistic monarch.

Dangeau's memoirs also provided Voltaire with an invaluable collection of the king's speeches, which he used and altered to highlight Louis's *bons mots* and repartee. [147] The picture which Dangeau and in turn Voltaire paint is that of a clever and humorous monarch, a portrayal which strays somewhat from the truth, for although Louis was a sensible and fairly eloquent speaker, he was by no means a wit. [148] In the *Anecdotes*, Voltaire's quest for *bons mots* leads him to indulge further in eulogies worthy

---

[145] Dangeau, *Journal*, ed. Soulié, ii.132; cf. *Notebooks*, i.217; below, lines 73-75.
[146] Dangeau, *Journal*, ed. Soulié, iii.33; cf. *Notebooks*, i.218; below, lines 586-91.
[147] See Rivière, 'Voltaire's use of Dangeau's *Mémoires*', p.104-105.
[148] See Johnson, *Louis XIV*, p.179.

of Pellisson. The parody of some lines from Quinault's *Atys* is extracted from a factual passage in Dangeau's memoirs, carefully and soberly transcribed in the *Notebooks*, before being woven into the portrait of a brilliant and hardworking monarch in the *Anecdotes*, where Voltaire plays down Louis's decision not to attend the council by adding: 'il y avait peu d'affaires ce jour-là'.[149] In the *Siècle* Voltaire mentions the parody but almost apologises for its inclusion: 'Ces bagatelles servent au moins à faire voir que les agréments de l'esprit faisaient un des plaisirs de sa cour, qu'il entrait dans ces plaisirs, et qu'il savait, dans le particulier, vivre en homme, aussi bien que représenter en monarque sur le théâtre du monde.'[150]

A final example is Louis XIV's address to Monseigneur on his departure for the front in September 1688. The king's words are recorded from Dangeau in the *Notebooks*, and Voltaire's version in the *Siècle* is close to Dangeau's. In the *Anecdotes*, however, there is the interpolation – 'c'est ainsi qu'on apprend à régner', and an undeservedly eulogistic conclusion: 'Il s'exprimait presque toujours avec cette noblesse.'[151]

Voltaire combines what he has learnt through oral documentation with material obtained from written sources in order to add piquancy to the portrayal of Louis XIV and his court. For instance, he claims to have been told by the duc d'Antin himself of the occasion when he caught the king's attention by tilting statues in the park (lines 176-81). Yet he seems to use Dangeau's memoirs for the anecdote of how d'Antin felled a row of old trees at Petitbourg to please his master, and appended some *bons mots* probably learnt from d'Antin in person.[152] In the *Siècle*, the same anecdote is given as an example of d'Antin's 'art singulier, non pas de dire des choses flatteuses, mais d'en faire'. The *bons mots* are cast in simpler terms and serve effectively as a punch-line: '"C'est

[149] Soulié, i.123; cf. *Notebooks*, i.215; below, lines 146-53.
[150] *OH*, p.958.
[151] Soulié, ii.171; cf. *Notebooks*, i.217; below, lines 267-69.
[152] Soulié, ii.461; cf. below, lines 186-92.

parce que Votre Majesté les a condamnés qu'elle ne les voit plus," répond le duc.' [153]

Voltaire seems as much unaware of the *parti pris* of his witnesses, notably Dangeau, as of his own. He aimed to show that France emerged from the dark ages largely because of Louis XIV's personal leadership, and that the king's critics were wrong. [154] In going against the majority opinion of his own day by praising Louis's single-handed efforts to raise France to greatness, Voltaire participated actively in a publicity campaign engineered by the Sun King himself and his close circle of advisers, which continued long after the monarch's death. In this text, therefore, he applies his criteria for assessing the worth of anecdotes haphazardly to suit his purpose. He rejects out of hand the allegation that Louis could have used to La Rochefoucauld the words 'qu'importe lequel de mes valets me serve' (line 248), because they do not concur with his preconceived notion of a considerate monarch. On the other hand, the report of the king's gift to La Rochefoucauld is accepted without reservation as further proof of the king's generosity; Voltaire extracts the details from Dangeau, enters them in his *Notebooks* and uses them in the *Anecdotes* to counterbalance the 'paroles si odieuses' attributed to Louis. [155] Further, in discussing the gift to La Rochefoucauld, said by Dangeau to be 50.000 *écus* and recorded in the *Notebooks* as '15000 ff', Voltaire disregards a number of serious reservations made by contemporary historians about the generosity of Louis XIV. [156]

---

[153] *OH*, p.960.

[154] See also Johnson, *Louis XIV*, p.314. Brumfitt makes a similar point in *Voltaire historian*, p.61.

[155] Soulié, iv.223; cf. *Notebooks*, i.221; below, lines 254-56.

[156] For example, Reboulet and Limiers. Duclos, for instance, estimated the sum total of pensions given by Louis to artists to be no more than 66,000 *livres*, and concluded that 'ces trompettes de la renommée ne sont pas chères' (Duclos, *Mémoires secrets sur le règne de Louis XIV*, ed. J. L. Soulavie, Paris 1851, p.492, quoted by Johnson, *Louis XIV*, p.192).

After the publication of *Le Siècle de Louis XIV* in 1751 the *Anecdotes* were quickly removed from Voltaire's collected works. As a small piece of a jigsaw, or a scene in a larger *tableau*, they were a *bagatelle* intended both to amuse a *public de goût* and to test public opinion. After three years they had served their purpose and overstayed their welcome. They then disappeared from sight.

This short work merits serious consideration, however, in so far as it sheds light on Voltaire's talent as a *raconteur*, on his historical method, and on his consistent vision of the age of Louis XIV as the product of the king's personal leadership. The *Anecdotes* are an integral part of Voltaire's personal campaign in defence of Louis XIV, and by implication perhaps a barbed thrust at the current régime.

6. *Editions and translation*

Editions

W48D

Œuvres de M. de Voltaire. Dresde: Walther, 1748-1754. 10 vol. 8°.

Produced with Voltaire's participation.

Volume ii (Mélanges de littérature et de philosophie), p.358-78, 'Anecdotes sur Louis XIV'.

Bengesco 2129; Trapnell 48D; BnC 28-35.

Oxford, Taylor: V1 1748 (2). Paris, BnF: Rés. Z Beuchot 12 (2); Bengesco 70.

NM

Le Nouveau Magasin français ou bibliothèque instructive et amusante. Par Madame L. P. de Beaumont. London: Fr. Changuion, R. Griffiths, J. Newberry, David Henry. Vol.i, janvier-décembre 1750.

Septembre 1750, p.323-33, 'Anecdotes sur Louis XIV. Par M. de Voltaire'.

Paris, Bibliothèque de l'Opéra.

MF

Mercure de France, dédié au Roi. Paris, Cailleau *et al.*

Août 1750, p.5-31, 'Anecdotes sur Louis XIV. Par M. de Voltaire'.

AP

L'Abeille du Parnasse. Berlin, Etienne Bourdeaux.

1750, t.ii, no.43, 'Anecdotes sur Louis XIV. Par M. de Voltaire'.

R

Recueil de memoires, dissertations, lettres, et autres ouvrages critiques, pour servir de supplément aux Mémoires de l'Académie Royale des Sciences, & de celle des Inscriptions & Belles-Lettres.

Volume cccv, p.89-115, 'Anecdotes sur Louis XIV. Par M. de Voltaire'.

Paris, BnF: Z Fontanieu 305.

W51

Œuvres de M. de Voltaire. [Paris: Lambert], 1751. 11 vol. 12°.

Based on w48D, with additions and corrections. Produced with the participation of Voltaire.

Volume ii, p.358-84, 'Anecdotes sur Louis XIV'.

Bengesco 2131; Trapnell 51P; BnC 40-41.

Oxford, Taylor: V1 1751 (2). Paris, Arsenal: 8° B 13057; BnF: Rés. Z Beuchot 13.

K84

Œuvres complètes de Voltaire. [Kehl]: Société littéraire-typographique, 1784-1789. 70 vol. 8°.

Volume xxviii, p.207-26, 'Anecdotes sur Louis XIV'.

Bengesco 2142; BnC 164-193.

Oxford, Taylor: V1 1785/2 (28); VF. Paris, BnF: Rés. p. Z. 2209 (28).

K85

Œuvres Complètes de Voltaire: Société littéraire-typographique, 1785. 92 vol.

Volume xxxiii, p.163-87, 'Anecdotes sur Louis XIV'.

Translation

English

Anecdotes on Lewis XIV. / By the celebrated M. de Voltaire. In *The Gentleman's magazine*, London: Edward Cave at St John's Gate, xx (1750), p.358-62.

7. *Principles of this edition*

The base text is w48D, the first printing, from which several lengthy sections were omitted in subsequent editions. Despite Voltaire's persistent complaints about its numerous errors, w48D is the most complete text of the *Anecdotes sur Louis XIV* which has come down to us.

Treatment of the base text

The following errors in the base text, noted in the errata in the same volume, have been corrected: line 12: 'une hommage' for 'un hommage'; line 134: 'La guerre' for 'A la guerre'; line 302: 'des esclaves' for 'd'esclaves'; line 366: 'répand' for 'répend'. The following additional errors, not noted in the errata, have also been corrected: line 38: 'suppléèrent tout' for 'suppléèrent à tout'; line 67: 'affable' for 'affaibli'; line 235: 'tout les jours' for 'tous les jours'; line 326: 'reprochée' for 'reproché'; line 310: 'Boulogne' for 'Bologne'.

The following aspects of the base text have been modified to conform to modern usage:

I. Italic and punctuation

Intervention has been kept to a minimum. For consistency within the text, italic has been added to reported speech at lines 68-70, 161, 190-92,

204-10, 238-40, 241-45, 517-22. Italic has been removed from displayed verse. Commas superfluous to modern reading have been suppressed at lines 85 (after 'pas'), 88 (after 'ce'), 138 (after 'autant') and 527 (after 'plus').

II. Proper nouns

The spelling and accentuation of names of persons and places has been respected.

III. Capitalisation

Initial capitals were attributed to:

- *Titles*: Archevêque, Comte, Doge, Duc, Duchesse, Empereur, Impératrice, Intendant, Légat, Lieutenant, Maître, Marquis, Ministre, Pape, Prince, Reine, Roi, Secrétaire d'Etat, Souverain, Surintendant.
- *Professions*: Artistes, Chimistes, Musicien, Philosophes, Sculpteurs.
- *Monetary terms*: Billets, Dixième, Livres, Pistoles.
- *Disciplines*: Architecture, Histoire, Géographie, Peinture, Philosophie, Sciences, Sculpture.
- *Adjectives denoting language or nationality*: Espagnol, Flamand, Italien, Latin, Turc.
- *Religious terms*: Calvinistes, Catholiques, Eglises, Jansénistes, Luthériens, Protestants, Religion, Sectes.
- *Most common nouns*: Armé, Carrousels, Courtisans, Critiques, Fils, Héros, Musicien, Nation, Noblese, Opéra, Petit-Fils, Romans, Royaume, Tragédie, Troupe, Vers.

IV. Accents

The use of accents in the base text was haphazard. The instances below do not occur consistently.

1. The acute accent

- was not used in: Academie, aisement, assurement, celebroit, deja, delices, depensa, desagréables, detail, detruisirent, devotion, eloges, medecin, mediocre, memoire, meritent, panegyrique, prelat, preseance, repeté, repondit-il, reputation, revoltante, vecurent.
- was used instead of the grave accent in: caractére, particuliéres, piéces, troisiéme.

2. The grave accent

- was not used in: deja, derniere, des que [for dès que], epitete, [for épithète], espece, frontiere, la [for là], mene, ou [for où], pieces, regne, regulierement, secretes, themes.

— was not used in the third person plural of the historic past (reterite): penserent, prodiguerent, porterent.

3. The circumflex accent

— was not used for the third person of the imperfect subjunctive in: eut reconnu, l'eut fait, existat.

— was not used in: ame, Archeveque, arreter, batimens, batis, chateau, connait, conquetes, coté, disgrace, enchaine éveché, extremité, faché, gout, grace, idolatre, interets, otait, paraitre, role, Vendome.

— was used in: enflûre, plûtôt, pû, sû, toûjours, vîte, vôtre, vû.

V. Orthography

1. Consonants

— *t* was not used in syllable endings -*ans* and -*ens* in: amusemens, appartemens, présens.

— *p* was not used in: tems.

— double consonants were used in: addresse, appelloit, apperçu, Flammands, guitarre, lotteries, secrettement.

— a single consonant was used in: abatit, frapant, rafinement, siflet.

2. Vowels

— *y* was used in place of *i* in: fuye, monnoye, plaie, voye, vraye.

— *i* was used in place of *y* in: aiant, envoiant, impitoiables.

VI. Various

1. The hyphen

— was not used in place names: Aix la Chapelle, Franche Comté; St Denis.

— was not used in: beaux arts, demi heure, Etats Généraux, ce jour là, lui même, ces magots là, petite fille, quatre vingt, quelques uns, sur le champ.

— was used in: Gentil-homme, long-temps, sur-tout, très-bien, très-bonne, très-grand, très-malheureux, très-vrai, très-sages.

2. Archaic and unusual forms were used

— je croi, encor, loix, je sai, sçu, païs, prétieux.

- endings in -e*z* were used in the following: deputez, envoyez, figurez, gagnez, libéralitez, prodiguez.
- the ampersand was used.
- the abbreviation Mr. was sometimes used for M., and the abbreviation Me for Mme.

3. The dieresis was used in: je l'avouë, devenuë, Louïs, maintenuës, reconnuës, répanduës, retenuë, statuë, vuës.

ANECDOTES
SUR
LOUIS XIV

Louis XIV était, comme on sait, le plus bel homme et le mieux fait de son royaume. C'était lui, que Racine désignait dans *Bérénice* par ces vers:

> En quelque obscurité, que le ciel l'eût fait naître,
> Le monde en le voyant eût reconnu son maître. [1]   5

Le Roi sentit bien, que cette tragédie, et surtout ces deux vers, étaient faits pour lui. Rien n'embellit d'ailleurs comme une couronne. Le son de sa voix était noble et touchant. Tous les hommes l'admiraient et toutes les femmes soupiraient pour lui. Il avait une démarche, qui ne pouvait convenir qu'à lui seul, et qui eût   10 été ridicule en tout autre. [2] Il se complaisait à imposer par son air. L'embarras de ceux, qui lui parlaient, était un hommage, qui flattait sa supériorité. Ce vieil officier, qui en lui demandant une grâce balbutiait, recommençait son discours, et qui enfin lui dit, *Sire, au moins je ne tremble pas ainsi devant vos ennemis*, n'eut pas de peine à   15 obtenir ce qu'il demandait. [3]

La nature lui avait donné un tempérament robuste. Il fit parfaitement tous les exercices; jouait très bien à tous les jeux, qui demandent de l'adresse et de l'action; il dansait les danses

---

11   K: à en imposer
18   W51, MERCURE, MAGASIN, K: tous ses exercices
19   K: l'action, et dansait

---

[1] *Bérénice* (1670), I.iv.315-16. Also quoted in the *Siècle*, ch.25 (*OH*, p.904).
[2] *Siècle*, ch.25, *OH*, p.903.
[3] *Siècle*, ch.25, *OH*, p.903.

graves avec beaucoup de grâce. Sa constitution était si bonne, qu'il   20
fit toujours deux grands repas par jour sans altérer sa santé, ce fut la
bonté de son tempérament, qui fit l'égalité de son humeur. Louis
XIII infirme était chagrin, faible et difficile. Louis XIV parlait
peu, mais toujours bien. Il n'était pas savant; mais il avait le goût
juste. Il entendait un peu l'italien et l'espagnol, et ne put jamais   25
apprendre le latin, que l'on montre toujours assez mal dans une
éducation particulière, et qui est de toutes les sciences la moins utile
à un roi. On a imprimé sous son nom une traduction des
commentaires de César.[4] Ce sont ses thèmes, mais on les faisait
avec lui; il y avait peu de part, et on lui disait qu'il les avait faits. J'ai   30
ouï dire au cardinal de Fleury, que Louis quatorze lui avait un jour
demandé, ce que c'était que le prince *quemadmodum*, mot sur lequel
un musicien dans un motet avait prodigué, selon leur coutume,
beaucoup de travail; le roi lui avoua à cette occasion, qu'il n'avait
presque jamais rien su de cette langue.[5] On eût mieux fait de lui   35
enseigner l'histoire, la géographie et surtout la vraie philosophie,
que les princes connaissent si rarement. Son bon sens et son goût
naturel suppléèrent à tout. En fait des beaux-arts, il n'aimait que
l'excellent. Rien ne le prouve mieux, que l'usage qu'il fit de Racine,
de Boileau, de Moliere, de Bossuet, de Fénelon, de le Brun, de   40
Girardon, de le Notre etc. Il donna même quelquefois à Quinaut
des sujets d'opéra et ce fut lui, qui choisit Armide.[6] Monsieur

[4] *La Guerre des Suisses, traduite du premier livre des Commentaires de Jules César par Louis XIV Dieudonné, roi de France et de Navarre* (Paris 1651): cf. *Siècle*, ch.25, *OH*, p.891. The intention of the exercise was no doubt to underline the similarities between the Caesars and the kings of France.

[5] In the article 'Ana, Anecdotes' in the *Questions sur l'Encyclopédie* Voltaire mistakenly says that he related this anecdote in the *Siècle* rather than in the *Anecdotes* (M.xvii.217). In fact this is one of the few anecdotes not repeated in the *Siècle*. 'Quemamodum desiderat' is the title of a motet by Alessandro Grandi, published in *Il sesto libro de motetti* (Venice 1630).

[6] Philippe Quinault (1635-1688) provided a number of librettos for Lulli: cf. *Siècle* (ch.32, *OH*, p.1013), where Voltaire praises *Armide* (1686) as an example of the superiority of the 'Modernes'.

Colbert[7] ne protégea tous les arts et ne les fit fleurir, que pour se conformer au goût de son maître. Car Monsieur Colbert étant sans lettres, élevé dans le négoce et chargé par le cardinal Mazarin de détails d'affaires, ne pouvait avoir pour les beaux-arts ce goût, que donne naturellement une cour galante, à laquelle il faut des plaisirs au-dessus de ceux du vulgaire. M. Colbert était un peu sec et sombre; ses grandes vues pour la finance et pour le commerce, où le roi était et devait être moins intelligent que lui, ne s'étendirent pas d'abord jusqu'aux arts aimables; il se forma le goût par l'envie de plaire à son maître, et par l'émulation que lui donnait la gloire acquise par M. Fouquet dans la protection des lettres, gloire qu'il conserva dans sa disgrâce. Il ne fit d'abord que de mauvais choix, et lorsque Louis XIV en 1662 voulut favoriser les lettres, en donnant des pensions aux hommes de génie et même aux savants, Colbert ne s'en rapporta qu'à ce Chapelain, dont le nom est depuis devenu si ridicule, grâce à ses ouvrages,[8] et à Boileau; mais il avait alors une grande réputation, qu'il s'était faite par un peu d'érudition, assez de critique et beaucoup d'adresse, c'est ce choix qui indigna Boileau jeune encore, et qui lui inspira tant de traits satiriques.[9] Colbert se corrigea depuis, et favorisa ceux, qui avaient des talents véritables et qui plaisaient au maître.

43   K: arts, ne
48   MERCURE, MAGASIN, K: au-dessus du vulgaire
49   MAGASIN: commerce et le
54   W51: dans la disgrâce
61   MAGASIN, MERCURE, K: satiriques. M. Colbert

[7] Jean-Baptiste Colbert, minister and Secretary of State (1619-1683), *contrôleur-général des finances*. In the list of 'Secrétaires d'Etat' in the *Siècle*, Voltaire says nothing about any lack of knowledge of the arts.

[8] Jean Chapelain (1595-1674), a pedantic poet and one of the first members of the Académie française, author of *La Pucelle* (1656) and of the *Sentiments de l'Académie sur Le Cid* (1637).

[9] For example, in the Fourth Satire: 'Chapelain veut rimer, et c'est là sa folie. / Mais bien que ses durs vers d'épithètes enflez, / Soient des moindres Grimauds chez Ménage siflez: / Lui mesme il s'applaudit, et d'un esprit tranquille, / Prend le pas au Parnasse au dessus de Virgile' (Boileau, *Œuvres complètes*, Paris 1966, p.28).

Ce fut Louis XIV, qui de son propre mouvement donna des pensions à Boileau, à Racine, à Pelisson, à beaucoup d'autres, il s'entretenait quelquefois avec eux,[10] et même lorsque Boileau se fut retiré à Auteuil,[11] étant affaibli par l'âge, et qu'il vint faire sa cour au roi pour la dernière fois, le roi lui dit, *si votre santé vous permet de venir encore quelquefois à Versailles, j'aurai toujours une demi-heure à vous donner.* Au mois de septembre 1690 il nomma Racine du Marly,[12] et il se faisait lire par lui les meilleurs ouvrages du temps.

L'année d'auparavant il avait gratifié Racine et Boileau chacun de mille pistoles, qui font vingt mille livres d'aujourd'hui, pour écrire son histoire;[13] et il avait ajouté à ce présent quatre mille livres de pension.

65

70

75

---

71   W51 MAGASIN, K: du voyage de Marly

[10] *Siècle*, ch.25, *OH*, p.911. Boileau received a pension of 2000 *livres* in 1676. Louis was the first French king to consistently patronise the arts. The first list of recipients, drawn up by Chapelain in 1664, included the two Corneilles, Molière, Quinault and Racine. Paul Pellisson-Fontanier (1624-1693) accompanied Louis on his campaign in the Franche-Comté in 1666. On the strength of his account of that campaign he was created *historiographe du roi*, a post he held until he was replaced by Racine and Boileau, at the instigation of Mme de Maintenon. His *Histoire de Louis XIV* (3 vols, 1749; BV2681) and *Lettres historiques* (3 vols, 1729; BV2682) were both used by Voltaire as sources for the *Siècle*.

[11] Auteuil was purchased by Boileau in 1685 and sold in 1709. Racine, La Fontaine and Molière were all visitors at Auteuil.

[12] A castle was built at Marly-le-Roi by Mansart for Louis XIV in 1679. It was famous for its gardens and its fountains. Cf. *Notebooks*, i.218, where Voltaire mentions Racine's apartment.

[13] Cf. *Notebooks*, i.217: '1688, avril 22.' The source is Dangeau (ed. Soulié, ii.132). Racine and Boileau were named *historiographes du roi* in October 1677; they received 2000 *écus* each and a total of 12,000 *livres* to be shared between them for their expenses. Boileau accompanied the king in Flanders (1678) and Alsace (1681) (*Siècle*, ch.25, *OH*, p.912). Racine wrote a *Précis historique des campagnes de Louis XIV depuis 1672 jusqu'en 1678* (1679), sometimes referred to as the *Éloge historique du roi Louis XIV sur ses conquêtes depuis l'année 1672 jusqu'en 1678, par MM. R, et Boileau* (Paris 1784), but it could not be said that the historiographers completed their task. Cf. Voltaire's comparison of their post with his own in the *Lettre* [...] *sur la victoire remportée par le roi à Laufelt*.

On voit évidemment par toutes ces libéralités répandues de son propre mouvement, et surtout par sa faveur accordée à Pelisson, persécuté par Colbert, [14] que ses ministres ne dirigeaient point son goût. Il se porta de lui-même à donner des pensions à plusieurs savants étrangers, et M. Colbert consulta M. Perrault sur le choix de ceux, qui reçurent cette gratification si honorable pour eux et pour le souverain. [15] Un de ses talents était de tenir une Cour. Il rendit la sienne la plus magnifique et la plus galante de l'Europe. Je ne sais pas comment on peut lire encore des descriptions des fêtes dans des romans, après avoir lu celles que donna Louis XIV. Les fêtes de Saint Germain, de Versailles, ses carrousels sont fort au-dessus de ce que l'imagination la plus romanesque a inventé. [16] Il dansait d'ordinaire à ces fêtes avec les plus belles personnes de sa Cour, il semblait que la nature eût fait des efforts pour seconder le goût de Louis XIV. Sa Cour était remplie des hommes les mieux faits de l'Europe, et il y avait à la fois plus de trente femmes d'une beauté accomplie. On avait soin de composer des danses figurées, convenables à leurs caractères et à leurs galanteries. Souvent même les pièces qu'on représentait étaient remplies d'allusions fines, qui

80

85

90

95

85 MERCURE, K: description de fêtes
87-88 K: sont au-dessus
89 K: d'ordinaire avec ces

[14] Pellisson became Fouquet's principal secretary in 1657. On the latter's fall in 1661 he was imprisoned at the Bastille; he was released in 1666. Cf. *Siècle*, ch.25, *OH*, p.897.

[15] *Siècle*, ch.25, *OH*, p.911. For example, Vincenzio Viviani (1622-1703), mathematician from Florence; Isaac Vossius (1618-1689), Dutch historiographer and librarian of Christina of Sweden; Christiaan Huygens (1629-1695), scientist; Allacci, librarian of the Vatican; and Giovanni Domenico Cassini (1629-1695), astronomer. Charles Perrault (1628-1703) became Colbert's adviser in the matter of pensions.

[16] An impressive *carrousel* was held to celebrate the birth of the dauphin in 1662 on land cleared for the purpose opposite the Tuileries, later known as the Place du Carrousel. Voltaire borrowed *Le Grand Carrousel du roi* (Paris 1662) from the Bibliothèque du roi (Wade, *The Search for a new Voltaire*, p.66). Another source may have been Larrey, iii.289.

avaient rapport aux intérêts secrets de leurs cœurs. Non seulement il y eut de ces fêtes publiques dont Moliere et Lully furent les principaux ornements;[17] mais il y en eut de particulières, tantôt pour Madame, belle-sœur du roi, tantôt pour Madame de la Valière,[18] il n'y avait que peu de courtisans, qui y fussent admis. C'était souvent Benserade, qui en faisait les vers,[19] quelquefois un nommé Bellot, valet de chambre du roi.[20] J'ai vu des canevas de ce dernier, corrigés de la main de Louis XIV; on connaît ces vers galants, que faisait Benserade pour ces ballets figurés, où le roi dansait avec sa Cour; il y confondait presque toujours pour une allusion délicate la personne et le rôle. Par exemple lorsque le roi dans un de ces ballets représentait Apollon, voici ce que fit pour lui Benserade.

> Je doute qu'on le prenne avec nous sur le ton[21]
> De Daphné ni de Phaëton;
> Lui trop ambitieux, elle trop inhumaine.
> Il n'est point là de piège où vous puissiez donner

100

105

110

97   K: Lully firent les
105   MERCURE, MAGASIN, K: toujours par une
110   K: Daphné, de Phaëton

[17] Jean-Baptiste Lulli (or Lully) (1632-1687) was named *surintendant de la musique* in 1661. From 1664 to 1670 he collaborated with Molière on a number of *comédies-ballets*, such as *Le Mariage forcé* (1664) and *Le Bourgeois gentilhomme* (1670).

[18] These *fêtes* were held in the name of the queen, but in reality for Louis's sister-in-law Henriette-Anne (1644-1670), or his mistress Louise de La Vallière (*Siècle*, ch.25, 26, *OH*, p.904-13, 920-21). *Les Plaisirs de l'île enchantée* (1664) was perhaps the most opulent of the *fêtes* put on for Louise de la Vallière.

[19] Isaac de Benserade [Bensserade, Benssaradde] (1612 or 1613-1691) was the author of many librettos. His name appears on Louis's first pension list of 1662.

[20] Pierre Bellocq (1636-1704), author of *Les Petits Maîtres* (Paris 1694); *La Poésie et la musique* (Paris 1695); *L'Eglise des Invalides* (Paris 1702). Cf. *Siècle*: 'Un jeune valet de chambre du roi, nommé Belloc, composa plusieurs récits qu'on mêlait à des danses, tantôt chez la reine, tantôt chez Madame' (ch.25, *OH*, p.904).

[21] Cf. *Siècle*: 'avec vous' (ch.25, *OH*, p.908).

Le moyen de s'imaginer
Qu'une femme vous fuie, ou qu'un homme vous mène!

Lorsqu'il eut marié son petits-fils le duc de Bourgogne à la 115
princesse Adélaïde de Savoye,[22] il fit jouer des comédies pour
elle, dans un des appartements de Versailles. Duché, l'un de ses
domestiques, auteur du bel opéra d'Hiphigenie, composa la
tragédie d'Absalon pour ces fêtes secrètes, Madame la duchesse
de Bourgogne représentait la fille d'Absalon, le duc d'Orléans, le 120
duc de la Valière y jouaient, le fameux acteur Baron dirigeait la
troupe, et y jouait aussi![23]

Il y avait alors appartement trois fois la semaine à Versailles; la
galerie et toutes les pièces étaient remplies, on jouait dans un salon,
dans l'autre il y avait musique, dans un troisième une collation. Le 125
roi animait tous ces plaisirs par sa présence. Quelquefois il faisait
dresser dans la galerie des boutiques garnies des bijoux les plus
précieux, il en faisait des loteries, ou bien on les jouait à la rafle, et
Madame la duchesse de Bourgogne distribuait souvent ces lots
gagnés. 130

113   K: moyen d'imaginer
120   W51: d'Orléans, et le
127   K: garnies de bijoux
128   W51, MERCURE, K: faisait des loteries
129   MERCURE, RECUEIL, K: souvent les lots

[22] Louis de France, duc de Bourgogne, later dauphin de Viennois (1682-1712),
married Marie-Adélaïde de Savoie (1685-1712), eldest daughter of Victor-
Amédée II, duc de Savoie, king of Sicily and Sardinia, on 7 December 1697.

[23] Cf. *Notebooks*: 'Madame la D. de Bourgogne joue la comédie chez madame de
Maintenon, elle joue la fille d'Absalon, le comte d'Ayen Absalon, Baron y jouait'
(i.225). Joseph-François Duché de Vancy (1668-1704) was *valet de chambre* of
Louis XIV and a member of the Académie des inscriptions. In the 'Catalogue des
écrivains' Voltaire tells us that he wrote tragedies for the court on Old Testament
themes, in the manner of Racine but with less success. The duc de La Vallière is
Charles-François de La Baume-le-Blanc, marquis and duc de La Vallière (1670-
1739), brother of Louise de La Vallière. The actor Michel Boyron (alias Baron)
(1653-1729) was a favoured pupil of Molière. He left the stage in 1691 but returned at
the age of seventy-seven in 1720 (*Siècle*, ch.27, *OH*, p.942).

C'était au milieu de tous ces amusements magnifiques et de plaisirs les plus délicats, qu'il forma tous ces vastes projets, qui firent trembler l'Europe; il mena la reine et toutes les dames de sa Cour sur la frontière. [24] A la guerre de 1667 il distribua pour plus de cent mille écus de présents soit aux seigneurs flamands, qui venaient lui rendre leurs respects, soit aux députés des villes, soit aux envoyés des princes, qui venaient le complimenter, et il suivait en cela son goût pour la magnificence autant que la politique. C'est sur quoi on ne peut assez s'étonner, qu'on l'ait osé accuser d'avarice dans presque toutes les pitoyables histoires, qu'on a compilées de son règne: jamais prince n'a plus donné, plus à propos et de meilleure grâce. [25]

Les plaisirs nobles dont il occupa sans cesse la plus brillante Cour du monde, ne l'empêchèrent point d'assister régulièrement à tous ses conseils. Il les tenait même pendant qu'il était malade, et il ne s'en dispensa qu'une fois pour aller à la chasse, il y avait peu d'affaires ce jour-là, il entra pour dire qu'il n'y aurait point de conseil, et le dit en parodiant, ainsi sur le champ un air d'un opéra de Quinaut et de Lully

Le conseil à ses yeux a beau se présenter
Sitôt qu'il voit sa chienne il quitte tout pour elle;

131-132 w51, k: et des plaisirs
132 k: forma ces

[24] During the Flanders campaign of 1667. Cf. *Siècle*, ch.8, *OH*, p.699.
[25] 'Guerre' is scarcely the word, since no fighting took place. On the death of Philippe IV in 1667 Louis annexed part of the Spanish Netherlands in compensation for the queen's dowry. Pellisson attributes Louis's success to French military superiority and to divisions among the local magistrates (*Histoire de Louis XIV*, ii.260-61). In the *Siècle*, ch.9, Voltaire insists: 'Quoi qu'en dise Pellisson, on ne se borna pas à employer la force', but goes on to refer more openly to these bribes: 'On acheta peu cher quelques magistrats, quelques officiers; et à la fin même le marquis de Yenne, gouverneur-général, devint si traitable qu'il accepta publiquement après la guerre une grande pension' (*OH*, p.700). By 'pitoyables histoires' Voltaire is probably referring to Reboulet, who criticises Louis for his avarice and his ambition. Louis's defects in this respect were also criticised by Limiers, ii.317.

Rien ne peut l'arrêter
Quand la chasse l'appelle. [26]

Il avait fait quelques petites chansons dans ce goût aisé et naturel, et dans ses voyages en Franche-Comté, il faisait faire des impromptus à ses courtisans, surtout à Pelisson et au marquis d'Angeau. [27] Il ne jouait pas mal de la guitare, qui était alors à la mode, et se connaissait très bien en musique aussi bien qu'en peinture. Dans ce dernier art il n'aimait, que les sujets nobles. Les Tenières et les autres petits peintres flamands ne trouvaient point grâce devant ses yeux, *ôtez-moi ces magots-là*, dit-il un jour, qu'on avait mis un Tenières dans un de ses appartements. [28]

Malgré son goût pour la grande et noble architecture, il laissa subsister l'ancien corps du château de Versailles avec ses sept croisées de face et sa petite cour de marbre du côté de Paris. Il n'avait d'abord destiné ce château qu'à un rendez-vous de chasse tel qu'il l'avait été du temps de Louis XIII, qui l'avait acheté du secrétaire d'Etat Loménie. [29] Petit à petit il en fit ce palais immense,

155

160

165

154-155   MAGASIN: naturel; dans
155   K: dans les voyages
164   K: avec les sept

---

[26] *Siècle*, ch.28, *OH*, p.958. See also *Notebooks*, i.215: 'Quand le bau temps l'apelle'. These lines are a parody of Quinault's prologue to *Atys* (1676) where the goddess Flora causes flowers to bloom in January because the king is about to leave with the army. The source is Dangeau; cf. Voltaire's edition of Dangeau's *Journal* (M.xxviii.255).

[27] The visits to the Franche-Comté, where Louis hoped to annexe further Spanish possessions, took place in 1667 and 1668. In the *Siècle* Voltaire quotes another parody by Louis XIV (ch.28, *OH*, p.958). Dangeau became Louis's *aide de camp*.

[28] David Teniers de Jonge (le Jeune), born at Anvers in 1610, died in 1690. The Louvre displays fifteen paintings by him, including the *Tentation de St Antoine*, *L'Enfant prodigue* and *La Noce du village*. We have not identified the source for Voltaire's claim that Louis disliked Teniers's work.

[29] *Siècle*, ch.29, *OH*, p.969. The 'pavillon de chasse' near the small village of Versailles, built in 1622 for Louis XIII by Henri-Auguste de Loménie, comte de Brienne (1594-1666), *secrétaire d'Etat* and *contrôleur des Tuileries*, was transformed between 1632 and 1634 by the architect Le Roy. This was the main part of the

dont la façade du côté des jardins est ce qu'il y a de plus beau dans le monde, et dont l'autre façade est dans le plus petit et le plus mauvais goût; il dépensa à ce palais et aux jardins plus de cinq cents millions, qui en font plus de neuf cents de notre espèce. [30] Monsieur le duc de Créqui lui disait, *Sire, vous avez beau faire, vous n'en ferez jamais qu'un favori sans mérite.* [31] 170

Les chefs-d'œuvre de sculpture furent prodigués dans ses jardins. Il en jouissait et les allait voir souvent. J'ai ouï dire à feu Monsieur le duc d'Antin, que lorsqu'il fut surintendant des bâtiments, il faisait quelquefois mettre ce qu'on appelle des calles entre les statues et les socles, afin que quand le roi viendrait se promener, il s'aperçut, que les statues n'étaient pas droites et qu'il eût le mérite du coup d'œil. En effet le roi ne manquait pas de trouver le défaut. Monsieur d'Antin contestait un peu, et ensuite se rendait et faisait redresser la statue, en avouant avec une surprise affectée, combien le roi se connaissait à tout. Qu'on juge par cela seul, combien un roi doit aisément s'en faire accroire. [32] 175 180 185

On sait le trait de courtisan, que fit ce même duc d'Antin.

170 MAGASIN: est dans le plus mauvais
172 w51: espèce d'aujourd'hui.
175-176 w51: dans ces jardins

---

château around the marble courtyard. Loménie's memoirs on the reigns of Louis XIII and Louis XIV were published as *Mémoires du comte de Brienne* (Paris 1824).

[30] Cf. *Siècle*: 'Ce château [...] a coûté tant de millions' (ch.29, *OH*, p.971). Cf. *Notebooks*, i.215: 'Une seule fontaine à Versailles de l'aveu du roy coûtait 3 millions'. La Fare attacked Louis's extravagance (*Mémoires et réflexions sur les principaux événements du règne de Louis XIV*, p.66), as did Limiers (ii.317), and many others in the eighteenth century: see Johnson, *Louis XIV*, p.302.

[31] Either Charles, duc and marquis de Créqui (1623-1687), ambassador to Rome, or François, his brother, duc de Lesdiguières, maréchal de France (1624-1687). Cf. *Siècle*: 'Versailles, que le duc de Créqui appelait un favori sans mérite' (ch.28, *OH*, p.962).

[32] Louis-Antoine de Gondrin de Pardaillan, marquis then duc d'Antin (1665-1736), son of the marquis and marquise de Montespan, *lieutenant général* and governor of Alsace, *surintendant des bâtiments* (1708).

Lorsque le roi vint coucher à Petitbourg,[33] et qu'ayant trouvé, qu'une grande allée de vieux arbres faisait un mauvais effet, Monsieur d'Antin les fit abattre et enlever la même nuit, et le roi à son réveil n'ayant plus trouvé son allée, il lui dit: *Sire, comment vouliez-vous qu'elle osât paraître encore devant vous, elle vous avait déplu.*[34]   190

Ce fut le même duc d'Antin, qui à Fontainebleau donna au roi et à Madame la duchesse de Bourgogne un spectacle plus singulier, et un exemple plus frappant du raffinement de la flatterie la plus   195 délicate. Louis XIV avait témoigné, qu'il souhaiterait, qu'on abattît quelque jour un bois entier, qui lui ôtait un peu de vue; Monsieur d'Antin fit scier tous les arbres du bois près de la racine, de façon qu'ils ne tenaient presque plus; des cordes étaient attachées à chaque pièce d'arbre, et plus de douze cents hommes   200 étaient dans ce bois prêts au moindre signal. Monsieur d'Antin savait le jour que le roi devait se promener de ce côté avec toute sa Cour. Sa Majesté ne manqua pas de dire, combien ce morceau de forêt lui déplaisait. *Sire*, lui répondit-il, *ce bois sera abattu, dès que votre Majesté l'aura ordonné; vraiment*, dit le roi, *s'il ne tient qu'à cela*   205 *je l'ordonne et je voudrais déjà en être défait; eh bien Sire vous allez l'être.* Il donna un coup de sifflet et on vit tomber la forêt. *Ah mes Dames*, s'écria Madame la duchesse de Bourgogne, *si le roi avait demandé nos têtes, Monsieur d'Antin les ferait tomber de même*, bon mot, un peu vif, mais qui ne tirait point à conséquence.[35]   210

C'était ainsi que tous ses courtisans cherchaient à lui plaire,

189 K: d'Antin la fit
191 W51: *voulez-vous*
211 K: tous les courtisans

[33] A village in the commune of Evry-sur-Seine, 40 kilometres from Paris; Louis XIV had a castle built there for Mme de Montespan, which later became the property of her son the duc d'Antin.

[34] *Siècle*: 'C'est parce que Votre Majesté les a condamnés qu'elle ne les voit plus' (ch.28, *OH*, p.960); cf. Dangeau, 'Le roi, après son lever, regardant à la fenêtre, vit que M. d'Antin avoit fait abattre la nuit tous les arbres qu'il avoit condamnés' (Soulié, ii.461).

[35] *Siècle*, ch.28, *OH*, p.960-61.

chacun selon son pouvoir et son esprit. Il le méritait bien, car il était occupé lui-même de se rendre agréable à tout ce qui l'entourait; c'était un commerce continuel, de tout ce que sa Majesté peut avoir de grâces, sans jamais se dégrader, et de tout ce que l'empressement 215 de servir et de plaire peut avoir de finesse sans l'air de la bassesse, il était surtout avec les femmes d'une attention et d'une politesse, qui augmentait encore celle de ses courtisans, et il ne perdit jamais l'occasion de dire aux hommes de ces choses, qui flattent l'amour-propre en excitant l'émulation et qui laissent un long souvenir. [36] 220

Un jour Madame la Dauphine voyant à son souper un officier, qui était très laid, plaisanta beaucoup et très haut sur sa laideur; *je le trouve Madame*, dit le roi encore plus haut, *un des plus beaux hommes de mon royaume, car c'est un des plus braves.* [37]

Le comte de Marivaux lieutenant général, homme un peu brutal, 225 et qui n'avait pas adouci son caractère dans la Cour même de Louis XIV, avait perdu un bras dans une action, et se plaignait un jour au roi, qui l'avait pourtant recompensé, autant qu'on peut le faire pour un bras cassé, *je voudrais avoir perdu aussi l'autre*, dit-il, *et ne plus servir votre Majesté; j'en serais bien fâché pour vous et pour moi,* 230 lui répondit Louis XIV, et ce discours fut suivi d'une grâce, qu'il lui accorda. [38] Il était si éloigné de dire des choses désagréables, qui sont des traits mortels dans la bouche d'un prince, qu'il ne se

228-229   W51: qu'on le peut faire
229   MERCURE, MAGASIN, RECUEIL, K: *l'autre, et*

[36] These lines are reproduced almost verbatim in *Siècle*, ch.28, *OH*, p.957.

[37] Cf. *Notebooks*, i.221: 'Ah que cet homme est laid, dit la dauphine au roi en parlant de Du Mets de l'artillerie au roi, et moi je le trouve très beau car c'est un des plus braves, et des plus honnêtes hommes de mon royaume.' There was a Du Metz at Versailles in the 1680s who was 'chef du garde-meuble'.

[38] Hardouin de l'Isle, marquis de Marivaux [Marivault], *maréchal de camp* in 1702, *lieutenant-général* in 1704, died in 1709. Cf. *Siècle*, ch.28, *OH*, p.958. Also *Notebooks*, i.221: 'Je voudrais avoir perdu l'autre bras, et ne plus servir disait le brutal comte de Marivaux.' The source is probably Dangeau, as this anecdote is found among the notes extracted from the memoirs, but we have not been able to locate it.

permettait pas même les plus innocentes et les plus douces railleries, tandis que les particuliers en font tous les jours de si 235 cruelles et de si funestes. [39]

Il faisait un jour un conte à quelques-uns de ses courtisans, et même il avait promis, que le conte serait plaisant, cependant il le fut si peu, que l'on ne rit point, quoique le conte fût d'un roi. Monsieur le prince d'Armagnac, qu'on appelait Monsieur le Grand, [40] sortit 240 alors de la chambre, et le roi dit à ceux qui restaient, *Messieurs, vous avez trouvé mon conte fort insipide, et vous avez eu raison; mais je me suis aperçu, qu'il y avait un trait, qui regarde de loin Monsieur le Grand, et qui aurait pu l'embarrasser, j'ai mieux aimé le supprimer, que de hasarder de lui déplaire: à présent qu'il est sorti, voici mon conte*; 245 il l'acheva et on rit. On voit par ces petits traits, combien il est faux, qu'il ait jamais laissé échapper ce discours dur et révoltant, dont on l'accuse, *qu'importe lequel de mes valets me serve*; c'était, dit-on, pour mortifier Monsieur de la Rochefoucault. [41] Louis XIV était incapable d'une telle indécence. Je m'en suis informé à tous 250 ceux, qui approchaient de sa personne, ils m'ont tous dit, que c'était un conte impertinent; cependant il est répété et cru d'un bout de la France à l'autre. Les petites calomnies font fortune comme les grandes. Comment des paroles si odieuses pourraient-elles se concilier avec ce qu'il dit au même duc de la Rochefoucault, qui 255 était embarrassé de dettes: *Que ne parlez-vous à vos amis*; mot, qui par lui-même valait beaucoup, et qui fut accompagné d'un don de cinquante mille écus. [42] Quand il reçut un légat, qui vint lui faire des

---

235 w51: que des particuliers
239 K: fût du roi
256-257 K: qui lui-même

[39] Verbatim transcription in *Siècle*, ch.28, *OH*, p.958.
[40] Louis de Lorraine, comte d'Armagnac (1641-1718), *grand écuyer de France*.
[41] François VI, duc de La Rochefoucauld (1613-1680), author of the *Maximes*. Cf. *Siècle*, ch.28, *OH*, p.950.
[42] *Siècle*, ch.28, *OH*, p.950. See also *Notebooks*, i.221: '1693, Le roy (en temps de guerre) donne 15000^{ff} au duc de la Rochefoucault pour payer ses dettes. Que ne parliez-vous, dit-il, à vos amis?' Cf. Dangeau, iv.223; also Saint-Simon, i.491.

excuses au nom du pape,[43] et un doge de Gênes, qui vint lui demander pardon, il ne songea qu'à leur plaire. Ses ministres agissaient un peu plus durement. Aussi le doge Lercaro, qui était un homme d'esprit disait, *le roi nous ôte la liberté en captivant nos cœurs; mais ses ministres nous la rendent.*[44]

Lorsqu'en 1686 il donna à son fils le grand dauphin le commandement de son armée, il lui dit ces propres mots: *en vous envoyant commander mon armée, je vous donne les occasions de faire connaître votre mérite; c'est ainsi qu'on apprend à régner; il ne faut pas, quand je viendrai à mourir, qu'on s'aperçoive que le roi est mort.*[45] Il s'exprimait presque toujours avec cette noblesse. Rien ne fait plus d'impression sur les hommes, et on ne doit pas s'étonner, que ceux qui l'approchaient eussent pour lui une espèce d'idolâtrie.

Il est certain, qu'il était passionné pour la gloire, et même encore plus, que pour la réalité de ses conquêtes. Dans l'acquisition de l'Alsace[46] et de la moitié de la Flandre,[47] de toute la Franche-Comté[48] ce qu'il aimait le mieux était le nom, qu'il se faisait.

260

265

270

275

---

259 κ: et du doge

[43] Chigi, nephew of Alexander VII, came to France in 1664 to apologise for the attack by Corsican guards on the residence of the Créqui in Rome on 20 August 1662 (*Siècle*, ch.25, *OH*, p.909). Larrey recounts the visit in detail (iii.303-304).

[44] *Siècle*, ch.14, *OH*, p.755-56. Imperiale Lescaro [Lascaro] arrived at Versailles in 1685 with four senators: *Notebooks*, i.212; Voltaire, *Journal de la cour de Louis XIV* (London 1770), p.16-17. The ministers in question were Louvois, Seignelay and Charles Colbert de Croissy. The source is Dangeau, ed. Soulié, i.171-72.

[45] Louis de France, dauphin de Viennois (1661-1711). In 1688 he was named *generalissimo* of the army in Germany, where he captured Philippsburg, Worms, Speyer, Neustadt, Mayence, Mannheim, Frankenthal and the Palatinate during the War of the League of Augsburg. The quotation appears almost word for word in the *Notebooks*, i.217; cf. *Siècle*, ch.16, *OH*, p.772; Dangeau, ed. Soulié, ii.171; Voltaire, *Journal de la cour de Louis XIV*, M.xxviii.262-63.

[46] In the *Siècle* Voltaire gives Mazarin most of the credit for the annexation of Alsace (ch.6, *OH*, p.686).

[47] In 1667; cf. *Siècle*, ch.8, *OH*, p.695-700; also Limiers, ii.558f.

[48] *Siècle*, ch.9, *OH*, p.700-705. Voltaire had already drafted this chapter by 1748. His source appears to be Larrey, iv.439f.

En effet pendant plus de cinquante ans il n'y eut en Europe aucune tête couronnée, que ses ennemis mêmes osassent seulement mettre avec lui en comparison. L'Empereur Leopold, qu'il secourut quelquefois et humilia toujours, n'était pas un prince, qui pût disputer rien au roi de France.⁴⁹ Il n'y eut de son temps aucun empereur turc, qui ne fût un homme médiocre et cruel.⁵⁰ Philippe IV, et Charles II étaient aussi faibles, que la monarchie espagnole l'était devenue.⁵¹ Charles Second d'Angleterre ne songea à imiter Louis XIV que dans ses plaisirs.⁵² Jacques Second ne l'imita que dans sa dévotion, et il profita mal des efforts, que fit pour lui son protecteur.⁵³ Guillaume III souleva l'Europe contre Louis XIV, mais il ne put l'égaler ni en grandeur d'âme, ni en magnificence, ni en monuments, ni en rien de ce qui a illustré ce beau règne.⁵⁴ Christine en Suède ne fut fameuse que par son abdication et par son esprit.⁵⁵ Les rois de Suède ses successeurs

280

285

290

⁴⁹ Leopold I (1640-1705), emperor of Austria from 1657 to 1705; see the list of 'Souverains contemporains', appended to the *Siècle*, *OH*, p.1116.

⁵⁰ Turkish rulers during the reign of Louis XIV were: Mahomet IV (deposed in 1687), Soliman III (died in 1691), Achmet II (died in 1695), Mustapha II (died in 1703).

⁵¹ Philip IV, king of Spain 1621-1665, was as incapable as his father, Philip III; cf. *Siècle*, ch.2, *OH*, p.624. Carlos II was king of Spain 1665-1700. In a paragraph added to the *Siècle* in 1756 Voltaire writes: 'Ce prince était né aussi faible d'esprit que de corps, et cette faiblesse s'était répandue sur ses Etats' (ch.17, *OH*, p.802).

⁵² Cf. *Siècle*, ch.10, *OH*, p.708, where Voltaire says that Charles's love of pleasure and neglect of duty made it easy for Louis to manipulate him. Louis was the first cousin of Charles II of England and his brother James II, their mother Henrietta Maria being a daughter of Henri IV.

⁵³ James II fled to France in 1688. He was given a pension by Louis and established a court at Saint-Germain-en-Laye, where he died in 1701. Louis financed James's disastrous expedition to Ireland in an attempt to regain his throne, and even after his defeat at the Boyne in 1690 continued to recognise him as king until the Treaty of Ryswick in 1697.

⁵⁴ William III (1650-1702), king of England 1689-1702, opposed Louis in the War of the League of Augsburg; cf. *Siècle*, ch.18, *OH*, p.809.

⁵⁵ Christina-Alexandra of Sweden (1626-1689), daughter of Gustavus Adolphus (Gustave the Great), abdicated in 1654. In the *Siècle* Voltaire praises her 'génie unique' (ch.6, *OH*, p.677).

jusqu'à Charles XII ne firent presque rien de digne du Grand
Gustave; et Charles XII,[56] qui fut un héros, n'eut pas la
prudence, qui en eût fait un grand homme. Jean Sobiesky[57] en
Pologne eut la réputation d'un brave général, mais ne put acquérir
celle d'un grand roi. Enfin Louis XIV jusqu'à la bataille   295
d'Hochsted fut le seul puissant, le seul magnifique, le seul grand
presqu'en tout genre. L'Hôtel de Ville de Paris lui décerna ce nom
de Grand en 1680, et l'Europe quoique jalouse le confirma.[58]

On l'a accusé d'un faste et d'un orgueuil insupportables, parce
que ses statues à la place de Vendome[59] et à celle des Victoires[60]   300
ont des bases ornées d'esclaves enchaînés. On ne veut pas voir,
que celle du grand, du clément, de l'adorable Henri IV[61] sur le
Pont-Neuf, est aussi accompagnée de quatre esclaves, que celle de
Louis XIII[62] faite anciennement pour Henri Second en a autant, et

[56] The successors of Christina of Sweden were Charles XI (king 1655-1697) and
his son Charles XII (1682-1718). Gustavus Adolphus or Gustavus II (1594-1633) was
king of Sweden 1611-1632. Voltaire's *Histoire de Charles XII* was published in 1731.

[57] *Siècle*, ch.14, *OH*, p.753. Jan Sobieski was king of Poland 1672-1696. He freed
Vienna from the siege of the Turks in 1683.

[58] Repeated almost verbatim in *Siècle*, ch.27, *OH*, p.943.

[59] The equestrian statue by Girardon at the Place Vendôme was erected by the
municipality on 13 August 1699. Louis was seen in the regalia of a Roman emperor
but with the wig of his day. A miniature can be seen at the Musée du Louvre
(Collection Edme Sommier). Cf *Siècle*, ch.29, *OH*, p.961, where Voltaire adds that
the reliefs also celebrate human triumph and achievements; see also Dangeau,
vii.130.

[60] The statue in the Place des Conquêtes was erected by François d'Aubusson,
duc de La Feuillade (1625-1691). The sculptor was Desjardins; Louis is crowned by
Victory and crushes the Triple Alliance. The inscription in Latin reads: *Viro
immortali*. According to the *Siècle*, Louis spent 500,000 *livres* of his own on the statue
(ch.28, *OH*, p.961). The source may be Limiers (vi.201), who describes the slaves in
fetters and comments on the striking resemblance of the statue to an altar. La Fare
attacked the statue as 'une ostentation folle' (1716, p.98). Cf. Voltaire, *Œuvres
inédites*, ed. F. Caussy, i.295. Both these statues were pulled down in 1792.

[61] The statue of Henri IV was made of bronze and cast in Italy. In the corners of
the base, Pierre Francheville placed tormented figures.

[62] *Siècle*, ch.28, *OH*, p.961. The equestrian statue of Louis XIII by Pierre Biard
fils was erected at the Place Royale by Richelieu. It was moulded in Italy by Daniel
Voltere.

que celle même du grand-duc Ferdinand de Médicis à Livourne a   305
les mêmes attributs. [63] C'est un usage des sculpteurs plutôt qu'un
monument de vanité. On érige ces monuments pour les rois,
comme on les habille, sans qu'ils y prennent garde. [64]

On prononça son panégyrique publiquement à Florence et à
Bologne. M. Guillemini fameux astronome toscan, fit bâtir une   310
maison à Florence à l'aide de ses libéralités, et grava sur la porte:
AEDES A DEO DATAE, *maison donnée par un Dieu*; allusion au
surnom de *Dieu donné*, que Louis XIV avait eu dans son enfance et
au vers de Virgile: *Deus nobis haec otia fecit.* [65] Cette inscription
était sans doute plus idolâtre, que celle de la statue de la place de   315
Victoires: VIRO IMMORTALI, *à l'homme immortel*; on a critiqué
cette dernière, comme si ce mot *immortel* signifiait autre chose, que
la durée de sa renommée.

Il était si peu amoureux de cette fausse gloire, qu'on lui
reproche, qu'il fit ôter de la galerie de Versailles les inscriptions   320
pleines d'enflure et de faste, que Charpentier de l'Académie
française avait mises à tous les cartouches, *le fameux passage du*
Rhin; *la sage conduite du roi, la merveilleuse entreprise etc.* [66]

308-319   K: garde. ¶Il était
315-316   W51, MERCURE: place des Victoires
322   K: *l'incroyable passage*
323   K: *entreprise de Valenciennes.*

[63] *Siècle*, ch.28, *OH*, p.961. The monument of the four Moors in Venice was the
work of G. Bandini (1595).

[64] A popular saying at the end of Louis's reign was that the statues were placed in
positions that suited those whom they commemorated: Henri IV with the common
people on the Pont Neuf, Louis XIII with the aristocracy in the Place Royale, and
Louis XIV with the tax farmers in the Place des Victoires (see Johnson, *Louis XIV*,
p.129).

[65] Virgil, *Eclogues*, I.v.6. Domenico Guglielmini (1655-1710), a mathematician
and doctor from Bologna, was the first foreigner to become an associate member of
the Académie des sciences in 1699. In the *Siècle* Voltaire states that the inscription
was by Vincenzio Viviani (1622-1703) (ch.28, *OH*, p.961); cf. *Notebooks*, i.72.

[66] *Siècle*, ch.28, *OH*, p.951, where Voltaire adds: 'Le roi sentit que *la prise de*
Valenciennes, le passage du Rhin disaient davantage'. These inscriptions accompanied

Louis XIV supprima toutes les épithètes, et ne laissa que les faits. L'inscription qui est à Paris à la porte Saint-Denis, et qu'on lui a reprochée, est à la vérité insultante pour les Hollandais; mais elle ne contient pour Louis XIV aucune louange révoltante. [67] Il n'entendait pas le Latin, comme on l'a dit, il n'alla presque jamais à Paris, et peut-être n'a-t-il pas plus entendu parler de cette inscription, que de celle de Santeul, qui sont aux fontaines de la ville. [68] Il serait à souhaiter après tout, que nous ne laissassions subsister aucun monument humiliant pour nos voisins, et que nous imitassions en cela les Grecs, qui après la guerre du Péloponèse détruisirent tout ce, qui pouvait réveiller l'animosité et la haine. Les misérables histoires de Louis XIV disent presque toutes, que l'empereur Leopold fit élever une pyramide dans le champ de bataille d'Hochsted: cette pyramide n'a existé que dans des gazettes, et je me souviens, que M. le maréchal de Villars me dit, qu'après la prise de Fribourg il envoya cinquante maîtres sur le champ, où s'était donnée cette funeste bataille, avec ordre de détruire la pyramide, en cas qu'elle existât, et qu'on n'en trouva pas le moindre vestige. [69] Il faut mettre ce conte de la pyramide avec celui de la médaille du

325

330

335

340

327-328   MERCURE, RECUEIL, K: n'entendait point le
329-330   K: que celles de

the paintings by Le Brun in the Galerie des glaces at Versailles. François Charpentier (1620-1702) contributed to the collection of medals on the main events of Louis's reign; these figured in *Médailles sur les principaux événements du règne de Louis le Grand* (Paris 1702, in-folio). In a letter to Frederick of July 1742 Voltaire indicated that Louis XIV had acted on Boileau's advice (*OH*, p.1717, n.1; D2627).

[67] Louis himself instigated the adornment of the Porte Saint-Denis by François Blondel in 1672 to mark his conquest of Holland. The inscription read *Lodovico Magno*; cf. *Notebooks*, i.222.

[68] Jean-Baptiste Santeul (1630-1697), curate of Saint-Victor and author of *Hymni sacri* (1685) and *Opera poetica* (1698). Dinouart published a collection of *bons mots* falsely attributed to him, entitled *Santoliana* (Paris 1764, in-4°). La Bruyère depicted him as Théocras in the *Caractères*.

[69] *Siècle*, ch.19, *OH*, p.834. In a note to the *Siècle* Voltaire cites, but does not give a precise reference to, Reboulet's *Histoire du règne de Louis XIV* (see iii.206; cf. Limiers, vi.11). The first volume of the *Mémoires* of Claude-Louis-Hector de

STA SOL; *arrête-toi, Soleil*; qu'on prétend, que les Etats-Généraux avaient fait frapper après la paix d'Aix-la-Chapelle, sottise à laquelle ils ne pensèrent jamais. [70]   345

Les choses principales, dont Louis XIV tirait sa gloire, étaient, d'avoir au commencement de son règne forcé la branche d'Autriche espagnole, qui disputait depuis cent ans la préséance à nos rois, à la céder pour jamais en 1661; [71] d'avoir entrepris dès 1664 la jonction des deux mers; [72] d'avoir réformé les lois en 1667; [73]   350 d'avoir conquis la même année la Flandre française en six semaines; [74] d'avoir pris l'année suivante la Franche-Comté en moins d'un mois, [75] au cœur de l'hiver; d'avoir su ajouter à la France Dunkerke et Strasbourg. [76] Que l'on ajoute à ces objets, qui

Villars, duc and maréchal (1653-1734) (2 vols, La Haye, Gosse, 1734; BV3443), was an important source of information for the *Siècle*. Voltaire received it in 1735 (D837). (The second volume was by the abbé de La Pause de Maigon, who relied on gazettes and vague recollections of conversations with Villars.) Villars sent the expedition to destroy the pyramid in 1707, according to the note in the *Siècle*.

[70] In a note to ch.10 of the *Siècle* (*OH*, p.711) Voltaire says that the inscription read *Stetit in medio coeli* and that the medal was coined to commemorate the battle of Hochstedt. According to Johnson, it coincided with the conclusion of the Triple Alliance (*Louis XIV*, p.226). Cf. *Siècle*, ch.16, *OH*, p.711: 'On prétendait que Van Beuning s'était fait représenter avec un soleil et ces mots pour âme: *In conspectu meo stetit sol*, "A mon aspect le soleil s'est arrêté". Cette médaille n'exista jamais.' Both Larrey (iv.21) and Limiers (iii.54) refer to this anecdote. According to Johnson (*Louis XIV*, p.226), the medal did exist. La Beaumelle gave the inscription as: 'Sol, sta & ne moveare' (*Le Siècle de Louis XIV*, Frankfurt 1753, i.196); see also Johnson, *Louis XIV*, p.226.

[71] *Siècle*, ch.7, *OH*, p.690; see also Larrey, iii.256.

[72] *Siècle*, ch.29, *OH*, p.971. The Canal du Languedoc leading to the port of Cette, begun in 1664 and finished in 1681, was the work of Pierre-Paul Riquet. Voltaire's source was probably Boulainvilliers, *Etat de la France*, vi.320-21.

[73] *Siècle*, ch.29, *OH*, p.972; see also Larrey, ii.534; Limiers, ii.425-26.

[74] July-August 1667 (*Siècle*, ch.8, *OH*, p.695-700); cf. Larrey, ii.516-17; Limiers, ii.558-60.

[75] *Siècle*, ch.9, *OH*, p.700-702; see also Larrey, iii.439f.

[76] Louis bought back Dunkirk from the English (who had acquired it in 1657; see above, *De Cromwell*, lines 119-20 and note) in October 1662 for the sum of five million *livres*. Cf. *Siècle*, ch.7 (*OH*, p.692); Larrey, iii.306-307; Limiers, ii.407-14; *Notebooks*, ii.514. The republic of Strasbourg was annexed by France in 1687.

devaient le flatter, une marine de près de deux cents vaisseaux en   355
comptant les allèges;[77] soixante mille matelots enclassés en 1681,[78]
outre ceux qu'il avait déjà formés, le port de Toulon, celui de Brest
et de Rochefort[79] bâtis, cent cinquante citadelles construites;
l'établissement des Invalides,[80] de Saint Cyr;[81] de l'ordre de
Saint Louis;[82] l'Observatoire;[83] l'Académie des sciences;[84] l'aboli-   360
tion du duel;[85] l'établissement de la police;[86] la réforme des lois;[87]
on verra, que sa gloire était fondée. Il ne fit pas tout ce qu'il pouvait
faire; mais il fit beaucoup plus qu'un autre.[88] Quand je dirai que

---

[77] The *Siècle* says that there were 198 ships in 1681 (ch.29, *OH*, p.976). See also
Colbert, *Lettres, instructions et négociations* (Paris 1863), iii.1743.

[78] Cf. *Siècle*, ch.29: 'soixante-six mille hommes d'enclassés' (*OH*, p.976). Larrey
(ii.59) mentions 60,000. Cf. Limiers, ii.467, and Reboulet, ii.277.

[79] *Siècle*, ch.29, *OH*, p.976; Larrey, ii.59; La Mothe La Hode, *Histoire de la vie et
du règne de Louis XIV* (La Haye 1741), iii.258.

[80] *Siècle*, ch.29, *OH*, p.971. Conceived in 1670, the Invalides were built by Jules
Hardouin-Mansart between 1670 and 1706. Cf. Limiers, iii.432; Castel de Saint-
Pierre, *Annales politiques* (London 1757; BV650), i.209.

[81] *Siècle*, ch.29, *OH*, p.971. Saint-Cyr was founded at the instigation of Mme de
Maintenon in 1686. Cf. Limiers, iv.239.

[82] The order of Saint-Louis (a royal and military order) was instituted by Louis XIV
in 1693 and abolished in 1792. Its *insigne* was a red ribbon: see Limiers, iv.261-62.

[83] *Siècle*, ch.29, *OH*, p.971. Founded by Louis XIV in 1667, the Observatoire was
built by Claude Perrault from 1667 to 1672. Cassini was its first director: see Limiers,
ii.427; Reboulet, i.638.

[84] The Académie des sciences was founded by Colbert under the name of
Académie royale des sciences: see Limiers, ii.427.

[85] *Siècle*, ch.29, *OH*, p.972; see also Limiers, ii.426.

[86] *Edit* [...] *vérifié au Parlement le 15* [mars 1667], s.l., in-4°. Cf. *Siècle*, ch.29, *OH*,
p.969; Larrey, iii.535; Limiers, ii.428.

[87] *Siècle*, ch.29, *OH*, p.972. This task was entrusted to chancelier Pierre Séguier,
Guillaume de Lamoignon, Denis Talon, Jérôme Bignon and Colbert's uncle, Henri
Pussort. The *Code Louis* or *Ordonnance civile* (1667), *Codes des eaux et forêts* (1669;
BV2176: Paris 1753), *Ordonnance criminelle* (1670), *Code du commerce* (1673) and
Code de la marine (1681) were inaugurated during the reign. Reboulet, i.636;
Limiers, ii.425; La Mothe La Hode, iii.306. Voltaire mentions reform of the laws
twice in this list, perhaps an indication of speed of composition.

[88] *Siècle*, ch.29, *OH*, p.978; also *Notebooks*, i.216: 'Louis 14 a fait beaucoup plus
de bien à la France qu'aucun de ses prédécesseurs, mais il n'a pas fait la centième
partie de ce qu'il pouvait faire.'

tous les grands monuments n'ont rien coûté à l'Etat qu'ils ont embelli, je ne dirai rien que de très vrai. Le peuple croit, qu'un prince, qui dépense beaucoup en bâtiments et en établissements, ruine son royaume; mais en effet il l'enrichit, il répand de l'argent parmi une infinité d'artistes; toutes les professions y gagnent. L'industrie et la circulation augmentent. Le roi qui fait le plus travailler ses sujets, est celui, qui rend son royaume le plus florissant.[89] Il aimait les louanges sans doute, mais il ne les aimait pas grossières, et les caractères, qui sont insensibles aux justes louanges n'en méritent d'ordinaire aucune. S'il permit les prologues d'opéra, dans lesquels Quinaut le célébrait,[90] ces éloges plaisaient à la nation et redoublaient la vénération, qu'elle avait pour lui. Les éloges que Virgile, Horace et Ovide même prodiguèrent à Auguste, étaient beaucoup plus forts; et si on songe aux prescriptions, ils étaient assurément bien moins mérités.

Louis XIV n'adoptait pas toujours les louanges dont on l'accablait. L'Académie française lui rendait régulièrement compte des sujets, qu'elle proposait pour les prix. Il y eut une année, où elle avait donné pour sujet du prix: *laquelle de toutes les vertus du roi méritait la préférence*;[91] il ne voulut pas recevoir ce coup d'encensoir assommant, et défendit, que ce sujet fût traité.

Il résulte de tout ce qu'on vient de rapporter, que jamais homme n'ambitionna plus la vraie gloire. La modestie véritable est, je l'avoue, au-dessus d'un amour-propre si noble. S'il arrivait, qu'un

365

370

375

380

385

---

381 K: pour le prix
    K: pour prix
382 K: sujet de prix
385 K: ce que l'on vient

---

[89] *Siècle*, ch.30, *OH*, p.989.
[90] *Siècle*, ch.28, *OH*, p.959: 'Il souffrit les prologues de Quinault; mais c'était dans les beaux jours de sa gloire, dans le temps où l'ivresse de la nation excusait la sienne'. The prologues to *Alceste* (1675), *Atys* (1676), *Armide* (1686) and *Persée* (1687) were used by Quinault to glorify Louis's military achievements.
[91] *Siècle*, ch.28, *OH*, p.959; see also Johnson, *Louis XIV*, p.48.

prince, ayant fait d'aussi grandes choses, que Louis XIV, fût encore modeste, ce prince serait le premier homme de la terre, et Louis XIV le second. [92]

Une preuve incontestable de son excellent caractère, c'est la longue lettre qu'il écrivit à Monsieur le Tellier, archevêque de Rheims, [93] que j'ai eu le bonheur de voir en original. Il était très-mécontent de Monsieur de Barbezieux, neveu de ce prélat, auquel il avait donné la place de secrétaire d'Etat du célèbre Louvois son père. Il ne voulait pas dire des choses dures à Monsieur de Barbezieux; il écrit à son oncle pour le prier de lui parler et de le corriger: [94] *Je sais ce que je dois*, dit-il, *à la mémoire de Monsieur de Louvois. Mais si votre neveu ne change de conduite, je serai forcé avec douleur, à prendre un parti*; ensuite il entre dans un long détail de toutes les fautes, qu'il reproche à son ministre, comme un père de famille tendre et instruit de ce qui se passe dans sa maison. Il se plaint, que Monsieur de Barbezieux ne fait pas un assez bon usage de ses grands talents; qu'il néglige quelquefois les affaires pour les plaisirs; qu'il fait attendre trop longtemps les officiers dans son antichambre; qu'il parle avec trop de hauteur et de dureté. La lettre est assurément d'un roi et d'un père.

Dans mille libelles, qu'on a écrits contre lui, on lui a reproché ses

390-499   K: second. ¶Toutes les
407-499   MERCURE, MAGASIN, RECUEIL: père. ¶Toutes les

[92] This is an open invitation to both Frederick and Louis XV to surpass Louis XIV. La Beaumelle comments on the corresponding passage in the *Siècle*, ch.29, *OH*, p.962.

[93] Charles-Maurice Le Tellier (1642-1710), son of Chancellor Michel Le Tellier, became archbishop of Reims in 1671.

[94] 'Mémoire inédit remis par Louis XIV à l'archevêque de Reims Le Tellier, sur l'inconduite du marquis de Barbesieux, son neveu', printed in *Extrait de la Revue encyclopédique*, 83ᵉ cahier, t.xxviii, novembre 1835 (I). The *Mémoire* was handed to Le Tellier on 29 October 1695; in it the king declares that the public has been scandalised by the behaviour of Barbezieux, third son of the marquis of Louvois, who had been appointed secretary of state for war on his father's death. Voltaire also quotes from this letter in the *Siècle*, ch.28, *OH*, p.959; see also *Notebooks*, i.226.

amours avec la plus grande amertume; mais quel est celui de tous ceux qui l'accusent, qui n'ait eu la même passion? Il est plaisant, qu'on ne veuille pas donner à un roi une liberté, que les moindres de ses sujets prennent si hautement. [95]

Ceux, qui n'ont jamais connu cette passion, sont d'ordinaire des caractères durs et impitoyables. Une femme digne d'être aimée adoucit les mœurs; elle est la seule, qui puisse dire à un prince des vérités utiles, qu'il n'entendrait peut-être pas sans honte et sans dépit de la bouche d'un homme, et qu'un homme même n'oserait pas dire. Louis XIV fut heureux dans tous ses choix, et il le fut encore dans ses enfants naturels; il en eut dix légitimés, et deux qui ne le furent pas. [96] Des dix légitimés deux moururent dans leur enfance; les huit qui vécurent eurent tous du mérite. Les princesses furent aimables, le duc du Maine et le comte de Toulouse furent des princes très sages. Le comte de Vermandois, qui mourut jeune, et qui était amiral avant le comte de Toulouse, promettait beaucoup. [97]

Dans les dernières histoires de Louis XIV [98] on prétend, que ce

[95] Larrey wrote in his preface: 'Mais avec la bonté de César, il en eut l'ambition, et avec la magnificence de Salomon, il en eut les faiblesses' (i.xxvi). Reboulet, Limiers, Saint-Simon, Duclos and La Beaumelle also deplored Louis's many affairs. On eighteenth-century reactions to Louis's amours see Johnson, *Louis XIV*, p.186-87.

[96] Voltaire lists them as follows in the 'Liste raisonnée des enfants de Louis XIV' of the *Siècle* (*OH*, p.1111-12). Three by Mlle de La Vallière: Louis de Bourbon (1663-1666); Louis de Bourbon, comte de Vermandois, amiral de France (1667-1683); and Marie-Anne, Mlle de Blois (1666-1739). Six by Mme de Montespan: Louis-Auguste de Bourbon, duc Du Maine (1670-1736); Louis-César, comte de Vexin, abbé de Saint-Denis (1672-1683); Louis-Alexandre de Bourbon, comte de Toulouse (1678-1737); Louise-Françoise de Bourbon, Mlle de Nantes (1673-1743); Louise-Marie de Bourbon, Mlle de Tours (1676-1681); Françoise-Marie de Bourbon, Mlle de Blois (1677-1749). Two other children who died young, by Mlle de Fontanges.

[97] Louis de Bourbon, comte de Vermandois (1667-1683), the son of Mlle de La Vallière, died at the age of sixteen from a fever and was buried in the cathedral of Arras. Legitimised in February 1669, he became Admiral of France in November 1669. Louis-Alexandre de Bourbon (1678-1737), comte de Toulouse, was appointed *amiral* by Louis XIV in November 1683.

[98] Probably a reference to Reboulet (v.212-13). Reboulet himself follows La Fare in all the main points.

fut Madame de Montespan, qui produisit elle-même Madame de Maintenon à la Cour; on se trompe, ce fut le duc de Richelieu, père du premier gentilhomme de la chambre, qui a été si connu dans l'Europe par les agréments de sa figure et de son esprit, et par le service qu'il a rendu dans la bataille de Fontenoy. [99] L'Hôtel de Richelieu était le rendez-vous de la meilleure compagnie de Paris, et soutenait la réputation du Marais, qui était alors le beau quartier. Madame de Maintenon, qu'on appelait Madame Scarron, veuve du fils d'un conseiller de grand'chambre, d'une très bonne famille de robe, et petite-fille du fameux d'Aubigné, [100] si connu sous Henri le Grand, allait fort souvent à l'Hôtel de Richelieu, dont elle faisait les délices. Madame de Montespan voulant envoyer aux eaux de Barège son fils le duc du Maine [101] encore enfant, qui était né avec une difformité dans un pied, cherchait une personne intelligente et secrète, qui se chargeât de la conduite. La naissance du duc du Maine était encore un mystère. Monsieur le duc de Richelieu proposa ce voyage à Madame Scarron, [102] qui n'était pas

430

435

440

[99] This is Armand-Jean de Vignerot-du-Plessis, duc de Richelieu et de Fronsac, prince de Mortagne (1629-1715). He was the father of Louis-François de Vignerot-du-Plessis, duc de Richelieu (1699-1788), whom Voltaire is flattering here. For Richelieu's role in the battle of Fontenoy, see the *Précis du siècle de Louis XV* (ch.15, *OH*, p.1385-87) and the *Poème de Fontenoy* (M.vii.369-95).

[100] The daughter of Constant d'Aubigné, Françoise d'Aubigné (1635-1719) married the poet Paul Scarron in 1652 and became a widow in 1660. Scarron's father was a *conseiller du parlement* and belonged to a family whose titles of nobility went back to the thirteenth century. Cf. *Siècle*, ch.27 (*OH*, p.933). Théodore Agrippa d'Aubigné (1552-1630) was an able servant of Henri IV, especially as a negotiator. He was the author of *Les Tragiques* (1616) and the *Histoire universelle, depuis l'an 1550 jusqu'en 1601*. Cf. Voltaire, *Préface et extraits des Souvenirs de Mme de Caylus* (Amsterdam [Genève] 1770), M.xxviii.228.

[101] Barège was a spa in the High Pyrenees. Cf. *Siècle*, ch.27, *OH*, p.935; La Fare, *Mémoire*, p.187. Louis-Auguste de Bourbon, duc du Maine, the eldest son of Louis XIV and Mme de Montespan, was legitimised in 1673. Cf. *Siècle*, 'Liste raisonnée des enfants de Louis XIV', *OH*, p.1112.

[102] According to a letter of 14 March [1670], from Mme de Maintenon to Mme d'Hudicourt, it was M. de Vivonne who first spoke to the former of the position of governess to the duc du Maine: 'M. de Vivonne m'en a déjà parlé: je suis fort sensible à l'honneur qu'on veut me faire: mais je vous avoue que je ne m'y crois

riche, et Monsieur de Louvois, qui était dans la confidence, la fit partir pour les eaux secrètement avec le jeune duc du Maine.[103] Il faut avouer, qu'il y eut dans la fortune de cette dame une destinée bien étrange. Elle était née à Niord dans la prison, où son père[104] était renfermé après s'être sauvé du château Trompette[105] avec la fille du sous-gouverneur nommé de Cardillac, qu'il avait épousée, ainsi elle était très bonne demoiselle par son père et par sa mère, mais sans aucun bien. Son père avait dissipé le peu de fortune, qu'il avait eu, et en chercha une en Amérique. Il y mena sa fille âgée de trois ans; elle fut sur le point, en abordant sur le rivage, d'y être dévorée par un serpent.[106]

De retour en France à l'âge de douze ans elle logea chez la duchesse de Navailles, sa parente,[107] qui ne lui donna que de

445

450

455

---

nullement propre' (La Beaumelle, *Lettres de Madame de Maintenon*, i.52-53). La Fare states that Mme de Maintenon was chosen by Mme de Montespan (BV1842, 1716, i.191). Voltaire refutes this in the *Siècle*, ch.27 (*OH*, p.935) and adds: 'Le roi se souvint de Mme Scarron.'

[103] *Siècle*, ch.27, *OH*, p.936: 'Louvois alla secrètement à Paris lui proposer ce voyage'. Cf. La Fare, *Mémoire*, p.188.

[104] Niort in Poitou.

[105] A fortress built at the entrance to Bordeaux by Charles VII on the site of the present Place Quiconces; it was destroyed late in the seventeenth century.

[106] *Siècle*, ch.27, *OH*, p.933-34; *Notebooks*, i.219. La Fare seems to be Voltaire's source for the main details of this anecdote, although his copy (BV1842) contains a marker inscribed: 'Fausse histoire de M[adame] maintenon' (p.188-89). Voltaire borrows such facts as the incarceration of Constant d'Aubigné and his marriage to the gaoler's daughter from La Fare (p.188). According to the *Siècle*, d'Aubigné was imprisoned for having dealings with the English; La Beaumelle stated that it was for embezzlement and murder (ii.331). The *Notebooks* give the mother's name as Jeanne de Cardillac [Cardaillac, Cardilhac]. According to the *Siècle*, the marriage took place in 1627 at Trompette; Jeanne followed her husband to Carolina and was later imprisoned at Niort where Françoise was born. La Fare asserted wrongly that they went to Canada (p.188). Constant had been appointed Governor of Marie-Galante in Martinique. According to Bourgeois (p.513, n.6), Voltaire heard this anecdote from the poet Jean Segrais, who learnt it from Mme de Maintenon herself.

[107] Constant d'Aubigné returned to France in 1645 and died in 1647 in Orange on the way to Turkey. La Fare assumed that she was seventeen or eighteen (p.188). She would have been ten in 1645. The duchesse de Navailles was the daughter of Mme de

l'éducation. Elle y changea de religion; car elle était née calviniste. Ce fut une fortune pour elle d'épouser Scarron, qui ne vivait presque que de pensions et de ses ouvrages, qu'il appelait sa terre *de Quinet*, parce que Quinet était son libraire. [108]   460

Après la mort de son mari elle fit demander au roi par tous ses amis une partie de la pension, dont Scarron jouissait, et le roi la fit attendre deux ans.

Enfin il lui en donna une de deux mille livres, avant qu'elle menât Monsieur le duc du Maine aux eaux; il lui dit, *Madame, je*   465 *vous ai bien fait attendre, mais j'ai été jaloux de vos amis, et j'ai voulu que vous n'eussiez obligation qu'à moi.* [109] Monsieur le cardinal de Fleury, de la bouche de qui je tiens ce fait, m'a dit, que le Roi lui tint le même discours, quand il lui donna l'évêché de Fréjus. [110] Elle avait environ cinquante ans, quand Louis XIV s'attacha à elle. [111] Il   470 faut convenir, qu'à cet âge on ne subjugue point le cœur d'un roi, et surtout d'un roi devenu difficile, sans avoir un très grand mérite.

Neuillant and the wife of Philippe de Montault de Bénac, duc de Navailles (1619-1684). Mme de Neuillant was Françoise's godmother, and the Neuillants then lived in Poitou. See La Fare: '[Elle] fut obligée, par sa pauvreté, à être demoiselle de madame de Neuillant, mère de la duchesse de Navailles' (p.189).

[108] *Siècle*, ch.27, *OH*, p.934. Paul Scarron (1610-1660) met Françoise through Mme de Neuillant. La Fare says of him that he was 'homme de bonne maison de robe de Paris [...] mais pauvre et devenu cul-de-jatte' (p.188-89). Voltaire is even less generous. Toussaint Quinet was the Paris publisher of Scarron's works such as the *Recueil de quelques vers burlesques* (1644), as well as the *Seconde partie* (1648) and *Troisième partie* (1651) of the work.

[109] *Siècle*, ch.27, *OH*, p.934-35, where Louis's words are altered slightly: 'Madame, je vous ai fait attendre longtemps; mais vous avez tant d'amis, que j'ai voulu avoir seul ce mérite après de vous.'

[110] La Beaumelle remarks with sarcasm: 'Le cardinal ne mentait jamais' (*Le Siècle*, ii.333). In the *Supplément au Siècle de Louis XIV* (1753) Voltaire reiterated the value of Fleury's testimony (*OH*, p.1242); cf. La Fare, p.190.

[111] According to a letter from Mme de Maintenon to Mme de Frontenac of 1680, Louis XIV was already in love with her when she was forty-five: 'Je le renvoie toujours affligé et jamais désespéré' (La Beaumelle, *Lettres de Mme de Maintenon*, i.168). Cf. *Notebooks*, ii.444: 'Me de Maintenon écrivait à me de Frontenac, Je le renvoye toujours affligé et jamais désespéré.'

Il faut de la complaisance sans empressement, de l'esprit sans envie d'en montrer, une flexibilité naturelle, une conversation solide et agréable, l'art de réveiller sans cesse l'âme d'un homme accoutumé à tout et dégoûté de tout, assez de force pour donner de bons conseils, et assez de retenue, pour ne les donner qu'à propos; il faut enfin ce charme inexprimable, qui enchaîne un esprit, et qui ranime les langueurs de l'habitude. Madame de Maintenon avait toutes ces qualités. Elle fit les douceurs de la vie de Louis XIV depuis 1684 jusqu'à la mort de ce monarque. L'Histoire de Reboulet dit, qu'il l'épousa en présence de Bonstemps et de Forbin; mais ce fut Monsieur de Montchevreuil, et non Monsieur de Forbin, qui assista comme témoin. [112]

La première femme du roi d'Angleterre Jacques Second, était fille de chancelier Hyde. [113] Il s'en fallait beaucoup, qu'elle fût d'aussi bonne maison que Madame de Maintenon, et elle n'avait pas son mérite. Nous avons vu Pierre le Grand épouser une personne bien inférieure à ces deux dames, et cette épouse de Pierre le Grand

475

480

485

[112] Cf. Reboulet, v.281. Reboulet borrows these details from the abbé de Choisy whom he quotes. In the *Siècle* (ch.27, *OH*, p.933) Voltaire says that the marriage took place in January 1686. This is probably a slip. In the *Mémoires de Mme de Maintenon* La Beaumelle gives the date as 1685. It is clear that many people, including the papal curia, knew of the marriage by the winter of 1684-1685. Of Alexandre Bontemps (1626-1701), *premier valet de chambre* of Louis XIV, Saint-Simon writes: 'Bontemps était rustre et brusque, avec cela respectueux et tout à fait à sa place, qui n'était jamais chez lui ou chez le Roi, où il entrait partout à toutes heures, et toujours par les derrières' (i.827). Claude de Forbin (1656-1733) joined the navy as the chevalier de Forbin and took part in the bombardment of Algiers in 1683. He was named ambassador to Siam in 1685 and participated in the War of the Spanish succession. Henri de Mornay (1633-1706), marquis de Montchevreuil, Governor of the duc du Maine, was married to Marguerite Boucher d'Orsay who had a considerable influence on Mme de Maintenon. It was she who wanted Montchevreuil as one of the witnesses at her wedding. She also had him appointed to the governorship of Saint-Germain-en-Laye (cf. Saint-Simon, i.809); Voltaire, *Souvenirs de Mme de Caylus*, M.xxviii.298.

[113] *Siècle*, ch.27, *OH*, p.933. Anne Hyde (1637-1671), eldest daughter of Edward Hyde, earl of Clarendon, married the duke of York, the future James II, on 3 September 1660.

devenir impératrice, et mériter de l'être.[114] Le mérite fait dispa-   490
raître bien des disproportions et rapproche de grands intervalles.
Une des choses qui prouva, combien Madame de Maintenon était
digne de sa fortune, c'est que jamais elle n'en abusa.[115] Elle n'eut
jamais la vanité de vouloir paraître ce qu'elle était; sa modestie ne
se démentit point; personne à la Cour n'eut à se plaindre d'elle. Elle   495
se retira à Saint Cyr après la mort de Louis XIV, et y vécut d'une
pension de quatre-vingt mille livres; c'etait la seule fortune, qu'elle
se réserva.[116]

Toutes les histoires imprimées en Hollande reprochent à
Louis XIV la révocation de l'édit de Nantes. Je le crois bien.   500
Tous ces livres sont écrits par des protestants.[117] Ils furent des
ennemis d'autant plus implacables de ce monarque, qu'avant
d'avoir quitté le royaume, ils étaient des sujets fidèles. Louis XIV
ne les chassa pas comme Philippe III avait chassé les Maures
d'Espagne,[118] ce qui avait été à la monarchie espagnole une plaie   505

505   κ: avait fait à

[114] Catherine I (1683-1727), second wife of Peter the Great, whom she succeeded
in 1725. Her mother was a peasant named Erb-Magden from the village of Ringen in
Livonia/Estonia. Catherine married Peter secretly in 1707 (*Histoire de Charles XII*,
v; *OC*, vol.4, p.408-409) and publicly in 1712. She was empress from 1725 to 1727.
[115] *Siècle*, ch.27, *OH*, p.936; see also Bourgeois, p.522, n.2.
[116] Mme de Maintenon retired to Saint-Cyr in 1715 and lived there until her death
in 1719. Cf. *Siècle*, ch.27, *OH*, p.940: 'Elle ne voulut qu'une pension de quatre-vingt
mille livres, qui lui fut exactement payée jusqu'à sa mort, arrivée en 1719, le
15 d'avril'. Cf. Dangeau (ed. Soulié, xvi.168).
[117] A detailed account of the Revocation of the Edict of Nantes is given in the
Siècle, ch.36. Voltaire is referring to a number of Protestant historians: Larrey
(v.182); Limiers (iv.153); E. Benoist; *Histoire de l'Edit de Nantes* (Delft, Beman,
1693), who is especially critical of the *dragonnades* (v.844-50) and of the king's
decrees (iv.546-47); D. de Brueys, *Histoire du fanatisme de notre temps* (3 vols, 1694-
1713); La Mothe La Hode. Criticism was not confined to Protestant historians.
Reboulet also deplored the Revocation: 'Tel fut ce fameux Edit que le Roi signa
avec tant de zèle, mais qui le priva d'un million d'hommes, qui malgré les défenses,
passèrent chez ses voisins et emportèrent avec eux les manufactures de France, et
plus de deux cents millions d'argent' (v.273).
[118] Philippe III expelled the Moors from Spain in 1609. More than sixty boats

inguérissable. Il voulait retenir les huguenots et les convertir. J'ai demandé à Monsieur le cardinal de Fleury ce qui avait principalement engagé le roi à ce coup d'autorité; il me répondit, que tout venait de Monsieur de Baville, intendant de Languedoc, qui s'était flatté d'avoir aboli le calvinisme dans cette province, où cependant il restait plus de quatre-vingt mille huguenots. [119] Louis XIV crut aisément, que puisqu'un intendant avait détruit la secte dans son département, il l'anéantirait dans son royaume. Monsieur de Louvois consulta sur cette grande affaire M. de Gourville, [120] que le roi Charles Second d'Angleterre appelait le plus sage des Français: l'avis de M. de Gourville fut, d'enlever à la fois tous les ministres des églises protestantes. *Au bout de six mois*, dit-il, *la moitié de ces ministres abjurera, et on les lâchera dans le troupeau, l'autre moitié sera opiniâtre, et restera enfermée sans pouvoir nuire; il arrivera, qu'en peu d'années les huguenots, n'ayant plus que des ministres convertis et engagés à soutenir leur changement, se réuniront tous à la religion romaine.* D'autres étaient d'avis, qu'au lieu d'exposer l'Etat à perdre un grand nombre de citoyens, qui avaient en main les manufactures et le commerce, on fît venir au contraire

510

515

520

512   K: secte de son

transported them from the ports of Catalonia, and many perished at sea (1609-1611) as Europe looked on in horror. See *Essai sur les mœurs* (ed. R. Pomeau, Paris 1963), ii.627.

[119] Nicolas de Lamoignon de Bâville (1648-1724), *intendant* of Languedoc and nicknamed the 'tyran du Languedoc'. In the *Supplément* to the *Siècle*, Voltaire again says that he heard of Bâville's role from Fleury (*OH*, p.1242). In 1685 there were 182,000 Huguenots in the province. In the *Siècle*, ch.36, *OH*, p.1056, Voltaire says that Bâville counted fewer than 100,000 Protestants in the Languedoc.

[120] In the *Siècle* (ch.36, *OH*, p.1054) Louvois's role and the 'l'inflexibilité de son caractère' are discussed at length. Louvois's manuscript letters were among Voltaire's sources. Gourville's *Mémoires de Jean Hérault, sieur de Gourville* (1625-1703) were one of the main sources for the chapters on the Fronde in *Le Siècle* (*OH*, ch.4 and 5). A *signet* in Voltaire's copy (Paris 1724; BV1507, ii.308-309) confirms the borrowing (CN, iv.164). Cf. *Notebooks*, i.210: 'Il proposa d'enfermer les ministres au lieu de les chasser.'

des familles luthériennes, comme il y en a dans l'Alsace: les 525
luthériens, les calvinistes, les jansénistes auraient été opposés les
uns aux autres plus qu'à l'église catholique, et tous devenus
méprisables, n'auraient pu être dangereux, et se seraient convertis
à la longue; de plus la fureur de l'esprit de parti était fort baissée;
c'est une maladie épidémique, qui était sur sa fin. L'autorité royale 530
était affermie sur des fondements inébranlables, et toutes les sectes
du monde n'auraient pas fait dans une ville une sédition de quinze
jours. Monsieur Colbert s'opposa toujours à un coup d'éclat contre
les huguenots,[121] il ménageait des sujets utiles. Les manufactures
de Vanrobes et de beaucoup d'autres, qu'il avait établies, n'étaient 535
maintenues que par des gens de cette secte.[122]

Après sa mort arrivée en 1683 Monsieur le Tellier et Monsieur
de Louvois poussèrent les calvinistes; ils s'ameutèrent, on révoqua
l'édit de Nantes; on abattit leurs temples; mais on fit la grande faute
de bannir les ministres.[123] Quand les bergers marchent, les 540
troupeaux suivent.[124] Il sortit du royaume, malgré toutes les

525-530   MERCURE, MAGASIN, RECUEIL, K: l'Alsace. L'autorité

[121] *Siècle* (ch.36, *OH*, p.1048). La Beaumelle objected to Voltaire's remarks:
'Jamais Louvois ne persécuta les Huguenots parce que Colbert les aimait; car
Colbert ne les aima jamais, et son histoire a grand soin de le dire et de le prouver' (*Le
Siècle*, iii.130). Cf. Benoist, *Histoire de l'Edit de Nantes*, iii.431.

[122] Josse Van Robais (1630-1685), French manufacturer of Dutch extraction, had
been managing a factory in Middelburg when Colbert invited him to France in
1665. He settled at Abbeville with fifty Dutch workers and set up a cloth-making
factory which soon employed 1500 workers and continued to flourish in the
eighteenth century. According to the *Siècle*, he received an advance of 2000 *livres*
(ch.29, *OH*, p.967). Larrey (iii.384) and Limiers (ii.465) provided these details, also
given in Jacques Savary de Brusons's *Dictionnaire de commerce* (1723), where it is
stated that Louis XIV advanced Van Robais 2000 *livres* for each factory as well as
providing bonuses. Boulainvilliers also mentioned the Abbeville factories (*Etat de
la France*, i.59).

[123] *Siècle*, ch.36, *OH*, p.1049, 1054. There were a number of 'ordonnances'
against the Protestants in 1685 (24 May, 1 July). One of these decreed that all non-
abjuring Protestant ministers were to leave the kingdom within fifteen days.

[124] *Siècle*, ch.36, *OH*, p.1054: 'C'était s'aveugler que de penser qu'en chassant les
pasteurs, une grande partie du troupeau ne suivrait pas.'

précautions qu'on prit, plus de huit cent mille hommes,[125] qui portèrent avec eux dans les pays étrangers environ un milliard d'argent, tous les arts et leur haine contre leur patrie. La Hollande, l'Angleterre, l'Allemagne furent peuplées de ces fugitifs. Guillaume III eut des régiments entiers de protestants français à son service, il y a dix mille réfugiés français à Berlin,[126] qui ont fait de cet endroit sauvage une ville opulente et superbe. Ils ont fondé une ville jusqu'au fond du cap de Bonne-Espérance.[127] Quand l'Etat fut délivré de leur secte et privé de leurs secours, les jansénistes voulurent prendre leur place et faire un parti considérable; il le fut quelque temps, Louis XIV en fut importuné les dernières années de sa vie, mais l'autorité les a écrasés, et les convulsions les ont rendus ridicules.[128]

545

550

549-555 MERCURE, MAGASIN, RECUEIL, K: Espérance. ¶Louis XIV

[125] *Siècle*, ch.36, *OH*, p.1055: 'Ainsi la France perdit environ cinq cent mille habitants.' In the *Lettre d'un patriote sur la tolérance civile des Protestants de France* (s.l. 1756) A. Court, responding to Voltaire's figure of 500,000, declared that more than two million Huguenots left France from 1685 to 1686 (*Bibliothèque des sciences et des beaux-arts*, vi, 1756, p.378). It is likely that somewhere between 200,000 and 700,000 Huguenots took refuge abroad.

[126] *Siècle*, ch.36, *OH*, p.1055-56: 'Le prince d'Orange et le duc de Savoie eurent des régiments entiers de réfugiés.'

[127] *Siècle*, ch.36, *OH*, p.1056; also *Notebooks*, i.218. Henri Duquesne established a Huguenot colony at the Cape of Good Hope in 1687. According to Bourgeois, Voltaire was misinformed: the Dutch transported free of charge 3000 French refugees to twelve leagues north of the Cape, at French Hoek. They prospered through agriculture, and in 1739 they were forced to adopt Dutch as their official language. Henri Duquesne thought of making a similar settlement in the Mascarenhas but changed his mind, choosing instead to live in Switzerland (Bourgeois, p.709, n.4).

[128] Port-Royal was closed as a result of the papal bull *Vineam domini* (1707). According to Lanson ('Notes pour servir à l'étude des chapitres 35-39', p.187), Voltaire's source was the *Anecdotes ou Mémoires secrets sur la constitution Unigenitus* (3 vols, in-12, 1730) by Bourgoing de Villefore. In the 1730s extraordinary scenes of convulsions and so-called miracles took place at Saint-Médard on the tomb of the Jansenist deacon Pâris. Cf. *Siècle*, ch.37, *OH*, p.1087.

Louis XIV fut très malheureux depuis 1704 jusqu'en 1712, et il   555
soutint ses disgrâces, comme un homme, qui n'aurait jamais connu
la prospérité. Il perdit son fils unique en 1711, et il vit périr en 1712
dans l'espace de moins d'un mois le duc de Bourgogne son petit-
fils, la duchesse de Bourgogne et l'aîné de ses arrière-petits-fils. [129]
Le roi son successeur, qu'on appelait alors le duc d'Anjou, [130] fut   560
aussi à l'extrémité. Leur maladie était une rougeole maligne, dont
furent attaqués en même temps M. de Seignelai, Mademoiselle
d'Armagnac, Mme de Listenay, Madame de Gondrin, qui a été
depuis comtesse de Toulouse, Mme de la Vrillière, M. le duc de la
Tremouille et beaucoup d'autres personnes à Versailles. [131] M. le   565

555   K: 1712, il
556-557   K: connu de prospérité
558   K: l'espace d'un mois

[129] Louis de France (Monseigneur), dauphin de Vincennes, died of smallpox at
Meudon on 14 April 1711 at the age of forty-nine. Louis de France, duc de
Bourgogne, dauphin de Viennois became heir to the throne on the death of his
father, but himself died at Marly on 18 February 1712. Marie-Adelaïde de Savoie
died at Versailles on 12 February 1712. The bodies of the duke and duchess were
taken to Saint-Denis on 23 February 1712; their hearts were taken to the abbey
church of Val de Grâce: see Larrey, ix.452. Louis de France, duc de Bretagne (1707-
1712), was baptised on 8 March 1712 and died at Versailles on the same day. His
body was taken to Saint-Denis on 10 March 1712.
[130] Louis XV (1710-1774), son of the duc de Bourgogne and Marie-Adélaïde de
Savoie, was given the title of duc d'Anjou at birth. He fell seriously ill at the age of
two in March 1712.
[131] Marie-Jean-Baptiste Colbert, marquis de Seignelay (1673-1712), maître de la
garde-robe (1690) and brigadier (1708), grandson of Jean-Baptiste Colbert and son of
Jean-Baptiste de Seignelay. Charlotte de Lorraine (1678-1757), daughter of Louis de
Lorraine, comte d'Armagnac. Louise-Françoise de Mailly, marquise de Listenay,
daughter of Louis, comte de Mailly and the wife of Pierre de Baufremont, marquis
de Listenay. Marie-Victoire-Sophie de Noailles, marquise de Gondrin, became the
widow of Louis de Pardaillan-d'Antin, marquis de Gondrin in 1713 and married
Louis-Alexandre de Bourbon, comte de Toulouse in 1723. Françoise de Mailly,
marquise de La Vrillière, lady-in-waiting to the duchesse de Bourgogne. Charles-
Armand-René, duc de La Trémoïlle (1708-1741), son of Charles-Louis-Bretagne,
duc de La Trémoïlle, prince de Tarente.

Marquis de Gondrin en mourut en deux jours. [132] Plus de trois cents personnes en périrent à Paris. La maladie s'étendit dans presque toute la France, elle enleva en Lorraine deux enfants du duc. [133] Si on avait voulu seulement ouvrir les yeux, et faire la moindre réflexion, on ne serait pas abandonné aux calomnies abominables, qui furent si aveuglément répandues; elles furent la suite du discours imprudent d'un médecin, nommé Boudin, [134] homme de plaisir, hardi et ignorant, qui dit, que la maladie, dont ces princes étaient morts, n'était pas naturelle. C'est une chose, qui m'étonne toujours, que les Français, qui sont aujourd'hui si peu capables de commettre de grands crimes, soient si prompts à les croire. Le fameux Homberg, chimiste de M. le duc d'Orléans, vertueux philosophe et d'une simplicité extrême, fut tout étonné d'entendre dire, qu'on le soupçonnait; il courut vite à la Bastille, pour s'y constituer prisonnier, on se moqua de lui, et on n'eut garde de le recevoir; [135] mais le public toujours téméraire fut longtemps imbu

570

575

580

570   W51, MERCURE, K: ne se serait
577   MERCURE, MAGASIN, RECUEIL, K: fameux chimiste Homberg, vertueux
578   W51: fut étonné

[132] He was the eldest son of Louis-Antoine de Pardaillan de Gondrin, who died in 1712 at the age of twenty-two: Saint-Simon, iii.1152.

[133] Charlotte (1700-1711) and Gabrielle (1702-1711) de Lorraine. Cf. *Siècle*, ch.27, *OH*, p.945.

[134] Jean Boudin, son of Philibert Boudin and pupil of Fagon, qualified as a doctor on 16 February 1683, and was elected dean of the Faculty of Medicine in 1696, ordinary physician to the king (1704) and to the dauphin (1711). He died at Versailles in 1728. Cf. *Siècle*, ch.27, *OH*, p.945; also Saint-Simon, iii.1210; Dangeau, ed. Soulié, xiv.110.

[135] William Homberg (1652-1715), Dutch chemist, was invited by Colbert to settle in France. Elected to the Académie des sciences in 1691, he became the protégé of the duc d'Orléans in 1702. On this incident Saint-Simon writes: 'Le lendemain, je sus par lui que le Roi lui avait dit sèchement qu'il avait changé d'avis sur Homberg, qu'il était inutile qu'il allât se remettre à la Bastille, et qu'il n'y serait pas reçu. Il [Louis XIV] venait de mander ce changement à Homberg, que nous sûmes après être allé à la Bastille sur l'ordre qu'il en avait reçu de M. le duc d'Orléans, et y avoir été refusé' (iii.1223). La Mothe La Hode was one of the first to stress the suspicious

de ces bruits horribles, dont la fausseté reconnue devrait apprendre aux hommes à juger moins légèrement, si quelque chose peut corriger les hommes.

Un des malheurs de la fin du règne de Louis XIV fut le 585 dérangement des finances; il commença dès l'an 1689. On fit porter tous les meubles d'argent orfévris à la Monnaie. [136] Le roi lui-même donna l'exemple, en dépouillant sa galerie et son grand appartement de tous ces meubles admirables d'argent massif, sculptés par Balin [137] sur les desseins du fameux le Brun, et de 590 tout cela on ne retira que trois millions de profit. On établit la capitation en mille six cents quatre-vingt quinze; [138] on fit des tontines. [139] M. de Pontchartrain en 1696 vendit des lettres de

587-588 K: Monnaie. En dépouillant

circumstances and the duke's own offer to Louis XIV to go to prison: 'Avant cette cérémonie [the funeral of the duc and duchesse de Bourgogne], il s'était jeté aux pieds du Roi son oncle, s'était offert à se constituer prisonnier, et l'avait supplié avec larmes de lui faire son procès dans les formes s'il le croyait coupable' (*La Vie de Philippe d'Orléans*, 2 vols, London 1736, BV1899, i.111-12). In the *Siècle* (ch.27, *OH*, p.945-46) Voltaire refutes La Mothe La Hode's claim. He also refutes Reboulet's assertion that an antidote was obtained from Venice (Avignon 1746, ix.143; not viii.143, as given by Voltaire in the note to the *OH*, p.946). See also Saint-Simon, iv.463.

[136] *Siècle*, ch.30, *OH*, p.988; also *Notebooks*, i.218.

[137] Claude Ballin, goldsmith (1615-1678). He worked at the Gobelins and became director and 'consul' of the numismatics section in 1672. Most of his creations were melted down in 1689. Cf. *Siècle*, ch.30, *OH*, p.988; *Notebooks*, i.218; François Véron de Forbonnais, *Recherches et considérations sur les finances de la France* (Basle 1758), iv.55-56.

[138] *Siècle*, ch.30, *OH*, p.990. A new and progressive tax imposed on all classes of society, established in 1695 by Louis Phélypeaux, comte de Pontchartrain, discontinued in 1698 and re-established in 1701. Boulainvilliers, *Etat de la France* (i.62), seems to have been Voltaire's source. Cf. Saint-Simon, i.888; Reboulet, iii.20. See also Wade, *The Search for a new Voltaire*, p.62.

[139] *Tontines* were a form of state borrowing and annuities. The royal *tontines* were created in 1653 by Lorenzo Tonti from Naples (1630-1695) for Mazarin. At that time 1,025,000 *livres* of *rentes* were instituted, but the *Parlement* refused to register the edict. The *tontines* were restored in 1696, 1709, 1733, 1743, 1744, 1759 and, for the last time before the French Revolution, in 1764 as the 'tontines des gens de mer'.

noblesse à qui en voulait, pour deux mille écus, et ensuite on taxa à vingt francs la permission d'avoir un cachet.[140]

595

Dans la guerre de 1701 l'épuisement parut extrême. M. des Marets fut un jour réduit à prendre cent mille francs, qui étaient en dépôt chez les Chartreux, et à mettre à la place des billets de monnaie, dans un besoin pressant de l'Etat. Si on avait commencé par établir l'impôt du dixième, impôt égal pour tout le monde par sa proportion (ce qu'on ne fit qu'en 1710) le roi eût eu plus de ressources; mais au lieu de prendre cette voie, on ne se servit que des traitants, qui s'enrichirent, en ruinant le peuple.[141] L'Etat ne manquait point d'argent, mais le discrédit le tenait caché. Il a bien paru en dernier lieu dans la guerre de 1741, combien la France a des ressources.[142] Non seulement il n'y a pas eu un moment de discrédit, mais on ne l'a jamais craint. Rien ne prouve mieux, que la France bien administrée est le plus puissant empire de l'Europe.

600

605

602-603   K: que de traitants
605-606   MERCURE, MAGASIN, RECUEIL, K: a de ressources

[140] *Siècle*, ch.30, *OH*, p.990: 'Le contrôleur général Pontchartrain vendit des lettres de noblesse pour deux mille écus en 1696: cinq cents particuliers en achetèrent; mais la ressource fut passagère, et la honte durable.' Cf. Forbonnais, iv.124.

[141] Nicolas Desmarets (1648-1721), nephew of Colbert, was *intendant des finances* (1678) and *contrôleur-général des finances* from 1708 to 1715. He took some desperate measures in 1708 and borrowed 900,000 *livres* from the banker Bernard. In 1709 Desmarets was forced to reimburse 9 millions in *tailles*. Cf. *Siècle*, 'Secrétaires d'Etat et contrôleurs généraux des finances', *OH*, p.1132. On the *dixième* cf. *Siècle*, ch.30, *OH*, p.990.

[142] A clear indication that this section, at least, was composed after 1741.

Lettre à son altesse sérénissime madame la duchesse du Maine, sur la victoire remportée par le roi à Laufelt

Critical edition

by

Ralph A. Nablow

CONTENTS

INTRODUCTION

By virtue of the brilliant tactics of Maurice, comte de Saxe (1696-1750), Louis XV was able to advance his conquests in the Austrian Netherlands during the second half of the war of the Austrian Succession (1740-1748), defeating the British and their allies (the Austrians and the Dutch) at Fontenoy,[1] Raucoux,[2] and then on 2 July 1747 at Lauffeldt, a village close to the Meuse north-west of Maastricht.[3]

The English army at Lauffeldt was led by the duke of Cumberland, who planned to attack a detached French army under the Prince de Clermont. Marching at considerable speed, however, Saxe was able to take up the ground that Cumberland had intended to occupy himself. The position was defined by a line of villages, of which Lauffeldt was one, and Cumberland placed his infantry between the villages (rather than fortifying the line). Saxe drove out the allied infantry and then used his cavalry to attack the line. The French army, which considerably outnumbered its opponents, lost 10,000 men at Lauffeldt, the English and their allies 6,000. This victory had immediate strategic consequences: the Austrian Netherlands were now at the mercy of the French, who were henceforth able to prevent the English from recrossing the Meuse.

The literary consequences of the victory included this poem to the duchesse du Maine (1676-1753), whom Voltaire had first known

[1] On the battle of Fontenoy, near Tournai, on 11 May 1745, see the *Précis du siècle de Louis XV*, ch.15-16, and the *Histoire de la guerre de 1741*, ed. J. Maurens (Paris 1971), ch.15-16, also the *Bataille de Fontenoy* (M.viii), and D.app.70.

[2] On the battle of Raucoux, outside Liège on the west bank of the Meuse, on 11 October 1746, see *Précis*, ch.18, and *Guerre de 1741*, ch.20.

[3] On the battle of Lauffeldt, see *Précis*, ch.26, *Guerre de 1741*, ch.24, and the *Mémoires du duc de Luynes*, ed. L. Dussieux and E. Soulié (Paris 1860-1865), viii.256-61.

at Sceaux in around 1714.[4] Episodic in structure, the poem is at once a tribute to the bravery of the French soldiers and a eulogy of Louis XV, who himself was present at the battle.[5] Voltaire had been appointed historiographer royal in 1745, and would no doubt have considered it his duty to write such a poem in celebration of the victory, but he was specifically asked to do so by the duchesse du Maine herself (see line 5), who in all likelihood wanted Voltaire to praise her son, who had participated in the battle. This he did (lines 1 and 27), and sent it to her before 20 July, on which date Mme Du Châtelet in turn sent it to the comte d'Argenson (D3552, D3554).

Voltaire was in Paris on 4 July, when he mentioned 'la nouvelle de vos brillants succès' in a letter to d'Argenson, at that time minister for foreign affairs (D3550). The duc de Luynes records that official reports of the battle first reached the court at Versailles on 5 July. He describes the arrival of 'M. de Cabanac, premier page de l'écurie', and how everyone present assembled in the cour des princes to hear the despatch read out. Later the same day a courier arrived from d'Argenson giving further details.[6] These early reports contained the names of almost all those mentioned by Voltaire as having been killed or wounded in the battle. A fuller account reached Versailles on 7 July. From the additional names of casualties given there but not mentioned in the poem we can assume that the poem is largely based on the earliest reports. News of French successes in Italy reached Paris at the same time as reports from Lauffeldt, and these too are celebrated by Voltaire.

The poem must have been written almost on the spot as Voltaire heard the news. He would have heard first-hand accounts from those at Versailles, indeed he may have been present himself. In addition the substantial report published almost immediately in the *Mercure* would have furnished him with the information he

[4] See D40, and R. Pomeau *et al.*, *Voltaire en son temps*, 2nd edn (Oxford 1995), i.63.

[5] See also Voltaire's *Panégyrique de Louis XV*, below in this volume.

[6] *Mémoires du duc de Luynes*, viii.257-61.

needed. [7] The poem is not without merit; it is more than a 'liste de héros' (line 88). Although Voltaire keeps close to his theme, he allows himself the freedom of bringing in references to the classics, to Boileau, and to the worlds of painting and English politics, as well as critical reflections on censorship in France, on the Académie française, and on the dangers of writing panegyrics. This variety is enhanced at one point by a dexterous shift of the voice of the poem from that of the author to that of an imaginary critic (line 87). Such variety is no mean accomplishment in this kind of official poetry.

Voltaire was no novice in this genre, as is evidenced by the great success of his *Bataille de Fontenoy* (1745). [8] He was moreover writing in a literary tradition, going back to Addison's *The Campaign* (1704) and Boileau's fourth *Epître* (*Le Passage du Rhin*). [9] The Lauffeldt poem is in a sense a less elaborate *Bataille de Fontenoy*. Here Voltaire greatly reduces the poetic embellishments of the *Bataille* (and of *La Henriade* for that matter), [10] and concentrates on the accurate expression of facts. Once again, he is writing history in verse.

This sparing use of decoration may be one of the reasons why the poem was not well received. Writing in his *Nouvelles littéraires* soon after the battle, the abbé Raynal objected to the poem's content, its structure, and its style:

Le premier homme de la littérature française, M. de Voltaire, vient de célébrer nos derniers succès de Flandre. Lorsqu'il faisait de bons vers, il

[7] The July issue of the *Mercure* contained four pieces on the battle and its aftermath: a letter from the king to the archbishop of Paris (p.144-46); a prayer by the archbishop, praising God and Louis for the victory (p.147-49); a similar contribution from cardinal de Tencin, archbishop of Lyon (p.149-50); and a full description of the 'Operations de l'armée du roi' (p.155f).

[8] See M.viii.371-72.

[9] See the 'Discours préliminaire' to the *Bataille de Fontenoy*, where Voltaire discusses both these works (M.viii.376, 378-82), and lines 15-22 of the present poem, where he acknowledges the difficulty that Boileau experienced (*Epître* iv) in incorporating Germanic place-names into French verse.

[10] A few traces remain: e.g. 'Bellone' (line 65), 'Mars' (line 69), 'Anges des cieux' (line 75).

déchirait sa patrie; il lui consacre maintenant des vers vides et languissants. Son ouvrage est une épître à Mme la duchesse du Maine: le style en est prosaïque, les pensées triviales, la contexture irrégulière. Il n'y a ni plan, ni tour, ni force, ni délicatesse dans cet avorton; vous n'y trouverez de supportable [...] que quelques vers de sentiment sur M. de Boufflers. [11]

Writing to Mme Du Deffand in July of that year, Mme de Staal similarly exclaimed: 'Je suis surprise que Voltaire ait donné au public ses vers sur la dernière bataille. Comment n'a-t-il pas senti qu'ils sont indignes de lui?' [12]

Unworthy or not, the poem has lived on, and has been translated into English and Portuguese.

The text

An undated manuscript in Voltaire's hand is to be found in his library at St Petersburg (MS I). The poem was first published in the separate edition 47A and in the *Mercure de France* of August 1747 (MF). [13] Two other separate printings exist: one (47B) bears no information as to place and date of publication, the other (47C) lacks a title page and is undated. The *Mercure de France* text and 47B were published 'more or less simultaneously' (D3552, textual notes); 47C probably dates also from the same year. The poem entered Voltaire's collected works with the Walther Dresden edition of 1748.

The poem falls into two textual traditions: (1) that of MS I, MF, 47A, 47B, 47C, 48R, W50, W51 and W64R, which, with a few slight

[11] *CL*, i.71. On the duc de Boufflers, see lines 61-66.

[12] *Correspondance complète de la marquise Du Deffand* (Geneva 1989), i.87 (reprint of the Paris 1865 edition).

[13] The July issue of the *Mercure* contained four pieces on the battle and its aftermath: a letter from the king to the archbishop of Paris (p.144-46); a prayer by the archbishop, praising God and Louis for the victory (p.147-49); a similar contribution from cardinal de Tencin, archbishop of Lyon (p.149-50); and a full description of the 'Operations de l'armée du roi' (p.155f.).

changes among themselves, give two substantive variants (lines 23-26 and 49-50) and several minor ones; and (2) that of w48D, w52, w56, w57G, w57P, w64G, w68, w70G, w70L, w75G and K. w51 follows w50 in including both versions of lines 23-26 along with minor variants to lines 26, 89 and 90; 47A and MF end at line 102. As the combined authority of the later editions outweighs that of MS1, w75G, the last edition to be revised by Voltaire, is taken as the base text.

Manuscript

MS1

Lettre a son altesse serenissime Madame La Duchesse du Maine sur La victoire Remportée par Le Roy a Laufelt.

A holograph, undated, 10 p. (unnumbered).

St Petersburg: GpbVM, ii.178-81.

Editions

47A

LETTRE / A SON ALTESSE SERENISSIME / *MADAME* / LA DUCHESSE DU MAINE, / *Sur la Victoire remportée par le ROI,* / *à* LAVFELT. / PAR M. DE V***, / [*ornament*] / *A LYON,* / De l'Imprimerie d'AYME' DELAROCHE, Imprimeur- / Libraire ordinaire de Mgr. le Duc de VILLEROY, / de la Ville & du Gouvernement. / [*double line*] / M. DCC. XLVII. / *AVEC PERMISSION.* /

8°. 8 p. (1st 2 unnumbered); the 'approbation' reads: A Lyon, ce 28 Juillet 1747. DELAFFRASSE.

Bengesco 779 (i.231).

Paris, BnF: Rés. Z Beuchot 427.

MF

Mercure de France (Paris 1747), August 1747.

P.25-29, *Epître. Sur la victoire remportée par le roi à Lawfelt.*

47B

EPISTRE / SUR / LA VICTOIRE REMPORTÉE / *par le Roi à Lavfeld.* / [*monogram composed of four 'W's*] /

4. Sig. Aij. 8 p. (1st 3 unnumbered).

Bengesco 779 (i.231).

Paris, BnF: Ye 2744 and Rés. Z Beuchot 269.

47C

[*No titlepage*] LETTRE / DE MONSIEUR / DE VOLTAIRE, / A S.A.S. MADAME / LA DUCHESSE / DU MAINE, / *Sur la Victoire remportée par le Roy à Lawffelt.* / A METZ, / Chés JEAN ANTOINE, Imprimeur & Marchand / Libraire, au Coin de la Place d'Armes. / [*rule*] / AVEC PERMISSION. /

4°. 4 p. (1st page unnumbered).

Not mentioned by Bengesco.

Paris, BnF: 4° Ye 332.

W48D (1750)

Œuvres de M. de Voltaire. Dresde: Walther, 1748-1754. 10 vol. 8°.

Produced with Voltaire's participation.

Volume ix (1750), p.191-95, 'Lettre à son altesse sérénissime mad. la duchesse du Maine, sur la victoire remportée par le roi à Laufelt'.

Bengesco 2129 (iv.31-38); Trapnell 48D; BnC 28-35.

Oxford, Taylor. Paris, BnF: Rés. Z Beuchot 12 (9).

48R

La Henriade, où sont joints les Poèmes sur la bataille de Fontenoy, et l'Epître à son altesse madame la duchesse du Maine, sur celle de Laufelt, gagnées par Louis XV, Les 11 Mai 1745 et 2 Juillet 1747. Avec des figures en taille-douce et les plans et les représentations de ces batailles. Amsterdam: Compagnie [Rouen: Machuel], 1748. 8°.

P.259-63, 'Epître de M. de Voltaire à son altesse mad. la duchesse du Maine, sur la bataille de Laufeldt, gagnée par Louis XV. Le 2 juillet 1747'.

Bengesco 376 (i.107); Trapnell 48R; BnC 27.

Paris, BnF: Ye 35029; Y. 5452.

w50 (1751)

La Henriade et autres ouvrages. Londres [Rouen] Société, 1750-1752. 10 vol. 12°.

No evidence of Voltaire's participation.

Volume iii (1751), p.392-96, 'Epître à son altesse sérénissime mad. la duchesse du Maine, sur la bataille de Laufeldt, gagnée par Louis XV. Le 2 juillet 1747'. (Between pages 392 and 393 is a detailed map of the battle.)

Bengesco 2130 (iv.38-42); Trapnell 50R; BnC 39.

Geneva, ImV: A 1751/1 (3). Grenoble, Bibliothèque municipale.

w51

Œuvres de M. de Voltaire. [Paris: Lambert], 1751. 11 vol. 12°.

Based on w48D, with additions and corrections. Produced with the participation of Voltaire.

Volume iii, p.246-50, 'Epître à son altesse sérénissime mad. la duchesse du Maine, sur la bataille de Laufeldt gagnée par Louis XV. Le 2 juillet 1747'.

Bengesco 2131 (iv.42-46); Trapnell 51P; BnC 40-41.

Oxford, Taylor: V1 1751 (3). Paris, Arsenal: 8° B 13057; BnF: Rés. Z Beuchot 13 (3).

w52

Œuvres de M. de Voltaire. Dresde: Walther, 1752-1770. 9 vol. 8°.

Based on w48D with revisions. Produced with the participation of Voltaire.

Volume iii, p.233-36, 'Lettre à son altesse sérénissime mad. la duchesse du Maine, sur la victoire remportée par le roi à Laufelt'.

Bengesco 2132 (iv.46-50); Trapnell 52; BnC 36-38.

Oxford, Taylor: V1. 1752. Paris, BnF: Rés. Z. Beuchot 14 (3). Vienna, Österreichische Nationalbibliothek: *38 L 1.

w56

Collection complette des œuvres de Mr. de Voltaire. [Genève: Cramer], 1756. 17 vol. 8°.

The first Cramer edition. Produced under Voltaire's supervision.

Volume ii, p.294-98, 'Lettre à son altesse sérénissime mad. la duchesse du Maine, sur la victoire remportée par le roi à Laufelt'.

Bengesco 2133 (iv.50-63); Trapnell 56; BnC 55-56.

Paris, Arsenal: 8° B 34 048 (10); BnF: Z 24577.

w57G1

Collection complette des œuvres de Mr. de Voltaire. [Genève: Cramer], 1757. 10 vol. 8°.

A revised edition of w56, produced with Voltaire's participation.

Volume ii, p.294-98, 'Lettre à son altesse sérénissime mad. la duchesse du Maine, sur la victoire remportée par le roi à Laufelt'.

Bengesco 2134 (iv.63); Trapnell 57G; BnC 67.

Paris, BnF: Rés. Z Beuchot 21 (2).

w57G2

A reissue of w57G1.

Volume ii, p.294-98, 'Lettre à son altesse sérénissime mad. la duchesse du Maine, sur la victoire remportée par le roi à Laufelt'.

Paris, BnF: Rés. Z Beuchot 20. St Petersburg, GpgbVM 11-74.

w57P

Œuvres de M. de Voltaire. [Paris: Lambert], 1757. 22 vol. 12°.

Based in part upon w56 and produced with Voltaire's participation.

Volume vi, p.82-85, 'Epître à son altesse sérénissime mad. la duchesse du Maine, sur la victoire remportée par le roi à Laufelt'.

Bengesco 2135 (iv.63-68); Trapnell 57P; BnC 45-54.

Paris, BnF: Z. 24644.

oc61

Œuvres choisies de M. de Voltaire. Avignon: Giroud, 1761. 1 vol. 12°.

P.93-97, 'Epître à S.A.S. mad. la duchesse du Maine, sur la victoire remportée par le roi à Laufelt'.

Bengesco 2182, 2206 (iv.205, 225); Trapnell 61A; BnC 430-33.

Paris, BnF: Rés. Z Beuchot 53.

w64G

Collection complette des œuvres de M. de Voltaire. [Genève: Cramer], 1764. 10 vol. 8°.

A revised edition of w57G produced with Voltaire's participation.

Volume ii, p.314-18, 'Lettre à son altesse sérénissime mad. la duchesse du Maine, sur la victoire remportée par le roi à Laufelt'.

Bengesco 2133 (iv.60-63); Trapnell 64; BnC 89.

Oxford, Merton College; Taylor: V1 1764 (4); VF.

w64R

Collection complette des œuvres de M. de Voltaire. Amsterdam: Compagnie [Rouen: Machuel], 1764. 22 tomes in 18 vol. 12°.

Volumes i-xii were produced and belong to the edition suppressed by Voltaire (w48R).

Volume xii, p.313-17, 'Epître de M. de Voltaire à son altesse mad. la duchesse du Maine, sur la bataille de Laufeldt, gagnée par Louis XV. Le 2 juillet 1747'. (Between pages 313 and 314 is a map of the battle.)

Bengesco 2136 (iv.28-31); Trapnell 64R; BnC 145-48.

Paris, BnF: Rés. Z Beuchot 26 (12).

w70G

Collection complette des œuvres de M. de Voltaire. [Genève: Cramer], 1770. 10 vol. 8°.

A new edition of w64G with few changes.

Volume ii, p.314-18, 'Lettre à son altesse sérénissime mad. la duchesse du Maine, sur la victoire remportée par le roi à Laufelt'.

Bengesco 2133 (iv.60-63); Trapnell 70G; BnC 90-91.

Oxford, Taylor: V1 1770G/1. Paris, Arsenal: 8 BL 34054.

w68 (1771)

Collection complette des œuvres de M. de Voltaire. [Genève: Cramer; Paris: Panckoucke], 1768-1777. 30 vol. 4°.

Volumes i-xxiv were produced by Cramer under Voltaire's supervision; based upon w64G.

Volume xviii (1771), p.387-90, 'Lettre à son altesse sérénissime mad. la duchesse du Maine, sur la victoire remportée par le roi à Laufelt'.

Bengesco 2137 (iv.73-83); Trapnell 68; BnC 141-44.

Oxford, Taylor; VF.

w71P (1771)

Œuvres de M. de V***. Neufchatel [Paris, Panckoucke], 1771. 6 vol. 12°.

Volume iii (1771), p.381-84, 'Epître à son altesse sérénissime mad. la duchesse du Maine, sur la victoire remportée par le roi à Laufelt'.

Reproduces the text of w68; no evidence of Voltaire's participation.

BnC 152.

Paris, Bn: Z 24792.

w70L (1772)

Collection complette des œuvres de M. de Voltaire. Lausanne: Grasset, 1770-1781. 57 vol. 8°.

Some volumes, particularly the theatre, were produced with Voltaire's participation.

Volume xxiii (1772), p.202-206, 'Lettre à son altesse sérénissime mad. la duchesse du Maine, sur la victoire remportée par le roi à Laufelt'.

Bengesco 2138 (iv.83-89); Trapnell 70L; BnC 149 (1-6, 14-21, 25).

Lausanne, Bibliothèque cantonale et universitaire. Oxford, Taylor: V1 1770 L (23).

w72X

Collection complette des œuvres de M. de Voltaire. [Genève: Cramer?], 1772. 10 vol. 8°.

A new edition of w70G, probably printed for Cramer. No evidence of Voltaire's participation.

Volume ii, p.275-78, 'Lettre à son altesse sérénissime mad. la duchesse du Maine, sur la victoire remportée par le roi à Laufelt'.

Bengesco 2133 (iv.60-63); Trapnell 72x; BnC 92, 105.

Oxford, Taylor: V1 1770G/2 (2). Paris, BnF: 16° Z 15081.

W72P (1773)

Œuvres de M. de V.... Neufchâtel [Paris: Panckoucke], 1771-1777. 34 or 40 vol. 8° and 12°.

Reproduces the text of w68. No evidence of Voltaire's participation.

Volume xiv (1773), p.222-25, 'Lettre à son altesse sérénissime mad. la duchesse du Maine, sur la victoire remportée par le roi à Laufelt'.

Bengesco 2140 (iv.91-94); Trapnell 72P; BnC 152-57.

Paris, Arsenal: Rf. 14095; BnF: Z 24809.

W71 (1774)

Collection complette des œuvres de M. de Voltaire. Genève [Liège: Plomteux], 1771-1777. 32 vol. 8°.

Reproduces the text of w68. No evidence of Voltaire's participation.

Volume xviii (1774), p.329-31, 'Lettre à son altesse sérénissime mad. la duchesse du Maine, sur la victoire remportée par le roi à Laufelt'.

Bengesco 2139 (iv.89-91); Trapnell 71; BnC 151.

Oxford, Taylor, VF.

W75G

La Henriade, divers autres poèmes et toutes les pièces relatives à l'épopée. Genève [Cramer & Bardin], 1775. 37 [40] vol. 8°.

The *encadrée* edition, produced at least in part under Voltaire's supervision. The base text of the present edition.

Volume xii, p.390-93, 'Lettre à son altesse sérénissime mad. la duchesse du Maine, sur la victoire remportée par le roi à Laufelt'.

Bengesco 2141 (iv.94-105); Trapnell 75G; BnC 158-61.

Oxford, Taylor: V1 1775 (12); VF.

K

Œuvres complètes de Voltaire. [Kehl] Société littéraire-typographique, 1784-1789. 70 vol. 8°.

Volume xiii (1784), p.138-42, 'Epître à son altesse sérénissime mad. la duchesse du Maine, sur la victoire remportée par le roi à Laufelt 1747'.

Bengesco 2142 (iv.105-106); BnC 164-193.

Oxford, Taylor: V1 1785/2 (13); VF. Paris, BnF: Rés. p. Z. 2209 (13).

Translations

English

In *The Works of M. de Voltaire*. Translated from the French. With notes, historical and critical by T. Smollett [...], T. Franklin [...] *et al.* 35 vol. (London 1761-1765), xxxiii.244-48.

Portuguese

Francisco Manoel de Nascimento, *Obras completas de Filinto Elysio* [pseud.], 11 vol. (Paris 1817-1819), xi.240-44.

Principles of this edition

The base text is w75G. Editions collated: MS1, MF, 47A, 47B, W48D, W51, W52, W56, W57G1, W57G2, W57P, W64G, W70G, W68, W70L and K.

Treatment of the base text

The following aspects of orthography, grammar and presentation in the base text have been modified to conform to present-day usage:

I. Spelling

1. Consonants

– *p* was not used in: tems.
– *t* was not used in the syllable ending -*ans*: brillans, Donnans (see under grammar), enfans.
– a single consonant was used in: couroux, falu.
– a double consonant was used in: allarmes.
– the archaic form *faulx* was used.

2. Vowels

– *y* was used in place of *i* in: ayeux, satyre, satyrique.[14]

II. Accents

1. The acute accent

– was used instead of the grave in: siécle.

2. The circumflex accent

– was used in: toûjours.
– was not used in: épitres.

III. Capitalisation

1. Initial capitals

– were attributed to: Dieu des allarmes, Dieu des vers.
– were attributed to adjectives denoting nationality: Française.
– were not attributed to: académie (i.e. Académie Française), état.

2. Full capitals

– were attributed to the first ten words of the title.
– were attributed to: LOUIS (but also: Louïs).

IV. Abbreviations

– madame, monsieur were abbreviated: Mad., Mr.

V. Point of grammar

– the present participle was inflected: Donnans.

VI. Various

– the ampersand was used.
– presqu'autant was elided.

---

[14] The poetical form *encor* has been retained.

LETTRE
À SON ALTESSE SÉRÉNISSIME
MADAME LA DUCHESSE DU MAINE,
SUR LA VICTOIRE REMPORTÉE PAR LE ROI
À LAUFELT

Auguste fille et mère de héros,[1]
Vous ranimez ma voix faible et cassée,
Et vous voulez que ma muse lassée,
Comme Louis ignore le repos.[2]
D'un crayon vrai, vous m'ordonnez de peindre   5
Son cœur modeste, et ses brillants exploits,
Et Cumberland, que l'on a vu deux fois[3]
Chercher ce roi, l'admirer et le craindre:
Mais des bons vers l'heureux temps est passé;
L'art des combats est l'art où l'on excelle:
Notre Alexandre en vain cherche un Apelle;[4]   10

a-e   MF, 47B: Epître sur la victoire remportée par le roi à Lavfeld
a   W50, W51, W57P, W71P, K: Epître
d-e   W51: sur la bataille de Laufeldt gagnée par Louis XV. Le 2 juillet 1747.
e   K: Laufelt. 1747.

[1] The duchesse du Maine (Louise-Bénédicte de Bourbon-Condé) was the daughter of Henri-Jules de Condé, known as Monsieur le Prince, son of the Grand Condé; she had two sons, the prince de Dombes and the comte d'Eu, both lieutenant-generals. The latter took part in the battle of Lauffeldt.
[2] An allusion to the fact that Louis XV campaigned with the army in Flanders in the summer of 1747; cf. *Précis*, ch.26, and *Guerre de 1741*, ch.24.
[3] William Augustus, duke of Cumberland, third son of George II (1721-1765), was defeated by Saxe at Fontenoy as well as Lauffeldt.
[4] Apelles (4th cent. BC), the most famous painter of ancient Greece, who painted several portraits of Alexander the Great.

Louis s'élève, et le siècle est baissé.
De Fontenoi le nom plein d'harmonie
Pouvait au moins seconder le génie:
Boileau pâlit au seul nom de Voërden;[5]   15
Que dirait-il, si non loin d'Helderen,[6]
Il eût fallu suivre entre les deux Nethes[7]
Bathiani si savant en retraites,[8]
Avec d'Estrée[9] à Rosmal[10] s'avancer?
La gloire parle, et Louis me réveille;   20
Le nom du roi charme toujours l'oreille;

15 MS1, MF, 47B, W51: de Narden;

[5] It will be remembered that in *Epître* IV Boileau mocks cacophonous Germanic place-names, as does Voltaire in *Candide*, ch.2. On Woerden and its variant Naarden (both in the Netherlands), cf. *Epître* IV, 11-12: 'Et qui peut, sans fremir, aborder Woerden? / Quel Vers ne tomberoit au seul nom de Heusden', of which the last hemistich originally read: 'au seul nom de Narden' (Boileau, *Œuvres complètes*, Bibliothèque de la Pléiade, Paris 1966, p.113, 960).

[6] Herderen, near Lauffeldt. The high ground around the village was strategically prominent during the battle; see *Mémoires du duc de Luynes*, viii.259.

[7] The Nèthe, river in Belgium, formed by the confluence of the Grande Nèthe and the Petite Nèthe.

[8] Charles-Joseph, marshal Battyani, led the Austrian troops at the battle of Lauffeldt. The duc de Luynes records that 'les Autrichiens avaient été, comme à leur ordinaire, spectateurs bénévoles' (viii.257). D'Argenson's bulletin was even less generous: 'on a marché au corps des Autrichiens, commandé par M. de Bathiany, qui jusque-là était resté en panne sur la hauteur', adding in a note, 'Les Autrichiens, forts de quarante mille hommes, battirent en retraite'. Cf. *Précis*, ch.26, *Guerre de 1741*, ch.24, and Luynes, viii.260.

[9] Louis-Charles-César Le Tellier, comte, then duc d'Estrées (1695-1771), fought at Fontenoy and Raucoux, as well as Lauffeldt; cf. *Précis*, ch.15, 18, 26, and *Guerre de 1741*, ch.15-16, 20, 24. Of his service at Lauffeldt the duc de Luynes records: 'M. le comte d'Estrées, qui avait emporté le village de Vilre, a chargé la cavalerie ennemie qu'il a trouvée sur son chemin, et leur a fait beaucoup de prisonniers' (viii.260).

[10] Rosmalen.

Mais que Laufelt est rude à prononcer!
Et quel besoin de nos panégyriques,
Discours en vers, épîtres héroïques,
Enregistrés, visés par Crébillon, (*a*)[11]   25
Signés (*b*) Marville,[12] et jamais Apollon?
De votre fils[13] je connais l'indulgence;
Il recevra sans courroux mon encens;
Car la bonté, la sœur de la vaillance,
De vos aïeux passa dans vos enfants;   30
Mais tout lecteur n'est pas si débonnaire;

(*a*) M. Crébillon de l'Académie française, examinateur des écrits en une feuille présentés à la police.

(*b*) M. Feydeau de Marville alors lieutenant de police.

23-26 MSI, 47A-B:
     Puis, quand ma voix par ses faits enhardie,
     L'aurait chanté sur le plus noble ton,
     Qu'aurais-je fait? blesser sa modestie
     Sans ajouter à l'éclat de son nom.
23 w51: Eh, quel
n.*a* MSI, MF, 47B, W51: [*absent*]
26-27 W51: [*inserts the above variant to lines 23-26*]
26 w51: et plus bas, Apollon?
n.*b* MSI, MF, 47B, W51: [*absent*]
28 MSI, MF, 47B, W51: Il agréera mon inutile encens,
    47A: Il recevra mon inutile encens,

[11] Prosper Jolyot de Crébillon (1674-1762) was elected to the Académie française (1731), appointed royal censor (1733), and then police censor (1735). Voltaire had harmonious relations with him until 1742; see P. M. Conlon, *Voltaire's literary career from 1728 to 1750*, *SVEC* 14 (1961), p.170-75.

[12] As head of the Paris police, Claude-Henri Feydeau de Marville was involved with the censorship of some of Voltaire's works (D2634, D2752, commentary).

[13] Louis-Charles de Bourbon, comte d'Eu (1701-1775), fought at Dettingen and Fontenoy as well as at Lauffeldt; cf. *Précis*, ch.10, 15, *Guerre de 1741*, ch.7, 15, and *La Bataille de Fontenoy*, line 36.

Et si j'avais, peut-être téméraire,
Représenté vos fiers carabiniers [14]
Donnant l'exemple aux plus braves guerriers;
Si je peignais ce soutien de nos armes,   35
Ce petit-fils, ce rival de Condé, [15]
Du dieu des vers si j'étais secondé,
Comme il le fut par le dieu des alarmes;
Plus d'un censeur, encor avec dépit,
M'accuserait d'en avoir trop peu dit.   40
Très peu de gré, mille traits de satire,
Sont le loyer de quiconque ose écrire;
Mais pour son prince il faut savoir souffrir:
Il est partout des risques à courir;
Et la censure, avec plus d'injustice,   45
Va tous les jours acharner sa malice
Sur des héros, dont la fidélité
L'a mieux servi, que je ne l'ai chanté. [16]
Allons, parlez, ma noble Académie,

49-50   MS1, 47A-B, W51:
        Auteurs du temps, rompez donc le silence,
        Osez sortir d'une morne indolence,
        Quand Louis vole à des périls nouveaux;
        Si les Latours ainsi que les Vanloos [17]

[14] On the French 'carabiniers', or cavalry soldiers armed with carbines or muskets, cf. *Mémoires du duc de Luynes*, viii.260. In a note to *La Bataille de Fontenoy*, Voltaire remarked: 'Carabiniers, corps institué par Louis XIV. Ils tirent avec des carabines rayées' (M.viii.389).

[15] The reference is to the great-grandson of the Grand Condé, Louis de Bourbon-Condé, comte de Clermont and prince du sang (1709-1771), who commanded the principal attacks of the sieges of Ypres (June 1744), Furnes (July 1744), and Namur (September 1746), and distinguished himself at Raucoux (October 1746) as well as at Lauffeldt; cf. *Précis*, ch.11, 18; *Guerre de 1741*, ch.10, 20; and Luynes, viii.259-60.

[16] On Voltaire and the censorship, see Peter Gay, *Voltaire's politics; the poet as realist* (New York 1965), p.69-76.

[17] Maurice Quentin de La Tour and Carle Van Loo both painted portraits of Louis XV.

Sur vos lauriers êtes-vous endormie? [18]   50
Représentez ce conquérant humain,
Offrant la paix, le tonnerre à la main:
Ne louez point, auteurs, rendez justice;
Et comparant aux siècles reculés
Le siècle heureux, les jours dont vous parlez,   55
Lisez César, vous connaîtrez Maurice. (c)
Si de l'Etat vous aimez les vengeurs,
Si la patrie est vivante en vos cœurs,
Voyez ce chef, dont l'active prudence
Venge à la fois Gènes, Parme [19] et la France;   60
Chantez Belle-Isle; [20] élevez dans vos vers
Un monument au généreux Boufflers; [21]
Il est d'un sang qui fut l'appui du trône:
Il eût pu l'être; et la faux du trépas
Tranche ses jours échappés à Bellone,   65
Au sein des murs délivrés par son bras.
Mais quelle voix assez forte, assez tendre,

(c) Maurice comte de Saxe.

Peignent ses [w51: ces] traits qu'un peuple heureux adore,
Peignez son âme, elle est plus belle encore.
n.c   MS1, 47A-W52: [absent]
60   47A: et Plaisance

[18] On Voltaire's criticism of the Académie française, of which he had been a
member since May 1746, see the *Lettres philosophiques* (xxiv) ('Sur les Académies'),
and Conlon, *Voltaire's literary career*, p.206-10.
[19] The French suffered severe reverses during the Piedmontese campaign; cf.
Précis, ch.19 (*OH*, p.1402), and *Guerre de 1741*, ch.21, p.226-27.
[20] Charles-Louis-Auguste Fouquet, comte, then maréchal-duc de Belle-Isle; the
reference is to his offensive against the Austro-Piedmontese invasion of Provence
and siege of Genoa (1747); cf. *Précis*, ch.19-21, and *Guerre de 1741*, ch.21-22.
[21] Joseph-Marie, duc de Boufflers (1706-1747), having rendered distinguished
service, died of smallpox on the very day when the Austro-Piedmontese forces
began to withdraw from Genoa; cf. *Précis*, ch.21 (*OH*, p.1417), *Guerre de 1741*,
ch.22, p.251, and Luynes, viii.263-64.

Saura gémir sur l'héroïque cendre
De ces héros que Mars priva du jour,
Aux yeux d'un roi, leur père et leur amour?   70
O vous, surtout, infortuné Bavière, [22]
Jeune Froulai, [23] si digne de nos pleurs,
Qui chantera votre vertu guerrière?
Sur vos tombeaux qui répandra des fleurs?
Anges des cieux, puissances immortelles,   75
Qui présidez à nos jours passagers,
Sauvez Lautrec [24] au milieu des dangers;
Mettez Ségur [25] à l'ombre de vos ailes;
Déjà Rocou vit déchirer son flanc:
Ayez pitié de cet âge si tendre;   80
Ne versez pas les restes de ce sang,
Que pour Louïs il brûle de répandre:
De cent guerriers couronnez les beaux jours:
Ne frappez pas Bonac et d'Aubeterre, [26]

69   MSI, MF, 47B, W51: ces guerriers que
81   K: le reste de
83   MSI, MF, 47B, W51: De cent [MF, 47B: ces] guerriers conservez [MSI, W51: courronez] les

[22] Maximilien-Emmanuel-François-Joseph, comte de Bavière, illegitimate brother of emperor Charles VII, was among the casualties of the battle of Lauffeldt. His death was reported in the first despatch received at Versailles (Luynes, viii.257). Cf. *Précis*, ch.26 (*OH*, p.1450), and *Guerre de 1741*, ch.24, p.264-65.
[23] The young marquis de Froulay, a maréchal de camp, died later from wounds sustained at Lauffeldt (Luynes, viii.260, 264). Cf. *Précis*, ch.26 (*OH*, p.1450), and *Guerre de 1741*, ch.24, p.264-65.
[24] Daniel-François de Gélas de Voisins d'Ambres, comte de Lautrec.
[25] Philippe-Henri, marquis de Ségur (1724-1801), had hardly recovered from serious wounds he received at Raucoux before his life was again threatened by the amputation of an arm as a result of injuries sustained at Lauffeldt. In 1781 he became minister of war; cf. *Précis*, ch.26 (*OH*, p.1450), *Guerre de 1741*, ch.24, p.265, and Luynes, viii.260.
[26] François-Armand d'Usson, marquis de Bonac, lost a limb at the battle of Lauffeldt, and the comte d'Aubeterre (brother of the chevalier mentioned in the *Eloge Funèbre*, line 241 and note 25) was fatally wounded; cf. *Précis*, ch.26 (*OH*, p.1450), *Guerre de 1741*, ch.24, p.265, and Luynes, viii.260.

Plus accablés sous de cruels secours,   85
Que sous les coups des foudres de la guerre.
Mais, me dit-on, faut-il à tout propos
Donnez en vers des listes de héros?
Sachez qu'en vain l'amour de la patrie
Dicte vos vers, au vrai seul consacrés;   90
On flatte peu ceux qu'on a célébrés,
On déplaît fort à tous ceux qu'on oublie.
Ainsi toujours le danger suit mes pas;
Il faut livrer presque autant de combats,
Qu'en a causé sur l'onde, et sur la terre,   95
Cette balance utile à l'Angleterre. [27]
Cessez, cessez, digne sang de Bourbon,
De ranimer mon timide Apollon,
Et laissez-moi tout entier à l'histoire;
C'est là qu'on peut, sans génie et sans art,   100
Suivre Louïs de l'Escaut jusqu'au Jart: [28]
Je dirai tout, car tout est à sa gloire:
Il fait la mienne, et je me garde bien
De ressembler à ce grand satirique, (d)
De son héros discret historien,   105

(d) Boileau.

89   w51: vain votre muse affaiblie,
90   w51: Cherche des vers
95   47A: l'onde, sur
102 MF, 47A: gloire.//
103-107 MF, 47A: [absent]
n.d MS1, 47A-w48D: [absent]

[27] The English, under Carteret, created a wide-ranging alliance against France as a result of French opposition to the accession of Maria Theresa to the throne of Charles VI and the seizure of Silesia in 1740 by Frederick II. Cf. *Précis*, ch.8 (*OH*, p.1347), and *Guerre de 1741*, ch.6, p.57.
[28] The Scheldt and the Jaar, rivers of Belgium and Holland.

Qui pour écrire un beau panégyrique
Fut bien payé, mais qui n'écrivit rien.[29]

106 MS1, 47B, W51: écrire en style véridique

[29] As joint historiographers to Louis XIV, Boileau and Racine produced a manuscript which perished in a fire in 1726; see R. Picard, 'Le "Précis historique" est-il de Racine?', *Rhl* 58 (1958), p.157-64. On 7 January 1746 Voltaire remarked to Cideville: 'J'ai la bonté de faire pour rien ce que Boyleau ne faisait pas étant bien payé' (D3306). In the *Commentaire historique* of 1776, Voltaire again wrote of himself: 'Dès qu'il eut un de ces titres d'historiographe, il ne voulut pas que ce titre fût vain, et qu'on dît de lui ce qu'un commis du trésor royal disait de Racine et de Boileau: *Nous n'avons encore vu de ces messieurs que leur signature*' (M.i.88).

204

Eloge funèbre des officiers qui sont morts dans la guerre de *1741*

Critical edition

by

Ralph A. Nablow

CONTENTS

INTRODUCTION

Voltaire had been appointed historiographer royal in 1745, and took up the writing of an *éloge* of the French soldiers who died in the War of the Austrian Succession (1740-1748)[1] as part of his duties. Although bearing the date of 1 June 1748, Voltaire's eulogy was first published in 1749, when it appeared – without the author's name – with the first printing of *Sémiramis* in May of that year.[2] Voltaire talks of it in a letter to Frederick II of *c.*10 January 1749 (D3843), in which he writes of Frederick's compositions in verse:

Pour moi Sire qui aime passionément vos vers, et qui n'en fait plus guères, je me borne à la prose en qualité de chétif historiographe. Je compte les pauvres gens qu'on a tués dans la dernière guerre, et je dis toujours vrai, à plusieurs milliers près. Je démolis les villes de la barrière hollandaise; je donne une vingtaine de batailles qui m'ennuient beaucoup; et quand tout cela sera fait je n'en ferai rien paraître, car pour donner une histoire il faut que les gens qui peuvent vous démentir soient morts.

At line 350 of the *Eloge* Voltaire reveals that in composing it he was equally motivated by the death in May 1747 of his friend Luc de Clapiers, marquis de Vauvenargues, whose health was ruined by his years of service in the French army. Voltaire greatly admired Vauvenargues, whom he mentioned in his reception speech to the French Academy.[3]

---

[1] On the War of the Austrian Succession, see *Histoire de la guerre de 1741*, ed. J. Maurens (Paris 1971), and Reed Browning, *The War of the Austrian Succession* (New York 1993); also the discussion in the *Panégyrique de Louis XV* below.

[2] On this edition, see *Sémiramis*, ed. Robert Niklaus, *OC*, vol.30A, p.82-83, 106.

[3] 'Un homme éloquent et profond s'est formé dans le tumulte des armes' (*Discours de [...] réception à l'Académie française*, 1746, *OC*, vol.30A, p.30). See further note 39 to the text.

Voltaire begins by defining his conception of the funeral oration as that of a tribute to utility and patriotism, and announcing his intention to return to the Greek custom of celebrating not only the great (which he did in his only other funeral oration, the *Éloge funèbre de Louis XV*, 1774), but the ordinary citizen who performs a useful act in the service of his country.

Oral and written reports account to a significant extent for the sources of the *Éloge*, and the factual accuracy of the references to the war is indisputable; indeed a correlation of passages in the *Éloge*, the *Précis du siècle de Louis XV* and the *Histoire de la guerre de 1741*, corroborated by a comparison with outside sources, evinces the scrupulousness of the reporting.

Voltaire uses this raw material for the purpose of illustrative examples, abandoning strict chronology in favour of random allusions to events of the war. This seemingly desultory method of composition is, as he himself puts it, in accord with the emotional sincerity of the work: 'Ne suivons ici ni l'ordre des temps ni celui de nos exploits et de nos pertes. Le sentiment n'a point de règles' (lines 285-86). Indeed the depth of feeling behind the *Éloge* is its most significant quality, for it not only lends the work an emotional unity, but affects its ideological content as well. This latter phenomenon is manifest in Voltaire's treatment of the theme of war. While he usually differentiates between defensive and offensive warfare, admitting the legitimacy only of the former, Voltaire the eulogist praises the action of his countrymen, thereby tacitly sanctioning an aggressive policy. And whereas he generally views war as an inevitable evil, fostering a glory that can only be illusory,[4] the Voltaire of the *Éloge funèbre* shifts his perspective, and, fired by patriotic feeling, presents the heroism of the French in its full colours.[5] It is true that the art of war and its tragic consequences are forcefully condemned; but what is rare in the *Éloge* is the ardour with which Voltaire becomes the extoller of

[4] See art. 'Guerre', *Dictionnaire philosophique* (*OC*, vol.36, p.185-94), and *Candide*, ch.3.

[5] For a similar treatment of the heroism of war, see the *Bataille de Fontenoy* (1745).

military glory: 'ne périssez pas tout entiers, vous guerriers qui êtes morts pour nous défendre. C'est votre sang qui nous a valu des victoires; [...] c'est à vous que nous devons une paix glorieuse, achetée par votre perte. [...] Chaque plaine, chaque ville de ces contrées est un monument de notre gloire. Mais que cette gloire a coûté!' (lines 34-36, 215-16). The theme of war aside, the note of moral and philosophical instruction underlying the *Eloge* is consonant with the main tenor of Voltaire's thought, involving as it does a restatement of his ideas on progress, his concept of social utility, his criticism of French society, and his obsession with the decline of taste and values in eighteenth-century France.

Despite its philosophical underpinnings, the *Eloge funèbre* is not a work of propaganda, but a funeral oration in the grand manner. As such it holds a special place among Voltaire's writings, and bears witness to his ability to operate most effectively in the rhetorical mode. His diction and syntax embrace devices beloved by the rhetoricians: repetition, accumulation, parallelism, anti-thesis, hyperbole, artful positioning of key words, conscious alliteration (lines 20, 59-60, 119-20), the building up of long periods. The periodic sentence is the basis of the style, and lends the work a certain orotundity that is a not too common mark of the Voltaire canon. Often, as in the opening sentence, the prose rises to a noble and sonorous dignity. Voltaire avoids undue ceremony both by the direct sincerity of his emotion and by the familiar note he strikes in the concluding address to Vauvenargues.

In *Le Siècle de Louis XIV*, speaking of Bossuet, Voltaire writes: 'Il s'était déjà donné aux oraisons funèbres, genre d'éloquence qui demande de l'imagination et une grandeur majestueuse qui tient un peu à la poésie, dont il faut toujours emprunter quelque chose, quoiqu'avec discrétion, quand on tend au sublime.'[6] With one exception, that of imagination, the *Eloge* embodies these qualities.

Voltaire's later attitude towards the genre remains ambivalent. While appreciating the beauty and sublimity of Bossuet's *oraisons*

---

[6] See the *Siècle de Louis XIV*, ch.32 (*OH*, p.1005-1006).

funèbres, he nonetheless speaks of the genre in a depreciatory tone, defining it as 'un discours d'appareil, une déclamation, un lieu commun, et souvent une atteinte à la vérité'.[7] Funeral orations, he continues, are poetic harangues, unworthy of comparison with the solid discourses of Cicero and Demosthenes. Similarly, in a letter to d'Argental, he complains of the poor quality of funeral orations since the age of Louis XIV. 'Dites moi pourquoi depuis Bossuet et Fléchier', he asks, 'nous n'avons point eu de bonne oraison funèbre? Est ce la faute des morts ou des vivants?' (18 September 1768; D15218).

Contemporary reception of the *Eloge* was favourable. In a letter to Voltaire of 7 December 1749 Frederick commented on his own and Voltaire's eulogies (D4073):

Le regret que me causait la perte de quelques amis me firent naître l'idée de leur payer au moins après leur mort un faible tribut de reconnaissance et je composai ce petit ouvrage[8] où le cœur eut plus de part que l'esprit, mais ce qu'il y a de singulier c'est que le mien est en vers et celui du poète en prose. Racine n'eut de sa vie de triomphe plus éclatant que lorsqu'il traitait le même sujet que Pradon. J'ai vu combien mon barbouillage était inférieur à votre éloge. Votre prose apprend à mes vers comme ils auraient dû s'énoncer.

The abbé Raynal also praised the depth of feeling that informs the *Eloge*: 'Il y a dans cette déclamation plus de sentiment que je ne me souviens d'en avoir jamais trouvé dans aucun panégyrique.'[9]

The text

No manuscript of the *Eloge funèbre* is extant; nor are any separate printings known to us. First published in 1749 in *La Tragédie de Sémiramis, et quelques autres pièces de littérature* (49P), the *Eloge*

---

[7] *Discours aux Welches* (1764) (M.xxv.240).

[8] The *Epître à Still, sur l'emploi du courage, et sur le vrai point d'honneur*; see *Œuvres complètes de Frédéric II, roi de Prusse*, 17 vol. (n.p. 1790), ix.71-79.

[9] *CL*, i.378. Raynal quoted in particular lines 174-89, 186-88, 327-30.

entered Voltaire's collective editions the following year in w48D. Several slight variants aside, there are three readings of the text: (1) 49P-W52, which interpolate a passage in line 288 of the present text; (2) W57G1, W57G2, W64G, W70G, W72X and W72P, which extend paragraph four (lines 45-57); (3) w56, w57P, w64R, w68, W70L, W71, W75G and K.

Editions

49P

La Tragédie de Sémiramis, et quelques autres pièces de littérature. Paris: Le Mercier et Lambert, 1749. 1 vol. 12°.

P.133-57, 'Eloge funèbre des officiers qui sont morts dans la guerre de 1741'.

Bengesco 182; BnC 1442-1446.

Paris, BnF: Yf 6695, 8° Yth 16295.

49PA

La Tragédie de Sémiramis, par M. de Voltaire, et quelques autres pièces de littérature du même auteur, qui n'ont point encore paru. Paris: Le Mercier et Lambert, 1749. 1 vol. 8°.

P. 107-25, 'Eloge funèbre des officiers qui sont morts dans la guerre de 1741'.

A provincial printing, based on 49P.

Bengesco 183 (i.46); BnC 1447.

Paris, BnF: Rés. Z Beuchot 861.

49PB

La Tragédie de Sémiramis, et quelques autres pièces de littérature. Paris: Le Mercier et Lambert, 1749. 1 vol. 8°.

P.[79]-93, 'Eloge funèbre des officiers qui sont morts dans la guerre de 1741'.

An edition based on 49P, reissued in 1750.

Oxford, Taylor: V3 S6 1750 (1) (1750 version). Paris, Bibliothèque de la Sorbonne: Rés. R 888 8° (1749 version).

w48D (1750)

Œuvres de M. de Voltaire. Dresde: Walther, 1748-1754. 10 vol. (vol.9, 1750; vol.10, 1754). 8°.

Volume ix (1750), p.121-36, 'Eloge funèbre des officiers qui sont morts dans la guerre de 1741'.

This edition was produced with Voltaire's participation.

Bengesco 2129 (iv.31-38); Trapnell 48D; BnC 28-35.

Paris, BnF: Rés. Z Beuchot 12 (9).

50P

Dissertation sur la tragédie ancienne et moderne, suivie des Mensonges imprimés, avec l'Eloge funèbre des officiers qui sont morts à la guerre de 1741. Paris, Le Mercier et Lambert, 1750. 1 vol. 12°.

P.[59]-80, 'l'Eloge funèbre des officiers qui sont morts dans la guerre de 1741'.

The text is that of 49P.

Oxford, Taylor: V8 A2 1750.

w50 (1751)

La Henriade et autres ouvrages. Londres [Rouen]: Société, 1750-1752. 10 vol. 12°.

Volume ii (1751), p.432-53, 'Eloge funèbre des officiers qui sont morts dans la guerre de 1741'.

No evidence of Voltaire's participation.

Bengesco 2130 (iv.38-42); Trapnell 50R; BnC 39.

Geneva, ImV: A 1751/1 (2).

w51

Œuvres de M. de Voltaire. [Paris: Lambert], 1751. 11 vol. 12°.

Volume ii, p.229-49, 'Eloge funèbre des officiers qui sont morts dans la guerre de 1741'.

An edition produced with Voltaire's participation.

Bengesco 2131 (iv.42-46); Trapnell 51P; BnC 40-41.

Oxford, Taylor: V1 1751 (2).

W52 (1752)

Œuvres de M. de Voltaire. Dresde: Walther, 1752-1770. 9 vol. 8°.

Volume iv (1752), p.129-44, 'Eloge funèbre des officiers qui sont morts dans la guerre de 1741'.

An edition produced with Voltaire's participation.

Bengesco 2132 (iv.46-50); Trapnell 52 (vol.1-8), 70x (vol.9); BnC 36-38.

Paris, BnF: Rés. Z Beuchot 14 (4).

W56

Collection complette des œuvres de M. de Voltaire. [Genève: Cramer], 1756. 17 vol. 8°.

Volume v, p.259-79, 'Eloge funèbre des officiers qui sont morts dans la guerre de 1741'.

The first Cramer edition, produced under Voltaire's supervision.

Bengesco 2133 (iv.50-63); Trapnell 56, 57G; BnC 55-66.

Paris, BnF: Z 24580.

W57G1

Collection complette des œuvres de M. de Voltaire. [Genève: Cramer], 1757. 10 vol. 8°.

Volume v, p.259-79, 'Eloge funèbre des officiers qui sont morts dans la guerre de 1741'.

A revised edition of W56, produced with Voltaire's participation.

Bengesco 2134 (iv.63); Trapnell 56, 57G; BnC 67-69.

Paris, BnF: Rés. Z Beuchot 21 (5).

W57G2

Collection complette des œuvres de M. de Voltaire. [Genève: Cramer], 1757. 10 vol. 8°.

Volume v, p.259-79, 'Eloge funèbre des officiers qui sont morts dans la guerre de 1741'.

A new edition of W57G1.

St Petersburg: 11-74.

W57P

Œuvres de M. de Voltaire. [Paris: Lambert], 1757. 22 vol. 12°.

Volume viii, p.423-49, 'Eloge funèbre des officiers qui sont morts dans la guerre de 1741'.

Based in part upon w56 and produced with Voltaire's participation.

Bengesco 2135 (iv.63-68); Trapnell 57P; BnC 45-54.

Oxford, Taylor: VF.

W64G

Collection complette des œuvres de M. de Voltaire. [Genève: Cramer], 1764. 10 vol. 8°.

Volume v, part 1, p.259-79, 'Eloge funèbre des officiers qui sont morts dans la guerre de 1741'.

A revised edition of w57G, produced with Voltaire's participation.

Bengesco 2133 (iv.60-63); Trapnell 64, 70G; BnC 89.

Oxford, Taylor: VF.

W64R

Collection complette des œuvres de M. de Voltaire. Amsterdam: Compagnie [Rouen: Machuel?], 1764. 22 t. in 18 vol. 12°.

Volume xvii, part 1, p.280-95, 'Eloge funèbre des officiers qui sont morts dans la guerre de 1741'.

A continuation of w48R, which was suppressed at Voltaire's request (see D3667, D3669, D3677).

Bengesco 2136 (iv.28-31); Trapnell 64R; BnC 145-148.

Paris, BnF: Rés. Z Beuchot 26 (17, 1).

W70G

Collection complette des œuvres de M. de Voltaire. [Genève: Cramer], 1770. 10 vol. 8°.

Volume v, part 1, p.259-79, 'Eloge funèbre des officiers qui sont morts dans la guerre de 1741'.

A new edition of w64G.

Bengesco 2133 (iv.60-63); Trapnell 70G; BnC 90-91.

Paris, BnF: Z 24746.

w68 (1771)

Collection complette des œuvres de M. de Voltaire. [Genève: Cramer; Paris: Panckoucke], 1768-1777. 30 vol. 4°.

Volume xv (1771), p.269-83, 'Eloge funèbre des officiers qui sont morts dans la guerre de 1741'.

The quarto edition, volumes 1-24 of which were produced by Cramer, under Voltaire's supervision; based upon w64G.

Bengesco 2137 (iv.73-83); Trapnell 68; BnC 141-144.

Oxford, Taylor: VF.

w71 (1771)

Collection complète des œuvres de M. de Voltaire. Genève [Liège: Plomteux], 1771-1777. 32 vol. 8°.

Volume xiv (1771), p.295-310, 'Eloge funèbre des officiers qui sont morts dans la guerre de 1741'.

This edition reproduces the text of w68; there is no evidence of Voltaire's participation.

Bengesco 2139 (iv.89-91); Trapnell 71; BnC 151.

Oxford, Taylor: VF.

w72x

Collection complette des œuvres de M. de Voltaire. [Genève: Cramer?], 1772. 10 vol. 8°.

Volume v, part 1, p.259-79, 'Eloge funèbre des officiers qui sont morts dans la guerre de 1741'.

A new edition of w70G, probably printed for Cramer; there is no evidence of Voltaire's participation.

Bengesco 2133 (iv.60-63); Trapnell 72x; BnC 92-110.

Paris, BnF: 16°Z 15081.

W70L (1773)

Collection complette des œuvres de M. de Voltaire. Lausanne: Grasset, 1770-1781. 57 vol. 8°.

Volume xxxi (1773), p.265-86, 'Eloge funèbre des officiers qui sont morts dans la guerre de 1741'.

Some volumes, particularly the theatre, were produced with Voltaire's participation.

Bengesco 2138 (iv.83-89); Trapnell 70L; BnC 149-150.

Oxford, Taylor: V1 1770L (31).

W72P (1773)

Œuvres de M. de V... Neufchatel [Paris: Panckoucke], 1771-1777. 34 or 40 vol. 8° and 12°.

Volume xvii (1773), p.31-58, 'Eloge funèbre des officiers qui sont morts dans la guerre de 1741'.

This edition reproduces the text of w68; there is no evidence of Voltaire's participation.

Bengesco 2140 (iv.91-94); Trapnell 72P; BnC 152-157.

Paris, BnF: Z 24812.

W75G

La Henriade, divers autres poèmes et toutes les pièces relatives à l'épopée. [Genève: Cramer & Bardin], 1775. 37 vol. (40 vol. with the *Pièces détachées*). 8°.

Volume xxxiii, p.331-47, 'Eloge funèbre des officiers qui sont morts dans la guerre de 1741'.

The *encadrée* edition, produced at least in part under Voltaire's supervision. It provides the base text of the present edition.

Bengesco 2141 (iv.94-105); Trapnell 75G; BnC 158-161.

Oxford, Taylor: VF.

K84

Œuvres complètes de Voltaire. [Kehl]: Société littéraire-typographique, 1784-1789. 70 vol. 8°.

Volume xlvii (1784), p.52-70, 'Eloge funèbre des officiers qui sont morts dans la guerre de 1741'.

The first issue of the Kehl edition, based in part upon Voltaire's manuscripts.

Bengesco 2142 (iv.105-146); BnC 164-193.

Oxford, Taylor: VF.

Translation

English

The Works of M. de Voltaire. Translated from the French. With notes, historical and critical. By T. Smollett [...] T. Francklin [...] and others, 35 vol. (London 1761-1765), xvi.133-54.

Principles of this edition

The base text is the *édition encadrée* (w75G), the last edition revised by Voltaire. The collation takes account of 49P, w48D, w51, w52, w56, w57G1, w57G2, w57P, w64G, w70G, w68, w70L and K.

Treatment of the base text

The punctuation of the base text has been retained with the following exceptions: a comma before a bracket has been placed after (lines 23, 74), a comma before a quotation has been replaced by a colon (lines 28, 212), and a colon has been replaced by a semi-colon for the sake of sense (line 318). The use of italic for proper nouns has not been retained. With these reservations, and the amendment of a misprint ('ds ceux', line 22), the text of the *édition encadrée* has been reproduced without change. The following aspects of orthography, grammar and presentation in the base text have been modified to conform to present-day usage:

I. Spelling

1 Consonants

- *p* was not used in: tems, nor in its compound: longtems.
- *t* was not used in the syllable endings -*ans* and -*ens*: assiégeans, enfans, événemens, frappans, habitans, intéressans, momens, monumens, mourans, palpitans, parens, rafinemens, retranchemens, sanglans, sentimens, vivans.
- a single consonant was used in: poura, rafinemens.
- double consonants were used in: appellez, jetta, jetter, rejetton.
- archaic forms were used in: boulevarts, étendarts, hazard, hazardeuse, promt.

2. Vowels

- *i* was used in place of *y* in: Sibarites.
- *y* was used in place of *i* in: enyvrement, enyvrés.
- the archaic form *encor* was used (but also: encore).

II. Accents

1. The acute accent

- was used in place of the grave in: éléverai, légéreté, régne, siécle, siége, siéges.

2. The grave accent

- was not used in: déja.
- was used instead of the circumflex in: Gènes.

3. The circumflex accent

- was used in: cîme, extrêmités, toûjours.
- was not used in: ame, ames, grace, graces, infame, plait, théatre.

4. The dieresis

- was used in: poësie.

III. Capitalisation

- an initial capital was not attributed to: état.
- full capitals were attributed to: DIEU.

IV. Abbreviations

- monsieur was abbreviated: Mr.

V. Hyphenation

- the hyphen was used in: C'est-là, ceux-mêmes, gardes-françaises, genre-humain, grands-hommes, par-là.
- the hyphen was missing in: doivent ils, savons nous.

VII. Points of grammar

- the past participle agreed with *en*: éprouvés (line 166).
- on one occasion the past participle did not agree with the preceding direct object: vu (line 356).
- the adverbial -*s* was used in: guères, jusques.
- the plural in -*x* was used in: loix.
- the cardinal number *cent* was invariable.

VIII. Various

- the ampersand was used.
- contr'eux was elided.
- the quotations from Vauvenargues were each separated by two small ornamental discs.

ÉLOGE FUNÈBRE DES OFFICIERS QUI SONT MORTS DANS LA GUERRE DE 1741

Un peuple qui fut l'exemple des nations, qui leur enseigna tous les arts, et même celui de la guerre, le maître des Romains qui ont été nos maîtres, la Grèce enfin parmi ses institutions qu'on admire encore, avait établi l'usage de consacrer par des éloges funèbres la mémoire des citoyens qui avaient répandu leur sang pour la patrie. Coutume digne d'Athènes, digne d'une nation valeureuse et humaine, digne de nous! pourquoi ne la suivrions-nous pas? nous longtemps les heureux rivaux en tant de genres de cette nation respectable? Pourquoi nous renfermer dans l'usage de ne célébrer après leur mort que ceux qui ayant été donnés en spectacle au monde par leur élévation, ont été fatigués d'encens pendant leur vie?

Il est juste sans doute, il importe au genre humain, de louer les Titus, les Trajans, les Louis XII,[1] les Henri IV, et ceux qui leur ressemblent. Mais ne rendra-t-on jamais qu'à la dignité ces devoirs si intéressants et si chers, quand ils sont rendus à la personne; si vains quand ils ne sont qu'une partie nécessaire d'une pompe funèbre, quand le cœur n'est point touché, quand la vanité seule de l'orateur parle à la vanité des hommes, et que dans un discours composé, et dans une division forcée, on s'épuise en éloges vagues qui passent avec la fumée des flambeaux funéraires? Du moins, s'il faut célébrer toujours ceux qui ont été grands, réveillons quelquefois la cendre de ceux qui ont été utiles. Heureux sans doute (si la voix des vivants peut percer la nuit des tombeaux), heureux le magistrat immortalisé par le même organe, qui avait fait verser tant

18-19 49P-W51: discours compassé,

[1] Louis XII, 'le Père du peuple', was a popular king under whom France prospered; cf. *Essai sur les mœurs*, ch.114, which concludes: 'S'il ne fut ni un héros, ni un grand politique, il eut donc la gloire plus précieuse d'être un bon roi; et sa mémoire sera toujours en bénédiction à la postérité' (ed. R. Pomeau, Paris 1963, ii.116).

de pleurs sur la mort de Marie d'Angleterre, et qui fut digne de   25
célébrer le grand Condé![2] Mais si la cendre de Michel Le Tellier
reçut tant d'honneurs, est-il un bon citoyen qui ne demande
aujourd'hui: Les a-t-on rendus au grand Colbert, à cet homme
qui fit naître tant d'abondance en ranimant tant d'industrie, qui
porta ses vues supérieures jusqu'aux extrémités de la terre, qui   30
rendit la France la dominatrice des mers, et à qui nous devons une
grandeur et une félicité longtemps inconnue?[3]

O mémoire! ô noms du petit nombre d'hommes qui ont bien
servi l'État! vivez éternellement: mais surtout ne périssez pas tout
entiers, vous guerriers qui êtes morts pour nous défendre. C'est   35
votre sang qui nous a valu des victoires; c'est sur vos corps déchirés
et palpitants que vos compagnons ont marché à l'ennemi, et qu'ils
ont monté à tant de remparts; c'est à vous que nous devons une paix
glorieuse, achetée par votre perte. Plus la guerre est un fléau
épouvantable, rassemblant sous lui toutes les calamités et tous les   40
crimes, plus grande doit être notre reconnaissance envers ces
braves compatriotes, qui ont péri pour nous donner cette paix
heureuse, qui doit être l'unique but de la guerre, et le seul objet de
l'ambition d'un vrai monarque.

Faibles et insensés mortels que nous sommes, qui raisonnons   45
tant sur nos devoirs, qui avons tant approfondi notre nature, nos
malheurs et nos faiblesses, nous faisons sans cesse retentir nos
temples de reproches et de condamnations; nous anathématisons
les plus légères irrégularités de la conduite, les plus secrètes
complaisances des cœurs; nous tonnons contre des vices, contre   50
des défauts, condamnables il est vrai, mais qui troublent à peine la
société. Cependant quelle voix chargée d'annoncer la vertu s'est

---

[2] Namely Bossuet, who preached funeral orations on the deaths of Henriette-Marie de France (1669), Henriette-Anne d'Angleterre (1670), the great Condé (1687) and Michel Le Tellier (1686).

[3] As finance minister of Louis XIV Jean-Baptiste Colbert re-organised the economy and reconstructed commerce and industry; as minister of marine, he created a strong navy. Cf. *Le Siècle de Louis XIV*, ch.29-30; see also J. H. Brumfitt, *Voltaire historian* (Oxford 1958), p.51-53.

jamais élevée contre ce crime si grand et si universel; contre cette rage destructive qui change en bêtes féroces des hommes nés pour vivre en frères; contre ces déprédations atroces; contre ces cruautés qui font de la terre un séjour de brigandage, un horrible et vaste tombeau? 55

Des bords du Pô jusqu'à ceux du Danube, on bénit de tous côtés au nom du même Dieu ces drapeaux sous lesquels marchent des milliers de meurtriers mercenaires, à qui l'esprit de débauche, de 60 libertinage et de rapine ont fait quitter leurs campagnes; ils vont, et ils changent de maîtres: ils s'exposent à un supplice infâme pour un léger intérêt; le jour du combat vient, et souvent le soldat qui s'était rangé naguères sous les enseignes de sa patrie, répand sans remords le sang de ses propres concitoyens; il attend avec avidité le moment 65 où il pourra dans le champ du carnage arracher aux mourants quelques malheureuses dépouilles qui lui sont enlevées par d'autres mains. Tel est trop souvent le soldat: telle est cette multitude aveugle et féroce dont on se sert pour changer la destinée des empires, et pour élever les monuments de la gloire. Considérés 70 tous ensemble, marchant avec ordre sous un grand capitaine, ils forment le spectacle le plus fier et le plus imposant qui soit dans l'univers. Pris chacun à part dans l'enivrement de leurs frénésies brutales (si on en excepte un petit nombre), c'est la lie des nations.

Tel n'est point l'officier, idolâtre de son honneur et de celui de 75 son souverain, bravant de sang-froid la mort avec toutes les raisons d'aimer la vie, quittant gaiement les délices de la société pour des fatigues qui font frémir la nature; humain, généreux, compatissant,

---

57-58 W57G1, W57G2, W64G, W70G: tombeau? La violation des traités les plus solennels, la bassesse des fraudes qui précèdent l'horreur des guerres, la hardiesse des calomnies qui remplissent les déclarations; l'infamie des rapines punies du dernier supplice dans les particuliers, et louées dans les chefs des nations, le viol, le larcin, le saccagement, les banqueroutes, et la misère de mille commerçants ruinés: leurs familles errantes qui mendient vainement leur pain à la porte des publicains enrichis par ces dévastations mêmes: voilà une faible partie des crimes que la guerre entraîne après elle. Tous ces crimes sont commis sans le moindre remords. Et les ministres sacrés de la parole tonnent en chaire contre la parure des femmes, et contre des spectacles innocents et utiles! ¶Des

tandis que la barbarie étincelle de rage partout autour de lui; né
pour les douceurs de la société, comme pour les dangers de la   80
guerre; aussi poli que fier, orné souvent par la culture des lettres, et
plus encore par les grâces de l'esprit. A ce portrait les nations
étrangères reconnaissent nos officiers; elles avouent surtout que
lorsque le premier feu trop ardent de leur jeunesse est tempéré par
un peu d'expérience, ils se font aimer même de leurs ennemis. Mais   85
si leurs grâces et leur franchise ont adouci quelquefois les esprits les
plus barbares, que n'a point fait leur valeur?

Ce sont eux qui ont défendu pendant tant de mois cette capitale
de la Bohême, conquise par leurs mains en si peu de moments;[4] eux
qui attaquaient, qui assiégeaient leurs assiégeants; eux qui don-   90
naient de longues batailles dans des tranchées; eux qui bravèrent la
faim, les ennemis, la mort, la rigueur inouïe des saisons dans cette
mémorable marche, moins longue que celle des Grecs de Xénophon, mais non moins pénible et non moins hasardeuse.[5] On les a
vus, sous un prince aussi vigilant qu'intrépide, précipiter leurs   95
ennemis du haut des Alpes; victorieux à la fois de tous les obstacles
que la nature et l'art et la valeur opposaient à leur courage
opiniâtre.[6] Champs de Fontenoi,[7] rivages de l'Escaut et de la

86   49P, W48D, W52, W56-W57G2, W64G, W70G: et leurs franchises ont
92-93 K: cette marche mémorable,

[4] Prague was stormed on 26 November 1741 by the Franco-Bavarian army, aided by
a Saxon contingent; cf *Précis*, ch.6 (*OH*, p.1338-39), and *Guerre de 1741*, ch.2, p.19-20.

[5] A comparison of the French retreat from Prague on 16-26 December 1742, with
Xenophon's 'march of the ten thousand'; cf. *Précis*, ch.7, p.1342, *Guerre de 1741*, ch.5,
p.46-47, and art. 'Xénophon, et la retraite des dix-mille', *Questions sur l'Encyclopédie*
(M.xx.599-605). Voltaire possessed a copy of *La Retraite des dix mille de Xénophon,
ou l'expédition de Cyrus contre Artaxerses* (s.l.n.d.; BV3855). On Xenophon and the
retreat of about 10,000 Greek mercenaries from the Euphrates to the Greek colony of
Trapezus on the Euxine Sea, see the *Anabasis*, books III and IV.

[6] The Italian campaign of 1744 was led by Louis-François, prince de Conti (1717-
1776); cf. *Précis*, ch.9, p.1350-52, and *Guerre de 1741*, ch.9-10, p.93-95, 104-106.

[7] At the battle of Fontenoy (11 May 1745) the French army under the maréchal de
Saxe defeated the English and their allies under the duke of Cumberland; Louis XV
was present at the battle; see *Précis*, ch.15-16, and *Guerre de 1741*, ch.15-16.

Meuse teints de leur sang, c'est dans vos campagnes que leurs efforts ont ramené la victoire aux pieds de ce roi, que les nations, 100 conjurées contre lui, auraient dû choisir pour leur arbitre. Que n'ont-ils point exécuté, ces héros, dont la foule est connue à peine?

Qu'avaient donc au-dessus d'eux ces centurions et ces tribuns des légions romaines? en quoi les passaient-ils, si ce n'est, peut-être, dans l'amour invariable de la discipline militaire? Les anciens 105 Romains éclipsèrent, il est vrai, toutes les autres nations de l'Europe, quand la Grèce fut amollie et désunie, et quand les autres peuples étaient encore des barbares destitués de bonnes lois, sachant combattre, et ne sachant pas faire la guerre, incapables de se réunir à propos contre l'ennemi commun, privés du commerce, 110 privés de tous les arts, et de toutes les ressources. Aucun peuple n'égale encore les anciens Romains.[8] Mais l'Europe entière vaut aujourd'hui beaucoup mieux que ce peuple vainqueur et législateur; soit que l'on considère tant de connaissances perfectionnées, tant de nouvelles inventions; ce commerce immense et habile, qui 115 embrasse les deux mondes; tant de villes opulentes, élevées dans des lieux qui n'étaient que des déserts sous les consuls et sous les Césars; soit qu'on jette les yeux sur ces armées nombreuses et disciplinées qui défendent vingt royaumes policés; soit qu'on perce cette politique toujours profonde, toujours agissante, qui tient la 120 balance entre tant de nations.[9] Enfin la jalousie même, qui règne entre les peuples modernes, qui excite leur génie, et qui anime leurs travaux, sert encore à élever l'Europe au-dessus de ce qu'elle admirait stérilement dans l'ancienne Rome, sans avoir ni la force ni même le désir de l'imiter.[10] 125

---

[8] Voltaire also talks of the greatness of the Romans in *La Philosophie de l'histoire*, ch.50-51 (*OC*, vol.59, p.263-66).

[9] See above, *Lettre* [...] *sur la victoire remportée par le roi à Laufelt*, line 96 and note.

[10] This idea that Europe as a whole is superior to ancient Rome is also found in Voltaire's *Notebooks*: 'L'Europe plus éclairée, plus policée, plus heureuse, plus féconde en grands hommes que sous les romains. Il n'y a aucun peuple qui les égale, mais tous les hommes de l'Europe d'aujourdui sont autant au dessus de tous les hommes d'alors que Rome ancienne au dessus de Rome moderne' (*OC*, vol.81, p.405).

Mais de tant de nations en est-il une qui puisse se vanter de renfermer dans son sein un pareil nombre d'officiers tels que les nôtres? Quelquefois ailleurs on sert pour faire sa fortune, et parmi nous on prodigue la sienne pour servir; ailleurs on trafique de son sang avec des maîtres étrangers, ici on brûle de donner sa vie pour son roi; là on marche parce qu'on est payé, ici on vole à la mort pour être regardé de son maître; et l'honneur a toujours fait de plus grandes choses que l'intérêt.

Souvent en parlant de tant de travaux et de tant de belles actions, nous nous dispensons de la reconnaissance en disant que l'ambition a tout fait. C'est la logique des ingrats. Qui nous sert veut s'élever; je l'avoue: oui on est excité en tout genre par cette noble ambition, sans laquelle il ne serait point de grands hommes. Si on n'avait pas devant les yeux des objets qui redoublent l'amour du devoir, serait-on bien récompensé par ce public si ardent quelquefois et si précipité dans ses éloges, mais toujours plus prompt dans ses censures, passant de l'enthousiasme à la tiédeur, et de la tiédeur à l'oubli?

Sybarites tranquilles dans le sein de nos cités florissantes, occupés des raffinements de la mollesse, devenus insensibles à tout, et au plaisir même pour avoir tout épuisé, fatigués de ces spectacles journaliers, dont le moindre eût été une fête pour nos pères, et de ces repas continuels, plus délicats que les festins des rois; au milieu de tant de voluptés, si accumulées et si peu senties, de tant d'arts, de tant de chefs-d'œuvre si perfectionnés et si peu considérés; enivrés et assoupis dans la sécurité et dans le dédain, nous apprenons la nouvelle d'une bataille; on se réveille de sa douce léthargie, pour demander avec empressement des détails dont on parle au hasard, pour censurer le général, pour diminuer la perte des ennemis, pour enfler la nôtre: cependant cinq ou six cents familles du royaume sont ou dans les larmes ou dans la crainte. Elles gémissent, retirées dans l'intérieur de leurs maisons, et redemandent au ciel des frères, des époux, des enfants. Les paisibles habitants de Paris se rendent le soir aux spectacles, où

131 K: son pays;
132 K: son souverain;

l'habitude les entraîne plus que le goût. Et si dans les repas qui succèdent aux spectacles, on parle un moment des morts qu'on a connus, c'est quelquefois avec indifférence, ou en rappelant leurs défauts, quand on ne devrait se souvenir que de leurs pertes; ou même en exerçant contre eux ce faible et malheureux talent d'une raillerie maligne, comme s'ils vivaient encore. 160

Mais quand nous apprenons que dans le cours de nos succès, un revers tel qu'en ont éprouvé dans tous les temps les plus grands capitaines, a suspendu le progrès de nos armes, alors tout est désespéré; alors on affecte de craindre, quoiqu'on ne craigne rien en effet. Nos reproches amers persécutent jusque dans le tombeau le général dont les jours ont été tranchés dans une action malheureuse. (*a*) Et savons-nous quels étaient ses desseins, ses ressources? et pouvons-nous, de nos lambris dorés, dont nous ne sommes presque jamais sortis, voir d'un coup d'œil juste le terrain sur lequel on a combattu? Celui que vous accusez a pu se tromper: mais il est mort en combattant pour vous. Quoi? nos livres, nos écoles, nos déclamations historiques, répéteront sans cesse le nom d'un Cinégire, qui ayant perdu les bras en saisissant une barque persane, l'arrêtait encore vainement avec les dents! [11] Et nous nous bornerions à blamer notre compatriote, qui est mort en arrachant ainsi les palissades des retranchements ennemis au combat d'Exiles, quand il ne pouvait plus les saisir de ses mains blessées. [12] 165 170 175 180

Remplissons-nous l'esprit, à la bonne heure, de ces exemples de

(*a*) Le chevalier de Belle-Isle.

162 w57g1, w57g2, w64g, w70g: de leur perte; où
n.*a* 49p-w51: [*absent*]

[11] For an account of the bravery of Cynegirus, see Herodotus, vi.114. Voltaire owned a copy of Du Ryer's translations of Herodotus's histories (Paris 1713; BV1631).

[12] Louis-Charles-Armand Fouquet, chevalier and comte de Belle-Isle (brother of the *maréchal*), met his death by pulling palisades with his teeth during the attempt to storm the pass at Exilles (19 July 1747); see *Précis*, ch.22, p.1419, and *Guerre de 1741*, ch.23, p.255.

l'antiquité, souvent très peu prouvés et beaucoup exagérés; mais qu'il reste au moins place dans nos esprits pour ces exemples de vertu, heureux ou malheureux, que nous ont donnés nos con- 185
citoyens. Ce jeune Brienne, qui ayant le bras fracassé à ce combat d'Exiles, monte encore à l'escalade en disant: *Il m'en reste un autre pour mon roi et pour ma patrie*: ne vaut-il pas bien un habitant de l'Attique et du Latium? [13] et tous ceux qui, comme lui, s'avançaient à la mort, ne pouvant la donner aux ennemis, ne doivent-ils pas 190
nous être plus chers que les anciens guerriers d'une terre étrangère? n'ont-ils pas même mérité cent fois plus de gloire en mourant sous des boulevards inaccessibles, que n'en ont acquis leurs ennemis, qui en se défendant contre eux avec sûreté, les immolaient sans danger et sans peine? 195

Que dirai-je de ceux qui sont morts à la journée de Dettingue, journée si bien préparée et si mal conduite, et dans laquelle il ne manqua au général [14] que d'être obéi pour mettre fin à la guerre? Parmi ceux dont l'histoire célébrera la valeur inutile et la mort malheureuse, oubliera-t-on un jeune Boufflers, (*b*) [15] un enfant de 200
dix ans, qui dans cette bataille a une jambe cassée, qui la fait couper

(*b*) Boufflers de Remiancour, neveu du duc de Boufflers.

186 K: Le jeune
n.*b* 49P-W51: [*absent*]

[13] On the marquis de Brienne, colonel d'Artois, cf. *Précis*, ch.22, p.1419, and *Guerre de 1741*, ch.23, p.254. The remark which Voltaire attributes to him evoked the following note by the English translator of the *Éloge*: 'This would have been a noble declaration had he been fighting in defence of his country, instead of invading the dominions of another prince, in order to gratify the ambition of his sovereign' (*The Works of M. de Voltaire*, trans. T. Smollett et al., London 1761-1765, xvi.142 note).

[14] A French army, under Adrien-Maurice, maréchal and duc de Noailles (1678-1766), was defeated at Dettingen on 27 June 1743 by an Anglo-Austrian army commanded by George II. It is said that the duc de Grammont was ordered to hold Dettingen and allow himself to be attacked. This is not what he did. Cf. *Précis*, ch.10, p.1355-58, and *Guerre de 1741*, ch.7, p.73-77.

[15] On the comte de Boufflers of the house of Remiencourt, see *Précis*, ch.10, p.1357, and *Guerre de 1741*, ch.7, p.76.

sans se plaindre, et qui meurt de même; exemple d'une fermeté rare parmi les guerriers, et unique à cet âge?

Si nous tournons les yeux sur des actions, non pas plus hardies, mais plus fortunées, que de héros dont les exploits et les noms   205 doivent être sans cesse dans notre bouche! que de terrains arrosés du plus beau sang, et célèbres par des triomphes! Là s'élevaient contre nous cent boulevards qui ne sont plus. Que sont devenus ces ouvrages de Fribourg,[16] baignés de sang, écroulés sous leurs défenseurs, entourés des cadavres des assiégeants? On voit   210 encore les remparts de Namur,[17] et ces châteaux qui font dire au voyageur étonné: Comment a-t-on réduit cette forteresse qui touche aux nues? On voit Ostende, qui jadis soutenait des sièges de trois années, et qui s'est rendue en cinq jours à nos armes victorieuses.[18] Chaque plaine, chaque ville de ces contrées est un   215 monument de notre gloire. Mais que cette gloire a coûté!

O peuples heureux, donnez au moins à des compatriotes qui ont expiré victimes de cette gloire, ou qui survivent encore à une partie d'eux-mêmes, les récompenses que leurs cendres ou leurs blessures vous demandent. Si vous les refusiez, les arbres, les campagnes de   220 la Flandre prendraient la parole pour vous dire: C'est ici que ce modeste et intrépide Luttaux, (c)[19] chargé d'années et de services,

---

(c) Lieutenant-colonel des gardes, et lieutenant-général.

n.c   49P-W51: [absent]
222   49P-W51: de service,

[16] The French captured Freiburg in November 1744 after a long siege; see *Précis*, ch.12-13, p.1366-68, and *Guerre de 1741*, ch.11-12, p.111-14.

[17] The French besieged Namur in September 1746; see *Précis*, ch.18, p.1400, and *Guerre de 1741*, ch.20, p.215-16.

[18] The French capture of Ostend occurred in September 1745; see *Précis*, ch.16, p.1392, and *Guerre de 1741*, ch.16, p.165. In a note to line 309 of *La Bataille de Fontenoy* Voltaire states that Ostend was captured in 1604 by Ambrosio Spinola after a siege of over three years (M.viii.393).

[19] Etienne Le Ménestrel de Hauguel de Lutteaux was fatally wounded at the battle of Fontenoy (11 May 1745); see *Précis*, ch.15, p.1381-82, *Guerre de 1741*, ch.15, p.143-45, and *La Bataille de Fontenoy*, lines 133-36.

déjà blessé de deux coups, affaibli et perdant son sang, s'écria: *Il ne s'agit pas de conserver sa vie, il faut en rendre les restes utiles*; et ramenant au combat des troupes dispersées, reçut le coup mortel 225 qui le mit enfin au tombeau. C'est là que le colonel des gardes françaises, en allant le premier reconnaître les ennemis, fut frappé le premier dans cette journée meurtrière, et périt en faisant des souhaits pour le monarque et pour l'Etat.[20] Plus loin est mort le neveu de ce célèbre archevêque de Cambrai, l'héritier des vertus de 230 cet homme unique qui rendit la vertu si aimable. (*d*)[21]

O qu'alors les places des pères deviennent à bon droit l'héritage des enfants! Qui peut sentir la moindre atteinte de l'envie, quand sur les remparts de Tournay un de ces tonnerres souterrains qui trompent la valeur et la prudence, ayant emporté les membres 235 sanglants et dispersés du colonel de Normandie,[22] ce régiment est donné le jour même à son jeune fils,[23] et ce corps invincible ne crut point avoir changé de conducteur? Ainsi cette troupe étrangère devenue si nationale, qui porte le nom de Dillon,[24] a vu les enfants

(*d*) Le marquis de Fénélon, lieutenant-général, ambassadeur en Hollande.

n.*d* 49P-W51: [*absent*]

[20] Louis Antoine Armand, duc de Grammont, who was killed at Fontenoy; see *Précis*, ch.15, p.1379, 1381, and *Guerre de 1741*, ch.15, p.140, 143.

[21] Gabriel Jacques de Salignac, marquis de La Mothe-Fénelon (1688-1746), was French ambassador at The Hague, where Voltaire met him (D1308, D2792). He was killed at the battle of Raucoux (11 October 1746); see D3466, also *Précis*, ch.18, p.1401, and *Guerre de 1741*, ch.20, p.219. On Voltaire's favourable opinion of Salignac's uncle, the celebrated bishop of Cambrai, see the 'Catalogue des écrivains français' (*OH*, p.1161).

[22] During the siege of Tournai that preceded the battle of Fontenoy, the marquis de Talleyrand, colonel of the regiment of Normandy, was killed by an accidental explosion in his shelter-trench; see *Guerre de 1741*, ch.15, p.131-32.

[23] Gabriel-Marie de Talleyrand, comte de Périgord; see *Précis*, ch.16, p.1391, and *Guerre de 1741*, ch.16, p.163.

[24] The chevalier de Dillon was killed at Fontenoy; the reference is to his Irish brigade which fought on the side of the French; see *Précis*, ch.15, p.1384, *Guerre de 1741*, ch.15, p.149, and D.app.70.

et les frères succéder rapidement à leurs pères et à leurs frères tués   240
dans les batailles; ainsi le brave d'Aubeterre, le seul colonel tué au
siège de Bruxelles, fut remplacé par son valeureux frère.[25]
Pourquoi faut-il que la mort nous l'enlève encore?

Le gouvernement de la Flandre, de ce théâtre éternel de
combats, est devenu le juste partage du guerrier, qui, à peine au   245
sortir de l'enfance, avait tant de fois en un jour exposé sa vie à la
bataille de Rocou. (e)[26] Son père marcha à côté de lui à la tête de
son régiment, et lui apprit à commander et à vaincre; la mort qui
respecta ce père généreux et tendre dans cette bataille, où elle fut à
tout moment autour d'eux, l'attendait dans Gènes sous une forme   250
différente; c'est là qu'il a péri avec la douleur de ne pas verser son
sang sur les bastions de la ville assiégée, mais avec la consolation de
laisser Gènes libre, et emportant dans la tombe le nom de son
libérateur.[27]

De quelque côté que nous tournions nos regards, soit sur cette   255
ville délivrée, soit sur le Pô et sur le Tesin, sur la cime des Alpes,
sur les bords de l'Escaut, de la Meuse et du Danube, nous ne
verrons que des actions dignes de l'immortalité, ou des morts qui
demandent nos éternels regrets.

Il faudrait être stupide pour ne pas admirer, et barbare pour   260

(e) Le duc de Boufflers, lieutenant-général, s'était mis avec son fils âgé
de quinze ans à la tête du régiment de ce jeune homme; il avait reçu dix
coups de feu dans ses habits: il est mort à Gènes.

n.e 49P-W51: [absent]
    K: Gènes et son fils a eu son gouvernement de Flandre.

[25] The chevalier d'Aubeterre lost his life during the siege of Brussels by the
French in January 1746; see *Précis*, ch.18, p.1398, and *Guerre de 1741*, ch.20, p.208.
[26] On Joseph-Marie, duc de Boufflers (1706-1747), see *Précis*, ch.18 and 21, esp.
p.1417, and *Guerre de 1741*, ch.20 and 22, esp. p.251.
[27] On Boufflers cf. *Lettre [...] sur la victoire remportée par le roi à Laufelt*, lines 61-62
and note. The translator of the *Eloge* considered this passage to be a good example of
bathos (*Works of M. de Voltaire*, xvi.145n). The liberator of Genoa was the duc de
Richelieu; see *Epître à M. le duc de Richelieu*, *OC*, vol.30A, p.430.

n'être pas attendri. Mettons-nous un moment à la place d'une épouse craintive, qui embrasse dans ses enfants l'image du jeune époux qu'elle aime, (*f*) tandis que ce guerrier, qui avait cherché le péril en tant d'occasions, et qui avait été blessé tant de fois, marche aux ennemis dans les environs de Gênes, à la tête de sa brave 265 troupe; cet homme qui, à l'exemple de sa famille, cultivait les lettres et les armes, et dont l'esprit égalait la valeur, reçoit le coup funeste qu'il avait tant cherché, il meurt; à cette nouvelle la triste moitié de lui-même s'évanouit au milieu de ses enfants, qui ne sentent pas encore leur malheur. [28] Ici une mère et une épouse veulent partir 270 pour aller secourir en Flandres un jeune héros dont la sagesse et la vaillance prématurée lui méritaient la tendresse du dauphin, et semblaient lui promettre une vie glorieuse; elles se flattent que leurs soins le rendront à la vie, et on leur dit: Il est mort. (*g*) [29] Quel moment, quel coup funeste pour la fille d'un empereur infortuné, 275 idolâtre de son époux, son unique consolation, son seul espoir dans une terre étrangère, quand on lui dit: *Vous ne reverrez jamais l'époux pour qui seul vous aimiez la vie!* (*h*) [30]

Une mère vole sans s'arrêter en Flandre, dans les transes cruelles

(*f*) Le marquis de la Faye, tué à Gênes.
(*g*) Le comte de Froulai.
(*h*) Le comte de Bavière.

n.*f* 49P-W51: [*absent*]
n.*g* 49P-W51: [*absent*]
n.*h* 49P-W52: [*absent*]

[28] On the young marquis de La Faye, see *Guerre de 1741*, ch.22, p.251. His uncle, Jean-François Leriget de La Faye (1674-1731), was a member of the Académie française; he wrote light verse, some of which is quoted in Voltaire's *Notebooks* (*OC*, vol.81, p.263-64, 272, 275); for Voltaire's poem to him, see *OC*, vol.5, p.609.

[29] On the comte de Froulai, see above, *Lettre* [...] *sur la victoire remportée par le roi à Laufelt*, lines 72-74 and note; see also *Précis*, ch.26, p.1450, and *Guerre de 1741*, ch.24, p.264-65.

[30] On the comte de Bavière, see above, *Lettre* [...] *sur la victoire remportée par le roi à Laufelt*, line 71 and note.

où la jette la blessure de son jeune fils. (*i*)³¹ Déjà dans la bataille de   280
Rocou elle avait vu son corps percé et déchiré d'un de ces coups
affreux qui ne laissent plus qu'une vie languissante; cette fois elle
est encore trop heureuse: elle rend grâce au ciel de voir ce fils privé
d'un bras, lorsqu'elle tremblait de le trouver au tombeau.

Ne suivons ici ni l'ordre des temps ni celui de nos exploits et de   285
nos pertes. Le sentiment n'a point de règles. Je me transporte à ces
campagnes voisines d'Augsbourg, où le père de ce jeune guerrier³²
dont je parle, sauvait les restes de notre armée, et les dérobait à la
poursuite d'un ennemi que le nombre et la trahison rendaient si
supérieur.³³ Mais dans cette manœuvre habile nous perdons ce   290
dernier rejeton de la maison de Rupelmonde, cet officier si instruit
et si aimable qui avait fait l'étude la plus approfondie de la guerre,
et qui réunissait l'intrépidité de l'âme, la solidité et les grâces de
l'esprit, à la douceur et la facilité du commerce; il laisse dans les
larmes une épouse et une mère digne d'un tel fils;³⁴ il ne leur reste   295
plus de consolation sur la terre.

(*i*) Le marquis de Ségur.

n.*i*   49P-W51: [*absent*]
        K: Ségur depuis ministre de la guerre.
288   49P-W52: parle, était abandonné d'un côté par les Bavarois que nous
protégions, et pour qui la France avait prodigué tant de sang et de trésors, de l'autre
par les Hessois qui étaient à notre solde. Il fallait sauver les restes de notre armée, et il
sut les dérober
294   49P-W52: l'esprit, la

³¹ On the marquis de Ségur, see above, *Lettre* [...] *sur la victoire remportée par le roi
à Laufelt*, line 78 and note.
³² Henri-François, comte de Ségur (1689-1751), father of the marquis, saved the
French from an Austrian attack near Pfaffenhofen on 15 April 1745; see *Guerre de
1741*, ch.14, p.126-27.
³³ On the abandoning of the French by the Bavarians and the Hessians, see *Guerre
de 1741*, ch.14, p.125-26.
³⁴ Yves-Marie de Recourt, comte de Rupelmonde, the son of Marie Marguerite
Elisabeth d'Alègre, marquise de Rupelmonde for whom Voltaire wrote the *Epître à
Uranie*; he was killed in the attack referred to above, note 32; see *Guerre de 1741*,
ch.14, p.127.

Maintenant, esprits dédaigneux et frivoles, qui prodiguez une plaisanterie si insultante et si déplacée sur tout ce qui attendrit les âmes nobles et sensibles; vous qui dans les événements frappants dont dépend la destinée des royaumes, ne cherchez à vous signaler que par ces traits que vous appelez *bons mots*, et qui par là prétendez une espèce de supériorité dans le monde; osez ici exercer ce misérable talent d'une imagination faible et barbare; ou plutôt s'il vous reste quelque humanité, mêlez vos sentiments à tant de regrets, et quelques pleurs à tant de larmes: mais êtes-vous dignes de pleurer? 300 305

Que surtout ceux qui ont été compagnons de tant de dangers, et les témoins de tant de pertes, ne prennent pas dans l'oisiveté voluptueuse de nos villes, dans la légèreté du commerce, cette habitude trop commune à notre nation, de répandre un air de frivolité et de dérision sur ce qu'il y a de plus glorieux dans la vie, et de plus affreux dans la mort; voudraient-ils s'avilir ainsi eux-mêmes, et flétrir ce qu'ils ont tant d'intérêt d'honorer? 310

Que ceux qui ne s'occupent que de nos froids et ridicules romans,[35] que ceux qui ont le malheur de ne se plaire qu'à ces puériles pensées plus fausses que délicates dont nous sommes tant rebattus, dédaignent ce tribut simple de regrets qui partent du cœur; qu'ils se lassent de ces peintures vraies de nos grandeurs et de nos pertes, de ces éloges sincères donnés à des noms, à des vertus qu'ils ignorent; je ne me lasserai point de jeter des fleurs sur les tombeaux de nos défenseurs; j'élèverai encore ma faible voix; je dirai: Ici a été tranchée dans sa fleur la vie de ce jeune 315 320

---

[35] In general Voltaire had a poor opinion of the French novel. In canto VIII of the *Pucelle* he speaks of 'ce fatras d'insipides romans / Que je vois naître et mourir tous les ans' (*OC*, vol.7, p.391). Similarly, in the 'Catalogue des écrivains français' ('Villedieu, Mme de'), he attacks 'tous ces romans dont la France a été et est encore inondée' (*OH*, p.1213). On the other hand, Mme de La Fayette's *Zaïde* (1670) and *La Princesse de Clèves* (1678) 'furent les premiers romans où l'on vit les mœurs des honnêtes gens, et des aventures naturelles décrites avec grâce' (*Catalogue*, 'La Fayette'; *OH*, p.1170).

guerrier (*j*)³⁶ dont les frères combattent sous nos étendards, et dont le père a protégé les arts à Florence sous une domination étrangère. Là fut percé d'un coup mortel le marquis de Beauveau   325
son cousin, quand le digne petit-fils du grand Condé forçait la ville d'Ypre à se rendre.³⁷ Accablé de douleurs incroyables, entouré de nos soldats qui se disputaient l'honneur de le porter, il leur disait d'une voix expirante: *Mes amis, allez où vous êtes nécessaires, allez combattre, et laissez-moi mourir.* Qui pourra célébrer dignement sa   330
noble franchise, ses vertus civiles, ses connaissances, son amour des lettres, le goût éclairé des monuments antiques enseveli avec lui? Ainsi périssent d'une mort violente à la fleur de leur âge, tant d'hommes dont la patrie attendait son avantage et sa gloire; tandis que d'inutiles fardeaux de la terre amusent dans nos jardins leur   335
vieillesse oisive, du plaisir de raconter les premiers ces nouvelles désastreuses.

O destin! ô fatalité! nos jours sont comptés; le moment éternellement déterminé arrive, qui anéantit tous les projets et toutes les espérances. Le comte de Bissy, prêt à jouir de ces   340
honneurs tant désirés par ceux mêmes sur qui les honneurs sont accumulés, accourt de Gènes devant Mastricht, et le dernier coup tiré des remparts lui ôte la vie; il est la dernière victime immolée, au

(*j*) Le marquis de Beauveau, fils du prince de Craon.

n.*j* 49P-W51: [*absent*]
323-324 K: étendards, dont

³⁶ Marc, marquis de Beauvau, was killed at the battle of Fontenoy; his father, Marc de Beauvau, prince de Craon (1679-1754), patronised the arts in Florence while he was governor of Tuscany. In the spring of 1746 Voltaire sent him a copy of the *Saggio* (D3346); cf. also *Précis*, ch.15, p.1384, and *Guerre de 1741*, ch.15, p.148-49.

³⁷ Marc's cousin, Louis-Charles-Antoine, marquis de Beauvau, an antiquarian, was killed on 24 June 1744 during the siege of Ypres, the principal attacks of which were commanded by Louis de Bourbon-Condé, comte de Clermont, great-grandson of the great Condé; Ypres surrendered on 25 June; see *Précis*, ch.11, p.1360-61, and *Guerre de 1741*, ch.10, p.100.

moment même que le ciel avait prescrit pour la cessation de tant de meurtres.[38] Guerre qui as rempli la France de gloire et de deuil, tu ne frappes pas seulement par des traits rapides qui portent en un moment la destruction! Que de citoyens, que de parents et d'amis nous ont été ravis par une mort lente, que les fatigues des marches, l'intempérie des saisons, traînent après elles!

Tu n'es plus,[39] ô douce espérance du reste de mes jours! ô ami tendre, élevé dans cet invincible régiment du roi, toujours conduit par des héros! qui s'est tant signalé dans les tranchées de Prague, dans la bataille de Fontenoi, dans celle de Laufelt où il a décidé la victoire. La retraite de Prague[40] pendant trente lieues de glaces, jeta dans ton sein les semences de la mort, que mes tristes yeux ont vues depuis se développer: familiarisé avec le trépas, tu le sentis approcher avec cette indifférence que les philosophes s'efforçaient jadis ou d'acquérir ou de montrer;[41] accablé de souffrances au-dedans et au-dehors, privé de la vue, perdant chaque jour une partie de toi-même, ce n'était que par un excès de vertu que tu

345

350

355

360

346   49P-W51: par tes traits

[38] The comte de Bissy was killed at the siege of Maastricht, shortly before preliminaries of peace were signed on 30 April 1748; the definitive treaty of Aix-la-Chapelle was signed on 18 October; see *Précis*, ch.30, and *Guerre de 1741*, ch.28, p.294-95.

[39] Voltaire is addressing Vauvenargues, with whom he corresponded from April 1743 (D2746) to June 1746 (D3408) and who served for almost a decade (1735-January 1744) in the king's regiment. The hardships of the Bohemian campaign (1741-1742) ruined his health, and an attack of smallpox in 1744 resulted in partial blindness. He died in May 1747, 'en héros', said Voltaire, 'sans que personne en ait rien su' (D11766). Vauvenargues's writings owe much to the encouragement of Voltaire. They include, it is interesting to note, a funeral oration on his friend Seytres de Caumont, a work which Voltaire praised highly (D3053, D3093) (printed in *Œuvres complètes de Vauvenargues*, ed. H. Bonnier, 2 vol., Paris 1968, i.82-88). On Vauvenargues himself, see the biographical essays in Bonnier, i.11-59, and Vauvenargues, *Introduction à la connaissance de l'esprit humain*, ed. J. Dagen (Paris 1981), p.5-49.

[40] See above, lines 88-94 and notes 4 and 5.

[41] The reference is to the Stoics: Zeno, Epictetus, Seneca and Marcus Aurelius, among others.

n'étais point malheureux, et cette vertu ne te coûtait point d'effort. Je t'ai vu toujours le plus infortuné des hommes et le plus tranquille. On ignorerait ce qu'on a perdu en toi, si le cœur d'un homme éloquent n'avait fait l'éloge du tien dans un ouvrage consacré à l'amitié, et embelli par les charmes de la plus touchante poésie. [42] Je n'étais point surpris, que dans le tumulte des armes tu cultivasses les lettres et la sagesse: ces exemples ne sont pas rares parmi nous. Si ceux qui n'ont que de l'ostentation ne t'imposèrent jamais, si ceux qui dans l'amitié même ne sont conduits que par la vanité, révoltèrent ton cœur, il y a des âmes nobles et simples qui te ressemblent. Si la hauteur de tes pensées ne pouvait s'abaisser à la lecture de ces ouvrages licencieux, délices passagers d'une jeunesse égarée à qui le sujet plaît plus que l'ouvrage; si tu méprisais cette foule d'écrits que le mauvais goût enfante; [43] si ceux qui ne veulent avoir que de l'esprit te paraissaient si peu de chose; ce goût solide t'était commun avec ceux qui soutiennent toujours la raison contre l'inondation de ce faux goût qui semble nous entraîner à la décadence. Mais par quel prodige avais-tu à l'âge de vingt-cinq ans la vraie philosophie et la vraie éloquence, sans autre étude que le secours de quelques bons livres? [44] comment avais-tu pris un essor si haut dans le siècle des petitesses? et comment la simplicité d'un enfant timide couvrait-elle cette profondeur et cette force de génie? Je sentirai longtemps avec amertume le prix de ton amitié; à peine en ai-je goûté les charmes; non pas de cette amitié vaine qui naît dans les vains plaisirs, qui s'envole avec eux et dont on a toujours à se plaindre, mais de cette amitié solide et courageuse, la plus rare des vertus. C'est ta perte qui mit dans mon cœur ce dessein de rendre quelque honneur aux cendres de tant de

365

370

375

380

385

[42] An allusion to Marmontel's *Epître à M. de Voltaire*, prefixed to his tragedy *Denys le tyran* (1748); see *Œuvres complètes de Marmontel* (Paris 1818-1819), ix.3-8. In spite of the tribute to Vauvenargues by Voltaire and Marmontel, his reputation did not become established until the nineteenth century (Bonnier, i.57).

[43] See above, note 35.

[44] Vauvenargues's readings included Plutarch's *Lives*, Seneca, and Brutus's letters to Cicero; see his letter to Mirabeau of 22 March 1740 (ed. Bonnier, ii.562).

défenseurs de l'Etat, pour élever aussi un monument à la tienne. Mon cœur rempli de toi a cherché cette consolation, sans prévoir à 390 quel usage ce discours sera destiné, ni comment il sera reçu de la malignité humaine, qui à la vérité épargne d'ordinaire les morts, mais qui quelquefois aussi insulte à leurs cendres, quand c'est un prétexte de plus de déchirer les vivants.

1 juin 1748. 395

N.B. Le jeune homme qu'on regrette ici avec tant de raison est M. de Vauvenargues, longtemps capitaine au régiment du roi.[45] Je ne sais si je me trompe, mais je crois qu'on trouvera dans la seconde édition de son livre,[46] plus de cent pensées qui caractérisent la plus belle âme, la plus profondément philosophe, la plus dégagée de 400 tout esprit de parti.[47]

Que ceux qui pensent, méditent les maximes suivantes:

La raison nous trompe plus souvent que la nature.[48]

Si les passions font plus de fautes que le jugement, c'est par la même raison que ceux qui gouvernent font plus de fautes que les hommes 405 *privés.*[49]

Les grandes pensées viennent du cœur.[50]

396   49P-W52: [*the letters* N.B. *absent*]

[45] Vauvenargues was appointed captain of the king's regiment in August 1742 and resigned his commission in January 1744.

[46] Vauvenargues's main work, *Introduction à la connaissance de l'esprit humain, suivie de réflexions et de maximes,* appeared anonymously in February 1746; in May the author was, with the help of Voltaire, preparing and correcting a new edition (see D3387), which was published, again anonymously, the following year.

[47] As can be seen from the maxims which follow, Vauvenargues's philosophy is that of an optimist. For him human nature is good. He finds in the emotions, rather than in reason, the sources of virtue and of our noblest actions. Morality for Vauvenargues consists in using the passions for the well-being of man and society.

[48] Vauvenargues, *Réflexions et maximes*, p.195, no.123. This and the references that follow are to the 1747 edition of Vauvenargues (ed. Dagen).

[49] *Ibid.*, p.195, no.126.

[50] *Ibid.*, p.196, no.127.

(C'est ainsi que sans le savoir, il se peignait lui-même.)

La conscience des mourants calomnie leur vie.[51]

La fermeté ou la faiblesse à la mort dépend de la dernière maladie.[52]   410

(J'oserais conseiller qu'on lût les maximes qui suivent celles-ci, et qui les expliquent.)

La pensée de la mort nous trompe, car elle nous fait oublier de vivre.[53]

La plus fausse de toutes les philosophies est celle qui sous prétexte   415
d'affranchir les hommes des embarras des passions, leur conseille
l'oisiveté.[54]

Nous devons peut-être aux passions les plus grands avantages de l'esprit.[55]

Ce qui n'offense pas la société n'est pas du ressort de la justice.[56]   420

Quiconque est plus sévère que les lois est un tyran.[57]

On voit, ce me semble, par ce peu de pensées que je rapporte, qu'on ne peut pas dire de lui ce qu'un des plus aimables esprits de nos jours a dit de ces philosophes de parti, de ces nouveaux stoïciens qui en ont imposé aux faibles: 425

> Ils ont eu l'art de bien connaître
> L'homme qu'ils ont imaginé,
> Mais ils n'ont jamais deviné
> Ce qu'il est, ni ce qu'il doit être.[58]

[51] *Ibid.*, p.197, no.136.

[52] *Ibid.*, p.197, no.137; Vauvenargues's text reads: 'de la mort'.

[53] *Ibid.*, p.198, no.143.

[54] *Ibid.*, p.199, no.145; Vauvenargues's text reads: 'l'oisiveté, l'abandon et l'oubli d'eux-mêmes'.

[55] *Ibid.*, p.200, no.151.

[56] *Ibid.*, p.202, no.164.

[57] *Ibid.*, p.202, no.163.

[58] In Saint-Lambert's *Epître à* *** line 16 reads: 'Ce qu'est l'homme et ce qu'il doit être.' The Epître begins: 'A vivre au sein du jansénisme, / Cher prince, je suis condamné'. In this deistic poem, which couples Voltaire's name with that of Virgil, the 'ils' refer to Pascal and other 'fous, pleins de misanthropie' (line 11); see *Poésies de Saint-Lambert* (Paris 1826), p.344-46.

J'ignore si jamais aucun de ceux qui se sont mêlés d'instruire les   430
hommes, a rien écrit de plus sage que son chapitre sur le bien et sur
le mal moral. [59] Je ne dis pas que tout soit égal dans le livre; mais si
l'amitié ne me fait pas illusion, je n'en connais guère qui soit plus
capable de former une âme bien née et digne d'être instruite. Ce qui
me persuade encore qu'il y a des choses excellentes dans cet   435
ouvrage, que M. de Vauvenargues nous a laissé, c'est que je l'ai vu
méprisé par ceux qui n'aiment que les jolies phrases et le faux bel
esprit. [60]

432   49P-W70L: dans ce livre

[59] *Introduction à la connaissance de l'esprit humain*, 'Du bien et du mal moral',
book III, sec.1 (p.103-108).
[60] The 1746 edition of the *Introduction à la connaissance de l'esprit humain* was
reviewed favourably in the *Mercure de France* of March 1746, p.130-33, and in the
Journal de Trévoux of January 1747, p.74-83.

Panégyrique de Louis XV

Critical edition

by

Janet Godden and Paul H. Meyer

CONTENTS

INTRODUCTION

Voltaire's *Panégyrique de Louis XV* was first published anonymously in a succession of different printings in the second half of 1748. It entered his authorised collected writings in the Lambert Paris edition of 1751. The *Panégyrique* was written in a short space of time to fulfil a specific purpose. Voltaire makes few references to it in his correspondence and he attached no long-term importance to it. He may have felt it his duty as *historiographe du roi* and a member of the Académie française to write this eulogy at a moment when the king's role in the negotiation of the Peace of Aix-la-Chapelle made him unpopular in France, but by mid 1748 the pleasures of this role had palled for Voltaire. At the same time, intrigues against him at court and anxiety about the reception of *Sémiramis* may also have made it a good moment to flatter the king. But if Voltaire had such a strategy in mind, he failed. He remained unpopular with the king, by whom the *Panégyrique* was steadfastly ignored.

1. *Composition, publication and reception*

i. *Composition*

The Peace of Aix-la-Chapelle which ended the War of the Austrian Succession was signed on 18 October 1748, the preliminaries having been under way since April. Its terms are not mentioned in the *Panégyrique* beyond the central fact of France surrendering all its gains, which had long been well known and popularly deplored,[1] and had given rise to the expression 'bête comme la

---

[1] The marquis d'Argenson, for instance, records on 22 May: 'On blâme ouvertement, dans le public de bonne compagnie, l'espèce de paix que nous venons de faire, toutes les conquêtes que nous restituons [...]. Est-ce là, dit-on, la paix que méritaient tant de conquêtes? telle est donc celle qu'on nous refusait depuis plusieurs années, et qu'il a fallu tant de victoires pour obtenir!' (*Journal et mémoires*, ed. E. J. B. Rathery, Paris 1863, v.223).

paix'. The composition of the text can be fixed to mid summer 1748, on the one hand by the allusion to the siege and capture of Maastricht in May 1748, and on the other by the reference to a *permission* of 24 July found in one of the printed editions.

Voltaire was at the court of Stanislas Leszczynski in Lorraine from the beginning of February to the end of April 1748. His letters of February contain regrets at having had to leave Paris, and expectations that his absence will be short. [2] In March and April he is fretting about his departure being postponed by the preoccupations of Mme Du Châtelet. Longchamp tells us that for part of this time Voltaire was engaged in completing the *Histoire de la guerre de 1741* which he had undertaken in his professional capacity as *historiographe du roi*, [3] but his correspondence contains only two direct references to the final campaign and peace preliminaries of this war in which his host was closely concerned. In February he composes a 'petite guirlande' for 'le héros de la Flandre' at the request of the d'Argentals (D3624), and in April he anxiously awaits news of the siege of Maastricht ('Nous attendons tous les jours ici une bataille gagnée ou perdue. Il y a ordres aux portes de ne point laisser passer des courriers extraordinaires', D3633). The reference to the 'guirlande' for 'le héros de la Flandre' could be an early reference to the *Panégyrique*, for Voltaire certainly dwells heavily on the king's personal success in the Flanders campaign, but the context of the reference, making it clear that the poem had been requested by Mme d'Argental for some specific occasion, makes this unlikely. [4]

Voltaire arrived in Paris on 23 May (D3653), and divided his time between Paris and Versailles until about 27 June when he returned to Commercy (D3679). The words 'dès que j'aurai fini mon quartier auprès du roi' (D3666) make it clear that Voltaire was

---

[2] See in particular D3621, to Hénault; also D3620, D3624.

[3] 'Anecdotes sur la vie privée de Monsieur de Voltaire depuis 1746 jusqu'à 1754 par S.G.L', BnF, n.a.fr. 13006, f.33.

[4] The allusion is probably to the *Epître au maréchal de Saxe* ('Je goûtais dans ma nuit profonde'), *Shorter verse of 1746-1748*, ed. Ralph A. Nablow, *OC*, vol.30A (2003), p.435-46. This *épître* does not, however, read much like a 'guirlande'.

resuming his duties as *gentilhomme de la chambre du roi*, a position which he had held since 1746. It is certainly likely that at Versailles, which was no doubt humming with talk of the Peace, Voltaire turned his attention seriously to his duties as historiographer.

Voltaire's correspondence, however, shows that he was pre-occupied during these weeks in Paris and at Versailles first with disclaiming an unauthorised edition of his works,[5] and then with the first performance of *Sémiramis* at the Comédie-Française on 29 August. A new and elaborate stage setting was required: '[la pièce] demande un très grand appareil. J'ai écrit à M. le duc de Fleury, à Mme de Pompadour, il nous faut les secours du Roi' (D3678, 27 June). Negotiations about this donation would have given Voltaire an additional reason to want to flatter and please the king, who in the end gave a generous subvention.[6]

The likelihood that the *Panégyrique* was composed in Paris or Versailles during June 1748 is supported by a passage in a letter to Mme Denis of 27 July (D3726):

Vous me parlez de ce petit ouvrage que je vous ai lu en manuscrit. Savez-vous bien que Crébillon l'avait refusé à l'approbation comme un ouvrage dangereux? Ce pauvre homme a perdu le peu de raison qu'il avait. Je crois que depuis M. Palu, intendant de Lyon, l'a fait imprimer, et peut-être y en a-t-il à présent des exemplaires à Paris. Mais le monde est aussi tiède sur les panégyriques que Crébillon est déraisonnable, et probable-ment cette brochure, n'étant pas annoncée n'aura pas grand cours.

Mme Denis had been in Paris for the first half of the year. If the *Panégyrique* was read to her from the manuscript this must have been some time in June, since at the end of the month Voltaire left again for Commercy and Lunéville. *Sémiramis* continued to preoccupy him from the distance of the court of Lorraine; Long-champ once more mentions the composition of the *Histoire de la guerre de 1741*,[7] but we hear nothing of either the Peace or the king.

---

[5] D3663, D3667, D3669, D3677, D3679, and many others.
[6] See *Sémiramis*, ed. Robert Niklaus, *OC*, vol.30A (2003), at p.41.
[7] 'M. de Voltaire étant de retour à Lunéville travailloit au siecle de Louis XV ou

Crébillon's action is surprising. His quarrel with Voltaire was approaching its climax in the summer of 1748, and he would not have relished the thought of Voltaire being able to present such a panegyric to the king; or he may have thought that certain passages in the text – such as assertions about the readiness with which the citizens had paid increased taxes to support the war (lines 245-52) – were genuinely inflammatory.

Voltaire's sources for the *Panégyrique* would have been readily to hand in the material already collected for the *Histoire de la guerre de 1741* and the reports on the progress of the peace negotiations, of which summaries were published regularly in the *Mercure*, and which he would have found in full at Versailles. Ready access to the most recent reports in their fullest form is an additional reason for supposing that the *Panégyrique* was composed during Voltaire's visit to Paris and Versailles in June 1748. Various manuscript notes survive in his library, including 'Relation de la bataille de Rocoux', 'Copie du mémoire donné à M. le comte d'Argenson après le combat de Melles', 'Paye des officiers anglais'.[8] His verbatim 'quotations' may have been excerpts from eye-witness accounts or other original material, but they may equally well have been a literary device.

ii. *Publication*

Bernard-René Pallu, *intendant* of Lyon, was a long-standing acquaintance of Voltaire,[9] who was also in contact with him in

---

l'histoire de la guerre de 1741 et quand il avoit quelques nouveaux chapitres, il en faisoit la lecture devant le Roi, et toute la cour se rassembloit à cet effet. Il venoit d'achever l'histoire des malheurs de la maison des Stuards' (BnF, n.a. fr.13006, f.49).

[8] Ferdinand Caussy, *Inventaire des manuscrits de la bibliothèque de Voltaire conservée à la Bibliothèque impériale publique de Saint-Pétersbourg* (Paris 1913, reprinted Geneva 1970), p.40 (tome viii, 254, 256, 261). *Les Registres de l'Académie française* (Paris 1895-1906). Voltaire's library also contains the pamphlet *Journal du siège de Berg-op-Zom. Le 14 juillet 1747*, [1747].

[9] See the two poems to Pallu in *Shorter verse of 1736-1738*, ed. Ralph A. Nablow, *OC*, vol.16 (2003), p.406-409.

the summer of 1748 over the unauthorised edition of his works (D3669; 13 June). Whether or not the first edition of the *Panégyrique* was produced at Lyon, and if so when, [10] the existence of an edition produced at Clermont-Ferrand with a permission dated 24 July 1748 (our 48B) shows that Voltaire's comment to Mme Denis was substantially correct.

As discussed further below, the *Panégyrique de Louis XV* was reviewed by the *Mémoires de Trévoux* and Clément's *Cinq années littéraires* for October 1748. Although none of the early editions bears the author's name, Voltaire now acknowledged paternity, sending copies to d'Argental (D3800), and the marquis d'Argenson, to whom he wrote on 22 November: 'Si cette paix que vous avez toujours voulu faire avait été faite sous votre ministère, l'ouvrage qu'on a l'honneur de vous envoyer en vaudrait mieux, le cœur y eût parlé avec plus de sensibilité' (D3810). A copy was rushed off to Cideville with no covering letter, prompting a poem from Cideville to which Voltaire replied in verse (D3819, D3828; see appendix III). There is no reason to doubt the statement that the fourth and fifth editions were produced under Voltaire's supervision in Lorraine, [11] and it is likely that the copies sent out by him were those of the fifth edition, amplified by the inclusion of both the 'Extrait d'une lettre' and the 'Préface de l'auteur', in which Voltaire replies to his critics. He also revised upwards his estimate of the numbers killed in the war, and added a further strengthening of his assertions that his text is not really a panegyric but a 'récit simple', grounded in facts and the truth. [12]

Distribution did not stop at Voltaire's usual circle of friends. To the *lieutenant de police* Berryer he wrote: 'J'ai l'honneur monsieur

[10] See the note below on the description of the first edition, our 48A.

[11] 'C'est dans ce temps-là que Zadig fut imprimé pour la première fois, par Leseure [Lefèvre] à Nancy; que Briflot à Bar imprima la quatrième édition du panégyrique de Louis XV et Leseure [Lefèvre] la cinquième avec un écrit contre le journal de Trévoux' (Nicolas-Luton Durival, *Description de la Lorraine et du Barrois*, 4 vols, Nancy 1778-1783, i.196).

[12] Variant to lines 344, 412-418.

de vous faire hommage de la seule édition du panégyrique du roi dont j'ai été content pour la fidelité et pour l'exactitude' (D3812),[13] and he told the d'Argentals: 'M. de Puisieux m'a remercié du panégyrique de la paix avec la tendresse d'un père qui voit son enfant applaudi' (D3817, 1 December).[14]

Early in 1749 Voltaire went to the lengths of having the *Panégyrique* translated into five different languages, in order to imitate Pellisson's panegyric of Louis XIV.[15] His correspondence is silent on the commissioning of the translations, but Raynal tells us: 'Voltaire vient de publier en cinq langues son Panégyrique de Louis XV, dont on a si longtemps ignoré l'auteur. Trois jésuites ont fait les traductions italienne, anglaise et latine; j'ignore de qui est l'espagnole. Cet écrivain appelle ce petit ouvrage sa Polyglotte.'[16] On 4 February Voltaire asked permission from Berryer to print fifty copies of the special edition, saying that he intended to present it to the king at a meeting of the Académie later that month, convened to congratulate the king on the Peace.[17] He may even have hoped that the *Panégyrique* would be formally pronounced on the occasion. The scene which took place instead is described below in the *Compliment fait au roi*. A copy of the *Panégyrique*, bound with the king's arms, survives in the Bibliothèque municipale de Versailles. A letter from Mme de Pompadour, dated by Th. Besterman to early September 1749, acknowledges receipt of a copy sent to the king: 'J'ai reçu et présenté avec plaisir au roi les traductions que vous m'avez envoyé monsieur. S. M. les a mis dans sa bibliothèque avec des marques de bonté pour l'auteur' (D4012).

---

[13] Receipt was acknowledged on 5 December (D3818). Voltaire's real purpose in writing seems to have been to obtain Berryer's help in suppressing a performance of a parody of *Sémiramis* by the Italiens, but there is no allusion to this in Berryer's reply.

[14] The marquis de Puisieux became foreign minister in January 1747 and represented France at the Peace negotiations.

[15] See the Préface de l'auteur, Appendix II below.

[16] *Nouvelles littéraires*, i.279.

[17] D3858. See below, *Compliment fait au roi par M. le maréchal duc de Richelieu le 21 février 1749*.

This date seems rather late, and it may be that Besterman was mistaken with regard to the letter to which he takes D4012 to be a reply.

The *Panégyrique* is included in the first authorised edition of Voltaire's collective writings after its composition – the first Paris Lambert edition (w51). It is not found in the Cramer editions of the 1750s but reappears in the Cramer quarto edition of 1768 among the 'Mélanges philosophiques, littéraires, historiques'. It was not a text in which Voltaire continued to take any evident interest, except for the circumstance of its anonymous publication. This may simply have been because Crébillon had refused his *approbation*. Voltaire may have thought it more seemly for such a work to appear with no author's name, as he claimed in 1767 in the *Lettre sur les panégyriques* (M.xxvi.310):

Un académicien français fit, en 1748, le panégyrique de Louis XV.[18] [...] Ce citoyen étant sujet du monarque auquel il rendait justice, craignit que sa qualité de citoyen ne le fit passer pour flatteur; il ne se nomma pas: l'ouvrage fut traduit en latin, en espagnol, en italien, en anglais. On ignora longtemps en quelle langue il avait d'abord été écrit; l'auteur fut inconnu, et probablement le prince ignore encore quel fut l'homme obscur qui fit cet éloge désintéressé.

In any case, Voltaire would have counted on his name being known before long; indeed he took steps to ensure it in October 1748.

iii. *Reception*

The anonymous publication of the *Panégyrique*, and the negligible popular appeal of its subject matter, meant that the earliest printings were not connected with Voltaire and that it received little critical attention. On 9 August Mme de Graffigny enclosed a copy to Devaux, describing it as 'un Panégyrique du roi, que l'on dit être de

---

[18] In 1753 Voltaire pointed out to Mme Denis that he had been the only member of the Académie to write a panegyric of the king (D5413).

Voltaire'.[19] Some thought that the author was Hénault, but this was queried as early as October 1748 by the *Mémoires de Trévoux*, who praised the author's modesty in concealing his identity before commenting: 'Je ne sais pourquoi on l'attribue à M. le Président Hénault; c'est ni sa touche ni sa couleur.'[20] According to Raynal, on the other hand, the *Panégyrique* had been attributed to Pierre-François Lafitau, bishop of Sisteron. The reasons for these attributions remain obscure. Hénault's position within the Académie would have made him a likely candidate, but Lafitau seems to have published little to connect him with a panegyric of the king.[21] Raynal continues, 'C'est proprement l'éloge de la modération de ce prince dans les circonstances où se trouve l'Europe', and after giving lengthy extracts from the text he sums up: 'J'ajouterai que ce sont des vérités dites du ton de la flatterie'.[22]

Raynal's account is repeated, with shorter quotations, in letter xx of the *Cinq années littéraires*, for October 1748.[23] In both substance and tone the reviews are almost identical. Although they do not say so in so many words, the reviewers admired most the sections of the work that were not about the king;[24] they queried the relevance of the comparisons with previous monarchs;[25] and in particular the panegyric style displeased them: 'Ce panégyrique est bien plus dans le goût de Pline que dans la grande manière de Cicéron, ou si l'on veut, de notre Bossuet et de notre Bourdaloue. Tout y est orné d'antithèses, de termes qui se

[19] *Correspondance de Mme de Graffigny*, vol.ix, ed. English Showalter *et al.* (Oxford 2004), p.217.

[20] *Mémoires de Trévoux*, 25 October 1748, p.2208f.

[21] In addition to theological writings he was the author of an *Oraison funèbre de Philippe V roi d'Espagne*, delivered at Notre Dame in the presence of the dauphin on 15 December 1746.

[22] *Nouvelles littéraires*, i.195-96.

[23] *Les Cinq années littéraires*, letter xx (October 1748), copy consulted (The Hague 1755), i.111-13.

[24] *Mémoires de Trévoux*, p.2210.

[25] *Ibid.*, p.2218.

querellent, de pensées qui semblent se repousser, s'exclure, pour concourir ensuite au même but, qui est de peindre et de louer.'[26]

These criticisms stirred Voltaire into two responses. First was the addition to the fourth edition of the *Panégyrique* of an 'Extrait d'une lettre de M. le président de ***', which rejects the allegations of flattery and stresses the strength of the work as a 'tableau de l'Europe'.[27] Second was a detailed response to the criticisms of the *Mémoires de Trévoux* in a 'Préface de l'auteur' added to the fifth edition. Voltaire compares his *Panégyrique* with Pellisson's *Panégyrique de Louis XIV*, and defends the comparison with Pliny.[28] By this time, as we have seen, Voltaire was distributing copies himself, and by December the reviewers had found out that he was the author. The *Mémoires de Trévoux* is unbowed and repeats the comments made before.[29] The author knows of the fifth edition, but at the time of writing has not seen it.

The *Panégyrique* seems to have received no further attention. Towards the end of his life Voltaire evidently regretted this, and he regretted having published it anonymously. He summed up his experience with the *Panégyrique* at surprising length:

Une chose à mon avis singulière, c'est qu'il ne donna point sous son nom le *Panégyrique de Louis XV*, imprimé en 174[8], et traduit en latin, en italien, en espagnol et en anglais.

La maladie qui avait tant fait craindre pour la vie du roi Louis XV, et la bataille de Fontenoy, qui avait fait craindre encore plus pour lui et pour la France, rendaient l'ouvrage intéressant. L'auteur ne loue que par les faits,

---

[26] *Ibid.*, p.2220. Cf. *Les Cinq années littéraires*: 'Mais ce n'est point encore ici la grande manière de Cicéron ou de Bossuet. [...] On court après les antithèses et les jeux d'esprit, le style est décousu, coupé, académique, un peu sec [...] plus ingénieux que sublime', and Raynal: 'Le style manque souvent de correction, et presque toujours d'harmonie. La mémoire de l'auteur est plus ingénieuse que noble. Il règne dans tout ce discours un air décousu qui y jette de la sécheresse et qui en diminue l'intérêt.'

[27] See Appendix I.

[28] See Appendix II.

[29] *Mémoires de Trévoux*, December 1748, p.2831. Also *Les Cinq années littéraires*, letter XXII (December 1748).

et on y trouve un ton de philosophie qui caractérise tout ce qui est sorti de sa main. Ce Panégyrique était celui des officiers autant que de Louis XV: cependant il ne le présenta à personne, pas même au roi.[30] Il savait bien qu'il ne vivait pas dans le siècle de Pellisson. Aussi écrivait-il à M. de Formont, l'un de ses amis:

> Cet éloge a très peu d'effet
> Nul mortel ne m'en remercie
> Celui qui le moins s'en soucie:
> Est celui pour qui je l'ai fait.[31]

2. The War of the Austrian Succession and the Peace of Aix-la-Chapelle

As contemporary reviewers noted, the most interesting aspect of the *Panégyrique* is the series of pen portraits of the various countries on both sides of the long struggle in continental Europe throughout most of the 1740s, particularly the formidable list of France's enemies: Austria, England, Sardinia and Holland. Much of this material is to be found in Voltaire's already drafted but still unpublished *Histoire de la guerre de 1741*.[32] The war was immediate to Voltaire: he was professionally engaged in writing about it, and it affected both his friendships and his business interests.

The War of the Austrian Succession picked up and re-entangled, rather than re-knitted, many of the loose ends of European politics which had been left by the Treaty of Utrecht that ended the War of the Spanish Succession in 1713. Some of these threads had become even more frayed by the War of the Polish Succession (1730-1735). It was a war in which the means were out of all proportion to the end. It was characterised by

---

[30] A blatant untruth, as we have seen.

[31] M.i.91-92; see also D3823, to Formont.

[32] The composition of this text is fully described by J. Maurens in the introduction to his edition (Paris, Garnier, 1971).

complex networks of alliances between countries each following its own course, each preoccupied with its own powers relative to that of others, and acting in concert only for the duration of military operations.

The war was sparked by the failure of many European powers, France among them, to honour their previous undertakings signed in the Pragmatic Sanction of 1722, and allow the throne of the Habsburg-dominated Holy Roman Empire to pass to Maria Theresa, eldest daughter of the Emperor Charles VI, after his unexpected death in 1740. In the face of opposition the young Maria Theresa surprised her adversaries by doubling the size of her army and raising new taxes. She invoked aid from both Hungary and Russia. Her closest rival was Charles Albert, elector of Bavaria, the male heir of Charles VI.[33] Despite the efforts of Maria Theresa the Bavarian claim was successful, and in 1742 Charles Albert was elected Emperor Charles VII. His supporters did not allow him much independence, however, and after his death in 1744 Bavaria was forced out of the war.

Austria had always been France's main rival in Europe, and Lorraine and the principalities of the Rhine had been her prime concern during the 1730s. An independent duchy and an Austrian pawn, Lorraine represented a potentially powerful threat to France from the east. The War of the Polish Succession had ended with Lorraine being given to the failed Polish candidate, Louis's father-in-law Stanislas Leszczynski. Voltaire spent several long periods at the court of Stanislas at Lunéville and Commercy, and addressed several poems to him in the years 1747 to 1749, in particular 'Au roi Stanislas', which pays tribute to the king's conduct during the War of the Polish Succession, and 'Du beau palais de Lunéville', which compares the court of Stanislas to that of Versailles.[34] The 'azile' of the poem would have been relief only from bustle and intrigue; at

[33] Weaker claims were advanced by Augustus III of Poland and Philip V of Spain.
[34] *OC*, vol.30A (2003), p.369-89, *passim*.

Lunéville Voltaire must have been in the midst of anxiety about the war and speculation about the terms of the peace almost as much as at Versailles, although nothing is said about the fortunes of Lorraine in the 'tableau de l'Europe' which takes up the first part of the *Panégyrique*.

The emergence of Prussia – a second-rank power until 1735 – was perhaps the most militarily significant aspect of the war in Europe. In 1740 France was quicker than the other powers to spot this, and signed a defensive alliance with Frederick II in 1741, agreeing to support the elector of Bavaria. Frederick had been an admirer of Voltaire since 1736,[35] and in 1740 Voltaire paid his first visit to Berlin. Although Frederick had been king for only a few months when Charles VI died he was aware of the economic and military weakness of Austria, and as elector of Brandenburg he had a part to play in the question of the Austrian succession. In the autumn of 1740 he offered to support the claims of Maria Theresa against Charles Albert of Bavaria in return for Austrian recognition of his own weak claims to certain territories in Silesia. When Austria demurred Frederick seized the territories, and soon overran the entire province. He then signed a separate peace treaty with Austria in 1742, leaving France to support Bavaria unaided. Voltaire a little later wrote to Frederick: 'Vous n'êtes donc plus notre allié, Sire? Mais vous serez celui du genre humain; vous voudrez que chacun jouisse de ses droits, et de son héritage,[36] et qu'il n'y ait point de troubles' (D2623). This letter was opened in the post and caused much trouble for Voltaire. In 1743 Voltaire paid a second visit to Berlin of an ostensibly personal nature, but with the additional purpose, endorsed by Fleury, of persuading

[35] On Voltaire and Frederick see Christiane Mervaud, *Voltaire et Frédéric II. Une dramaturgie des Lumières, 1736-1778, SVEC* 234 (1985). In 1739 Voltaire entered into a collaboration with Frederick over his *Anti-Machiavel*, and in at least two places toned down Frederick's words for fear of offending Louis XV: see *Anti-Machiavel*, ed. Werner Bahner and Helga Bergman, *OC*, vol.19 (1996), p.207, 231.
[36] See below, line 114, where Voltaire gives these words to Louis.

Frederick to stay out of the conflict. [37] Frederick's principal enemy was Austria, however, and in 1744 he urged France to join a second alliance against Austria. By the Treaty of Dresden between Austria and Prussia in 1745 Prussia gained Silesia and withdrew from the war. Louis's anger at Frederick's unreliability only confirmed his view of Frederick's friend Voltaire.

Although George II of England had his own role in the imperial struggle as elector of Hanover, and Britain upheld Maria Theresa's claim financially as well as diplomatically, Britain and France were not at war until 1743-1744. From 1743 Britain deployed a defensive land army in the Netherlands and on the Rhine, although this was heavily depleted by the need to meet the Jacobite uprising in 1745-1746, supported by France, whose subsidiary aim was to harry the British, both with regard to the security of the electorate of Hanover and in supporting the claims of the Stuart pretenders to the British throne. [38]

These aims, together with a desire to emulate his great-grandfather, were the principal reasons for Louis's invasion of the Netherlands in 1744. The king's presence in the first of these Flanders campaigns and the military victories of the maréchal de Saxe, eulogised in the *Panégyrique* and other texts in this volume, endowed this theatre of the war with a glory out of proportion to its real importance. Despite the success of the two Flanders campaigns, in terms of France's long-term aims of nullifying Habsburg influence in Germany and curbing the ambitions of the British, the war was an expensive failure.

The main aim of Philip V of Spain, a grandson of Louis XIV, was to regain the Italian territories lost to Austria in 1713. Other Italian duchies, led by Charles Emmanuel III, king of Sardinia and

[37] See C. Mervaud, *Voltaire et Frédéric II*, p.136-56; also Jean Sareil, 'La mission diplomatique de Voltaire en 1743', *Dix-huitième siècle* 4 (1972), p.271-99.

[38] Voltaire himself, in his professional capacity as *historiographe du roi*, was the author of a *Manifeste du roi de France en faveur du prince Charles-Edouard* (M.xxiii.203-204).

duke of Savoy, were keen to throw off the yoke of Spain. A curious feature of the war was prolonged fighting between Spain and Sardinia along the valley of the Isère, in which France took no part. Milan was ruled by Austria, gained from the War of the Polish Succession. Genoa was an independent republic, in a secret alliance from March 1745 with France, Spain and Naples. The politics of Italy were thus so complicated that no consolidation of power was possible.

Russia had been an important ally of Austria in the War of the Polish Succession but had no particular interest in the Austrian succession, and French diplomacy kept Russia occupied by a separate quarrel with Sweden between 1741 and 1746. In 1746 the Empress Anna signed an alliance with Maria Theresa and eventually despatched a large army to her aid. The arrival of a Russian army on the banks of the Meuse, although too late to prevent the French from taking Maastricht in May 1748, was a determining factor in deciding Louis to make peace.

Austria and France ceased hostilities in January 1748, and in April the congress to negotiate the peace assembled at Aix-la-Chapelle. The signatories of the treaty eventually signed on 16 October 1748 were Britain, France, Holland and Spain. Austria and Sardinia signed in November. In the concluding paragraph of the *Histoire de la guerre de 1741* Voltaire comments: 'Ce traité de paix fut le premier qui fut uniquement rédigé en langue française. Rien n'est plus convenable et plus commode.' It seems likely that when he wrote the *Panégyrique* this point had not yet struck him as it would have fitted his theme well.

As Voltaire was aware, the terms of the treaty did nothing to settle what was in fact the main dispute, namely the overseas differences of Britain, France and Spain. It was widely regarded as no more than a truce, and was certainly no basis for a lasting peace. Its most significant aspect was the reciprocal restitution of all conquests. Maria Theresa gained a guarantee of the maintenance of the Pragmatic Sanction but surrendered the Italian duchies to Spain. The cession to Prussia of Silesia was confirmed, making

Frederick the biggest gainer. [39] Britain secured confirmation of the Hanoverian succession, and the exile from France of the descendants of James II. The Dutch border fortresses were returned. Of the major powers France alone was left with nothing to show for eight years fighting in Europe. Attempting to defend the Peace was a brave undertaking.

3. Voltaire, 'panégyriste' of Louis XV

By 1748 Louis *le bien aimé* had widely become *le mal aimé*. Distress caused by taxation to support the war was exacerbated by a bad harvest in 1748 and the social disturbances caused by demobilised troops. The reform of the king's private life, so hastily undertaken at Metz in 1744, had lasted only a few months before the installation at Versailles of Mme de Pompadour, and further, Louis's dislike of parade and ceremonial meant that the people rarely saw him: after the Flanders campaigns of 1744-1745 and 1747 he kept close to the palace circuit for the rest of his life. The Peace of Aix-la-Chapelle was unpopular, and many might have thought the less said about it the better.

Voltaire therefore had a hard task before him. In mid-eighteenth-century France the writing of history was predominantly the writing of military campaigns. The role of historiographer was therefore almost by definition uncongenial to Voltaire, who was in principle opposed to war. [40] At the same time the king disliked and

[39] As Voltaire realised. Referring to the *Histoire de la guerre de 1741* he wrote to Fawkener in November 1748: 'I do write the history of the late fatal war which did much harm to all the parties, and which did good only to the king of Prussia' (D3803).

[40] The low priority that Voltaire attributed to war and politics as opposed to learning and science is demonstrated in the *Lettres philosophiques*. 'Puis donc que vous exigez que je parle des hommes célèbres qu'a portés l'Angleterre, je commencerai par les Bacons, les Lockes, les Newtons, etc. Les généraux et les ministres viendront à leur tour' (letter XII, ed. G. Lanson and A.-M. Rousseau, Paris 1964, i.152-53). Voltaire saw war himself at first hand when he visited the French

distrusted Voltaire. The surprising thing, therefore, is that the post of *historiographe du roi* was offered to Voltaire in 1745, and accepted by him in the first place, rather than that the outcome was mutually frustrating and disappointing.

Voltaire's acceptance is perhaps the more easy to understand. He had been hoping for such a distinction: it was part of the motive behind the *Discours sur les événements de l'année 1744*, the *Epître au roi présentée à sa majesté au camp devant Fribourg* and other poems of 1744. He was flattered, and pleased to compare himself to his predecessors Racine and Boileau, although he did not enjoy their financial rewards. [41] In addition, he expected his privileged access to the royal archives to be of help to him in the preparation of *Le Siècle de Louis XIV*. Things began well, with the war entering its most successful phase for France in the spring of 1745 and the victory at Fontenoy on 12 May. Although Voltaire disliked war he admired heroes, and the first Flanders campaign made it easy for him to paint Louis in this light. The *Poème de Fontenoy* appeared before the end of May, and in June – having first obtained permission through Mme de Pompadour – he appended to it a short dedicatory letter 'Au Roi': 'Sire, Je n'avais osé dédier à Votre Majesté les premiers essais de cet ouvrage; je craignais surtout de déplaire au plus modeste des vainqueurs; mais, Sire, ce n'est point ici un panégyrique; c'est une peinture fidèle.' [42]

The *Poème de Fontenoy* was followed by *Le Temple de la gloire*, a gala opera to celebrate the success of the French army in Flanders, commissioned by the duc de Richelieu and given a lavish performance at Versailles in November 1745. The concept of

---

camp at Phillipsburg in 1734. 'Voilà, madame, la folie humaine dans toute sa gloire et dans toute son horreur', he wrote to the comtesse de La Neuville (D766). The article 'Guerre' in the *Questions sur l'Encyclopédie* is influenced by the War of the Austrian Succession as well as the Seven Years War.

  [41] As he notes in the *Lettre* [...] *sur la victoire remportée par le roi à Laufelt*, above in this volume, lines 104-107 and notes.

  [42] M.viii.371. It is likely that the 'premiers essais', approved by Marville on 17 and 18 May, were entitled 'Panégyrique'.

'gloire' was closely associated by Voltaire with Louis XIV, and he uses it in the preface to *Le Temple de la gloire* in terms that anticipate the *Panégyrique*:

Trajan, dans ce poème, ainsi que dans sa vie, ne court pas après la gloire; il n'est occupé que de son devoir; et la gloire vole au-devant de lui; elle le couronne, elle le place dans son temple; il en fait le temple du bonheur public. Il ne rapporte rien à soi, il ne songe qu'à être bienfaiteur des hommes; et les éloges de l'empire entier viennent le chercher, parce qu'il ne cherchait que le bien de l'empire.[43]

In December 1745 Voltaire's tributes to the king reached new heights with suggestions for the inscriptions on the memorial gateway in Nevers:

Sur la frise de dehors
Au grand homme modeste, au plus doux des vainqueurs
Au père de l'état, au maître de nos cœurs

Sur la frise du côté de la ville
Sous ces arcs triomphaux, venez dans nos remparts,
Fruits heureux de la paix, du commerce et des arts

The inscriptions were accepted, and signed 'Par M. de Voltaire, historiographe du roi'.[44]

In 1747 Voltaire's verse letter to the duchesse du Maine celebrating the battle of Lauffeldt gives much of the credit to the king not only in the title 'la victoire remportée par le roi' but with such extravagant lines such as:

La gloire parle, et Louis me réveille;
Le nom du roi charme toujours l'oreille.[45]

---

[43] M.iv.350. The anecdote recorded by Condorcet (M.i.229) that Voltaire approached Louis after the performance and asked 'Trajan, est-il content?' is appealing, but apocryphal: see R. Vaillot, *Avec Mme Du Châtelet, Voltaire en son temps*, 2nd edn (Paris and Oxford 1995), i.475.

[44] D3271 and commentary, to Jean-Bernard Le Blanc, 15 December 1745.

[45] See above, *Lettre* [...] *sur la victoire remportée par le roi à Laufelt*, lines 20-21. The significance lay in its being an essential preliminary to the taking of Maastricht.

By 1748, then, Voltaire had praised the king in verse, in an opera libretto, and in stone. His task with the *Panégyrique* was harder, because the passage of time had made the glorious victories seem less glorious, and he was by now disillusioned and frustrated with his life at court and his royal appointments. Hopes of a peace in 1747 had been disappointed ('Que j'aurai de plaisir de finir cette histoire par la signature du traité du paix!' he had written to d'Argenson early in January 1746, D3310), and the disgrace of d'Argenson himself in January 1747 was felt keenly. The *Histoire de la guerre de 1741*, down to the siege of Ghent in 1746, was sent to the king, again through the offices of Mme de Pompadour, but was not acknowledged. The *Eloge des officers qui sont morts dans la guerre de 1741* – dated 1 June 1748, but not published until early 1749 – expresses Voltaire's real feelings about war.[46] The unfinished *Histoire de la guerre de 1741* is cast aside.[47] Collé recounts the story of some particularly savage words allegedly spoken by Voltaire in the foyer of the Comédie-Française during a rehearsal of *Sémiramis* in August 1748 – shortly after the composition of the *Panégyrique*. The duke of Würtemberg had asked him whether he often went to Versailles. '"Ma foi, mon prince", répondit Voltaire, "voulez-vous que je vous dise, je n'y vais pas; on ne peut plus le voir qu'à son petit lever. Cet homme (ce sont ses termes en parlant du roi dans un foyer) se lève tantôt à dix heures, tantôt à deux heures, une autre fois à midi, on ne peut compter sur rien. Moi je lui ai dit: "Sire, quand Votre Majesté voudra de moi, elle aura la bonté de me donner ses ordres."' The story may be apocryphal, but for it to have been recorded at all shows that Voltaire's disenchantment with the king was well known.[48]

Although Voltaire's eulogies of Louis XV and attempts to rank him with his predecessor went beyond conventional courtly

---

[46] See above, the introduction by R. Nablow to his edition.

[47] It was later incorporated almost entirely into the *Précis du siècle de Louis XV*.

[48] Charles Collé, *Journal et mémoires*, ed. H. Bonhomme (Paris 1864), i.3.

flattery to the point of sycophancy,[49] and although even in 1748 he seemed unable to put the Flanders campaign of 1745 in perspective, his respect for the king's humanity and his desire for peace was none the less sincere. Louis himself was certainly in earnest in wishing the peace to be seen as his initiative and an expression of his own magnanimity in Europe, rather than a diplomatic necessity to protect France's interests against the threat from Russia on the one hand and British naval power on the other. Voltaire reflects this faithfully. He wrote to Hénault:

Oh! la paix n'est pas comme vous, monsieur, elle n'a pas l'approbation générale; et si vous poussiez votre charmant Abrégé de la chronologie jusque là, vous pourriez dire que Louis XV voulut faire le bonheur du monde à quelque prix que ce fût, et qu'on ne fut pas content. [...] Mon petit panégyrique est d'un bon citoyen, et c'est déjà une grande avance pour être dans vos bonnes grâces; je n'ai rien dit qui n'ait été dans mon cœur.[50]

Louis XV was unlike his predecessor, however, in that he did not much care for the arts, or for the company of musicians, artists and writers. He was formal in his ways, disliking wit, novelty or familiarity. As we have seen, he had additional reasons for reservations with regard to Voltaire because of the latter's friendship with Frederick. Voltaire's appointment as historiographer was almost certainly due largely to the influence of d'Argenson, who was appointed minister for war in December 1744, and his position as *gentilhomme de la chambre du roi*, acquired in 1746, he probably owed to the influence of Mme de Pompadour. The queen shared the king's dislike of Voltaire, and not only because of his friendship with Mme de Pompadour. As the daughter of Stanislas Leszczynski she had her own interests in the war and her own reasons to distrust Voltaire's friendship with Frederick.

[49] See the 'Extrait d'une lettre' and the 'Préface de l'auteur' below, where Voltaire dismisses accusations of flattery as though he is surprised that they have been made.

[50] D3980, textual notes. On Voltaire's assessment of Louis and the Peace, see the introduction by Catherine Volpilhac-Auger to her edition of the *Panégyrique*, 'Voltaire Panégyrique de Louis XV', in *1748. L'Année de L'Esprit des lois*, ed. Catherine Larrère and Catherine Volpilhac-Auger (Paris 1999), p.167-69.

From 1745 a counter-balance at court was provided by Mme de Pompadour, whose genuine interest in the theatre and in having plays performed at Versailles was of great benefit to Voltaire, who had been acquainted with her since she took part in some amateur theatricals at Etioles and performed in *Zaïre*.[51] Some contemporaries saw in her the original of the sultana Shéraa of the 'Epître dédicatoire' to *Zadig*.[52] In 1747 Voltaire wrote her two poems, whose acknowledgement of Louis's infatuation with her offended the queen and annoyed the king, and so contributed to the atmosphere of hostility surrounding him at court.[53]

In choosing the title he did, Voltaire almost certainly hoped to have the opportunity to pronounce his *Panégyrique* before a worthy audience; indeed the suggestion is blatantly made in the 'Extrait d'une lettre'. In choosing such a title he was courting comparison with another of the historiographers of Louis XIV, Paul Pellisson, but his text is not written in the formal sermon-like style previously associated with *panégyriques*. It lacks conventional expressions of piety and it omits any reference to Louis's devout personality.[54] It has the ring of a *Poème de Fontenoy* in prose more than that of a panegyric.

[51] Jean Sareil, *Voltaire et les grands* (Geneva 1978), p.103-106. Cf. the *Commentaire historique*: 'La fille [de M. Poisson] était bien élevée, sage, aimable, remplie de grâces et de talents. [...] Je la connaissais assez: je fus même le confident de son amour. Elle m'avouait qu'elle avait toujours eu un secret pressentiment qu'elle serait aimée du roi, et qu'elle s'était senti une violente inclination pour lui' (M.i.33). Voltaire also seems to have known the young Mlle Poisson through her godfather Pâris-Montmartel (favourably mentioned in the *Panégyrique*): Vaillot, *Voltaire en son temps*, i.456-58.

[52] *Les Cinq années littéraires* (1752), i.142.

[53] *OC*, vol.30A, p.424-29. This friendship suffered some tensions in the autumn of 1748 when Mme de Pompadour also patronised Crébillon's *Catilina*.

[54] The traditional form of the *panégyrique* was used by Voltaire himself in the *Panégyrique de saint Louis* written in the summer of 1749. It is tempting to think that the *Panégyrique de Louis XV* may have influenced Mme Du Châtelet and Mme Dupin to ask Voltaire's assistance with the composition of this sermon, ostensibly the work of Mme Dupin's nephew the abbé d'Arty: see *Panégyrique de saint Louis, roi de France. Prononcé dans la chapelle du Louvre [...] le 25 août 1749 par M. l'abbé d'Arty*, ed. Mark Waddicor, *OC*, vol.31B (1994), p.493-519.

It may be that the emphasis on the war as a whole, and the praise of other heroes, is what Louis disliked, and if he knew about the unpublished *Eloge des officiers*, or if he had read the chapters of the *Histoire de la guerre de 1741* that had been sent to him, he might have doubted Voltaire's sincerity. Condorcet puts a different slant on Louis's attitude to Voltaire. His conclusion is that Voltaire overdid it:

Louis XV avait pour Voltaire une sorte d'éloignement. Il avait flatté ce prince plus qu'il ne convenait à sa propre gloire; mais l'habitude rend les rois presque insensibles à la flatterie publique. La seule qui les séduise est la flatterie adroite des courtisans, qui, s'exerçant sur les petites choses, se répète tous les jours, et sait choisir ses moments; qui consiste moins dans les louanges directes que dans une adroite approbation des passions, des goûts, des actions, des discours du prince. [...] Les louanges des hommes de génie ne touchent que les rois qui aiment véritablement la gloire. [55]

Disillusion with the outcome of his five years as *historiographe du roi* was part of the melancholy that Voltaire carried with him to Berlin in 1750, together with the unfinished manuscript of the *Histoire de la guerre de 1741*. En route he wrote to Mme Denis: 'Sachez donc que je partis de Compiègne le 25 juillet, prenant ma route par la Flandre, et qu'en bon historiographe et bon citoyen j'allai voir en passant les champs de Fontenoi, de Raucoux et de Lauffelt. Il n'y paraissait pas. Tout cela était couvert des plus beaux blés du monde. Les Flamands et les Flamandes dansaient comme si de rien n'eût été' (D4169).

4. *Editions and translations*

It is not easy to determine the sequence of the separate editions of the *Panégyrique* in the second half of 1748. Barbier lists six separate editions of the *Panégyrique* overall, probably our 48A, 48B, 48C, 48D, 48G and 49A. Of the editions we have seen 48B-48D follow

[55] Condorcet, *Vie de Voltaire* (1789) (M.i.229).

the text of 48A with only minor amendments. Apart from printers' errors introduced and corrected, new variants as introduced are retained in succeeding editions. The most substantial changes come in the fourth edition (our 48F), which in addition to inserting new paragraphs after lines 291 and 412 also introduces the 'Extrait d'une lettre du président de ***' (Appendix I below). 48G introduces a few further minor changes together with the 'Préface de l'auteur' (Appendix II below); this is the text followed by our 49A, 49B and w51. This edition also clarifies an ambiguous statement about the king of Sardinia that had been criticised by the *Mémoires de Trévoux* (line 91). The sixth edition (49A) is the edition that was translated into several languages. The other collective editions, NM, w68, w75G and K, vary in the presence or absence of the 'Extrait d'une lettre' and the Préface, but they differ from w51 in that they all reproduce the text of 48F, lacking the variants of 48G-49B.

As already noted, all the separate editions were published anonymously, and only 48B gives the place of publication. Bengesco suggests Paris as the place of publication for all the separate editions. The last line of the 'Extrait d'une lettre' makes it clear, however, that the *Panégyrique* had not yet been printed in the capital. On the basis of D3726 quoted above, and of the typography, BnC considers that this edition was printed by Bruyset in Lyon. [56]

---

[56] On Voltaire's dealings with the frères Bruyset and other Lyon printers, see Dominique Varrey, 'Voltaire et les imprimeurs-libraires lyonnais', *Voltaire et ses combats*, ed. Ulla Kölving and Christiane Mervaud (Oxford 1997), i.483-507. Varrey follows the catalogue of the Bibliothèque nationale in listing three 1748 editions of the *Panégyrique* as emanating from Lyon. See also Louis Trénard, 'Voltaire et ses relations lyonnaises', in *Lyon et l'Europe: hommage et société. Mélanges offerts à Richard Gascon*, ed. Trénard (Lyon 1980), ii.297-312.

Editions

48A

PANEGYRIQUE / de / LOUIS XV. / [*ornament: large fleuron; central oval with 3 fleurs de lys and crown*] [*thick-thin rule*] / M. DCC. XLVIII.

8°. Signatures A-F.

Half-title, title page, 1-49 Panégyrique de Louis XV. Page 1 with rectangular ornament, beneath it: *LUDOVICO* / DECIMO-QUINTO, / de / *HUMANO GENERE* / BENE MERITO. First line begins with dropped capital 'U'.

Bengesco 1598 (ii.42). BnC 3790.

Probably printed in Lyon by Bruyset.

Paris, BnF: Rés. Z Beuchot 620.

48B

PANÉGYRIQUE / DE / LOUIS XV. / LE BIEN AIMÉ [*fleuron*] À CLERMONT-FERRAND / De l'imprimerie. de Pierre Boutaudon, / seul Imprimeur du Roy 1748. [*thick rule*]

8°. 30p.

Title page [2 blank], 3-30 Panégyrique de Louis XV. Page 3 with rectangular ornament over the title; below it a thick-thin-thick rule. Dropped capital 'U' in ornamental box.

Page [31] Vû, permis d'imprimer ce vingt-quatre mil sept cens quarante-huit signé LANGLOIS DU BOUCHET.

The text is almost identical with 48A; introduces minor variants at lines 72, 115 and 316; misprints at lines 129, 224, 247, 328.

BnC 3798 *bis*.

Paris, BnF LB38 594 D.

48C

PANEGYRIQUE / de / LOUIS XV / [*ornament: fleuron with 2 cherubs; central oval with 3 fleurs de lys and crown*] [*thick-thin rule*] / M. DCC. XLVIII.

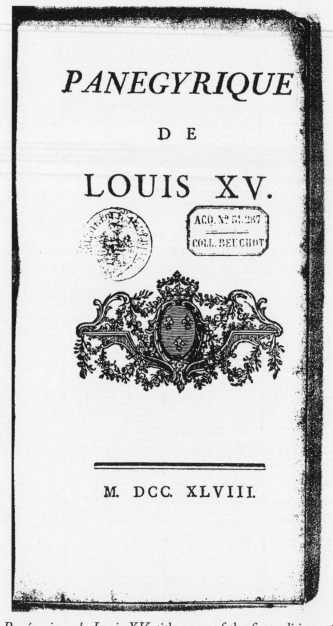

PANEGYRIQUE

DE

LOUIS XV.

M. DCC. XLVIII.

3. *Panégyrique de Louis XV*: title page of the first edition, 48A.

8°. Signatures A-E.

Half-title, title page, 1-39 Panégyrique de Louis XV. Page 1 with rectangular design identical to 48A, wording beneath it identical to 48B. First line begins with dropped capital 'U'.

Text identical to 48B except for the variant at line 316.

See Bengesco 1598 (ii.43). BnC 3791.[57]

Paris, BnF: 8° LB38 594 A; Z 2284 LA.

48D

PANEGYRIQUE / DE / LOUIS XV. / [*ornament: central roundel with 3 fleurs de lys and crown*] [*thin-thick-thin rule*] / M. DCC. XLVIII.[58]

8°. Signatures A-D.

Half title, page with allegorical illustration of bust of Louis on short column with inscription 'Ludovico XV Victori Pacificatori Patri Patriae M.DCC.XLVIII', and standing female figure (representing France?), title-page, [1]-44 Panégyrique de Louis XV. Page 1 with illustration of battlefield, beneath it PANEGYRIQUE / DE / LOUIS XV. [*thin-thick-thin rule*] *LUDOVICO decimo-quinto, de humano genere bene merito*. First line begins with dropped capital 'U' in ornamental box.

Text almost identical with 48B. No paragraph breaks at lines 21, 24, 27 and 30; introduces an error at line 316.

See Bengesco 1598 (ii.43). BnC 3793.

Paris, BnF: 8° LB38 594; Rés. Z Beuchot 621.

48E

PANEGYRIQUE / DE / LOUIS XV. / [*thick-thin rule, ornament: fleuron and central oval with 3 fleurs de lys and crown*] [*thick-thin rule*] / M. DCC. XLVIII.

8°. Signatures A-C.

[57] BnC 3792 is another version of this edition.
[58] BnC, which does not list our 48F below, identifies this as the fourth edition, printed for Voltaire by Briflot at Bar-le-Duc in the summer of 1748: see Durival, *Description de la Lorraine*, i.196.

Half-title, title page, 5-32 Panégyrique de Louis XV. Page 5 has oblong ornament, full title title below, thick-thin rule; dedicatory wording and dropped capital 'U' in box identical to 48B.

The text of 48B, with errors introduced at lines 100, 151, 159, 365 and 389.

Copy consulted: Cambridge, Mass.: Harvard University Library FC7.

48F

PANEGYRIQUE / DE / LOUIS XV. / [*ornament: fleuron of branches and central roundel with 3 fleurs de lys and crown with banner under*] [*thin-thick-thin rule*] / M. DCC. XLVIII. [59]

8°. Signatures A-E.

Half-title with addition of QUATRIÈME ÉDITION, title page, Extrait d'une lettre de M. le Président de ***, 5-40 Panégyrique de Louis XV. Page 5 with rectangular ornament; dedicatory wording below and dropped capital 'U' identical to 48A.

Introduces substantial new paragraphs after lines 291 and 412; introduces minor variants at lines 25, 108, 198, 220, 300, 331 and 344; introduces at line 339 the error 'couvrir' for 'courir' that is followed through to Kehl.

Chicago, University Library DC 134 V9. 'par Voltaire' written on title page.

48G

PANEGYRIQUE / DE / LOUIS XV. / [*ornament: fleuron and central roundel with 3 fleurs de lys and large crown*] [*thick-thin rule*] / M. DCC. XLVIII. [60]

8°. Signatures A-C.

Half-title with addition of CINQUIÉME ÉDITION, title page, Extrait d'une lettre de M. le Président de ***, [i]-viii Préface de l'auteur, [5]-39,

[59] Said by Durival to have been printed by Briflot at Bar-le-Duc (*Description de la Lorraine*, i.196).

[60] Said by Durival to have been printed by Lefèvre at Nancy (*Description de la Lorraine*, i.196). R. Vaillot notes that this edition is printed on the same paper as that used by Lefèvre for the second part of *Zadig*: see *Voltaire en son temps*, i.571; also *Zadig*, ed. H. T. Mason *OC*, 30B (2004), p.71-73.

Panégyrique de Louis XV. Page 5 with oblong design, dedicatory wording as 48A, dropped capital 'U' in ornamental box.

The text of 48E, with minor variants introduced at lines 131, 217, 219, 227, 302 and 430; printing errors at lines 260 and 354.

BnC 3795.

Paris, BnF: 8° LB38 594 B.

49A1

PANEGYRIQUE / DE / LOUIS XV. / SIXIEME EDITION / [*ornament: angel with trumpet*] [*thick-thin rule*] / M. DCC. XLIX.

8°. Signatures A-D.

Title page, 1-36 Panégyrique de Louis XV, [37]-50 Réponse de l'auteur à quelques critiques. Page 1 has rectangular ornament, dedicatory wording identical to 48A, dropped capital 'U' in ornamental box.

The text of 48G with new variants at lines 47, 147 and 208.

BnC 3796.[61]

Paris, BnF: 8° LB38 594 C; Rés. Z Beuchot 264; Rés. Z Beuchot 624.

49A2

PANEGYRIQUE / DE / LOUIS XV. / SIXIEME EDITION / avec les traductions latine, italienne, espagnole & anglaise' [*ornament: angel with trumpet*] [*thick-thin rule*] / M. DCC. XLIX.

8°. Signatures A-D.

Title page, 1-36 Panégyrique de Louis XV. The French text is as before, with the correction of the error A ii for A iii on page 5.

Each translation has separate title-page and pagination: Panegyricus in honorem Ludovici XV, de humano genere bene meriti [47 p.]; Panegirico in onore di Luigi XV, benemerito del genere umano [44 p.] [*translation printed in italic*]; Traduction espagnole du Panégyrique de Louis XV [39 p.]; Traduction anglaise du Panégyrique de Louis XV [45 p.] [*translation printed in italic*].

---

[61] BnC notes 'Edition faite à Lyon, comme les premières'.

Bengesco 1598 (ii.43-44). BnC 3797.[62]

Paris, BnF: Z Bengesco 265; Z Beuchot 625, also 8° LB38 595, which includes the Réponse de l'auteur.

A copy of this edition, bound in red marocain with the arms of Louis XV, is to be found in the Bibliothèque municipale de Versailles, Yvelines, Rés. in-8 E 142 b, Fonds ancien 2.[63]

49B

PANEGYRIQUE / DE / LOUIS XV. / [rule] SEPTIEME EDITION [rule] / [ornament: fleuron with central roundel, 3 fleur de lys and crown] [thick-thin rule] / M. DCC. XLIX.

8°. Signatures A-E.

Title page, 3-38 Panégyrique de Louis XV. Page 3 with rectangular ornament, dedicatory wording below as 48A, dropped capital 'U' surrounded by fleurons.

Lacks both the Extrait d'une lettre and the Préface. The text of 49A with new variants at lines 33, 188, 255 and 272.

Copy consulted: Ithaca, NY: Cornell University Library Rare DE 134 V93 1749a.

49C

PANÉGIRIQUE / de / LOUIS XV. / Fondé sur les Faits & sur / les Evénemens les plus / interessans. / [ornament: branches and central roundel with 3 fleurs de lys and crown] [thick-thin rule] / M.DCC.XLIX.

8°. Signatures A-C. 45 pp.

The text of 48F.

Brussels, Bibliothèque royale, FS 149 A. Collection Launoit.

[62] Both Bengesco and BnC give the place of publication as Lyon. BnC 3798 is another edition.

[63] On the presentation of the Panégyrique to the king, see section 1 above, and below, Compliment fait au roi.

w50

La Henriade et autres ouvrages. Londres [Rouen]: Société, 1750-1752.
10 vol. 12°.

No evidence of Voltaire's participation.

Volume ix, p.305-27, 'Panégyrique de Louis XV'.

Bengesco 2130; Trapnell 50R; BnC 39.

Grenoble, Bibliothèque municipale.

w51

Œuvres de M. de Voltaire. [Paris: Lambert], 1751. 11 vol. 12°.

Produced with the participation of Voltaire.

Volume ii, p.223-55, 'Panégyrique de Louis XV'.

Contains the Préface de l'auteur (p.227-32), and the Extrait d'une lettre
(p.233-34). [Volume erratically paginated]

Bengesco 2131; Trapnell 51P; BnC 40-41.

Oxford, Taylor: V1 1751 (2). Paris, Arsenal: 8° B 13057; BnF: Rés. Z
Beuchot 13.

w57P

Œuvres de M. de Voltaire. [Paris: Lambert], 1757. 22 vol. 12°.

Produced with Voltaire's participation.

Volume viii, p.459-86, 'Panégyrique de Louis XV'.

Contains both the Préface de l'auteur and the Extrait d'une lettre.

Bengesco 2135; Trapnell 57P; BnC 45-54.

Paris, BnF: Z 24642-24663.

w64R

Collection complette des œuvres de M. de Voltaire. Amsterdam: Compagnie
[Rouen: Machuel], 1764. 22 tomes in 18 vol. 12°.

Edition disowned by Voltaire.

Volume xvii part I, p.301-16, 'Panégyrique de Louis XV'.

Contains the Extrait d'une lettre but lacks the Préface de l'auteur.

Bengesco 2136; Trapnell 64R; BnC 145-48.

Paris, BnF: Rés. Z Beuchot 26.

NM (1765)

Nouveaux Mélanges philosophiques, historiques, critiques, etc., première [dix-neuvième] partie, [Genève: Cramer], 1765-1775. 8°.

Volume ii (1765), p.7-26, 'Panégyrique de Louis XV, fondé sur les faits et sur les événements les plus intéressants jusqu'en 1749' followed by the Extrait d'une lettre. Lacks the Préface de l'auteur.

Bengesco 2212; BnC 111-135 (127); Trapnell NM.

Paris, BnF: Rés. Z Bengesco 487 (ii).

70

'Panégyrique de Louis XV'. Amsterdam François l'Honoré. 1770.

16°. 41 p.

Not seen.

w68 (1771)

Collection complette des œuvres de M. de Voltaire. [Genève: Cramer; Paris: Panckoucke], 1768-1777. 30 vol. 4°.

Volumes i-xxiv were produced by Cramer under Voltaire's supervision.

Volume xvi (1771), 'Mélanges philosophiques, littéraires, historiques', p.1-14, 'Panégyrique de Louis XV'.

Contains the Extrait d'une lettre (p.1) but lacks the Préface de l'auteur.

Bengesco 2137; Trapnell 68; BnC 141-44.

Oxford: VF.

w71 (1772)

Collection complette des œuvres de M. de Voltaire. Genève [Liège: Plomteux], 1771. 32 vol. 12°.

No evidence of Voltaire's participation.

Volume xv (1773), p.2-16, 'Panégyrique de Louis XV'.

Bengesco 2139; Trapnell 71; BnC 151.

Oxford, Taylor: VF.

w70L (1773)

Collection complette des œuvres de M. de Voltaire. Lausanne: Grasset, 1770-1781. 57 vol. 8°.

Some volumes, particularly the theatre, were produced with Voltaire's participation.

Volume xxxi (1773), p.333-52, 'Panégyrique de Louis XV'.

Bengesco 2138; Trapnell 70L; BnC 149 (1-6, 14-21, 25).

Lausanne, Bibliothèque cantonale et universitaire. Oxford, Taylor: V1 1770 L (31).

w72P (1773)

Œuvres de M. de V.... Neufchâtel [Paris: Panckoucke], 1771-1777. 34 or 40 vol. 8° and 12°.

Reproduces the text of w68. No evidence of Voltaire's participation.

Volume xvii (1773), p.5-30, 'Panégyrique de Louis XV'.

Contains the Extrait d'une lettre but lacks the Préface de l'auteur.

Bengesco 2140; Trapnell 72P; BnC 152-57.

Paris, Arsenal: Rf. 14095.

w75G

La Henriade, divers autres poèmes et toutes les pièces relatives à l'épopée. Genève [Cramer & Bardin], 1775. 37 [40] vol. 8°.

The *encadrée* edition, produced at least in part under Voltaire's supervision.

Volume xxxiv, p.192-208, 'Panégyrique de Louis XV, fondé sur les faits et sur les événements les plus intéressants jusqu'en 1749'.

Contains the Extrait d'une lettre but lacks the Préface de l'auteur.

Bengesco 2141; Trapnell 75G; BnC 158-61.

Oxford, Taylor: V1 1775 (34); VF.

K

Œuvres complètes de Voltaire. [Kehl] Société littéraire-typographique, 1784-1789. 70 vol. 8°.

Volume xlvii, Mélanges littéraires, p.23-51, 'Panégyrique de Louis XV, fondé sur les faits et sur les événements les plus intéressants jusqu'en 1749'.

Contains the Préface de l'auteur (p.25-31), followed by the Extrait d'une lettre (p.32).

Oxford, Taylor: V1 1785/2 (47); VF. Paris, BnF: Rés. P Z 2209 (47).

Translations

The sixth edition of the *Panégyrique* exists in two versions, one of which (49A2) contains translations into Latin, English, Spanish and Italian. We have not been able to establish by whom these translations have been made. We have identified the following additional translation.

Italian

Panegirico de Luigi XV re de Francia. Venice, Giammaria Bassaglia, 1768. Translated by the poet Giorgio di Polcenigo (1715-1784).

5. *Principles of this edition*

The base text is the generally accepted first printing, 48A. Significant variants are drawn from the other early single editions (48B-48F, 49A, 49B) and from the collective editions in which Voltaire participated (W51, W57P, W68, W70L, W75G, K).

Treatment of the base text

The punctuation of the base text has been retained with the exception of the following minor modifications: we have replaced a semi-colon with a comma in line 17 (after 'prompte'); we have inserted a comma in line 251 (after 'consulte'); we have deleted a comma in line 268 (after 'jaloux'). For the sake of consistency reported speech has been put into italic at lines 112-117, 404-406 and 408-409. The following errors have been corrected: 'immortalisent' for 'immortalise' (line 22); 'terreins' for 'terrains' (line 280).

The spelling of proper names has been respected. The circumflex accent has been added to Gênes. The following aspects of orthography, grammar and presentation in the base text have been modified to conform to present-day usage:

I. Spelling

1. Consonants

- *t* was not used in the syllable endings -*ans* and -*ens*: enfans, établissemens, évenemens, fumans, habitans, monumens, tourmens.
- a single consonant was used in: courier, flate.
- double consonants were used in: fidelles, jettoit, renouvelles.
- archaic forms were used in: colomne, hasard, isle, n'aguères, sçavoir and its forms.

2. Vowels

- *y* was used in place of *i* in: ayeux, yvresse.

II. Accents

1. The acute accent

- was used in place of the grave in: assiégent, célébre, chérement, excés, fidéle, interprétes, régles, siécle, siége.
- was not used in: desespoir.

2. The circumflex accent

- was used in: prévû, pû, sû (as past participles), accoûtumer, soûtenir.
- was not used in: ame, graces.

3. The dieresis

- was used in: connuë, devenuë, imprévuë, nuës, perduë, renduës, répanduës.

III. Capitalisation

- full capitals were attributed to the entire title; and to LOUIS XV.
- small capitals were attributed to the second and subsequent letters of

the first word of all paragraphs, and for other kings: CHARLES VI, FRANÇOIS I.
– initial capitals were attributed to all proper nouns.

IV. Hyphenation
– the hyphen was used in: long-temps, par-tout.

V. Points of grammar
– the cardinal number *cent* was invariable.

VI. Various
– the ampersand was used.

PANÉGYRIQUE DE LOUIS XV

Ludovico
decimo quinto, de
humano genere
bene merito

Une voix faible et inconnue s'élève; mais elle sera l'interprète de tous les cœurs. Si elle ne l'est pas, elle est téméraire; si elle flatte, elle est coupable; car c'est outrager le trône et la patrie que de louer son prince des vertus qu'il n'a pas.

On sait assez que ceux qui sont à la tête des peuples sont jugés 5 par le public avec autant de sévérité qu'ils sont loués en face avec bassesse; que tout prince a pour juges les cœurs de ses sujets; qu'il ne tient qu'à lui de savoir son arrêt, et de se connaître ainsi lui-même. Il n'a qu'à consulter la voix publique, et surtout celle du petit nombre de juges, qui en tout genre entraîne à la longue 10 l'opinion du grand nombre, et qui seule se fait entendre à la postérité.

La réputation est la récompense des rois; la fortune leur a donné tout le reste; mais cette réputation est différente comme leurs caractères; plus éclatante chez les uns, plus solide chez les autres; 15 souvent accompagnée d'une admiration mêlée de crainte, quelquefois appuyée sur l'amour; ici, plus prompte, ailleurs, plus tardive; rarement pure et universelle.

a   48B: Panégyrique de Louis XV le bien aimé
    NM, W75G, K: Panégyrique de Louis XV, fondé sur les faits et sur les événements les plus intéressants, jusques en 1749 [NM, W75G: Extrait d'une lettre *follows*]
18-19   48G: [*no paragraph break*]

Louis XII, malheureux dans la guerre et dans la politique, vit les
cœurs du peuple se tourner vers lui, et fut consolé. [1]   20

François Ier, par sa valeur, par sa magnificence, et par la
protection des arts qui l'immortalise ressaisit la gloire qu'un rival
trop puissant lui avait enlevée. [2]

Henri IV, ce brave guerrier, ce bon prince, ce grand homme si
au dessus de son siècle, ne fut bien connu de tout le monde   25
qu'après sa mort; et c'est ce que lui-même avait prédit. [3]

Louis XIV frappa tous les yeux, pendant quarante ans, de l'éclat
de sa prospérité, de sa grandeur et de sa gloire, et fit parler en sa
faveur toutes les bouches de la renommée. [4]

Nos acclamations ont donné à Louis XV un titre qui doit   30
rassembler en lui bien d'autres titres; car il n'en est pas d'un

20   w51-K: cœurs de son peuple
20-21   48B, 48E, 48G: [no paragraph break]
22   β-49B: qui l'immortalisent, ressaisit
23-24   48B, 48E, 48G: [no paragraph break]
25   48F-K: ne fut connu
26-27   48B, 48E, 48G: [no paragraph break]
29-30   48B, 48E: [no paragraph break]

[1] Voltaire also refers to the affectionate nickname given to Louis XII, 'le père du
peuple', in the *Discours de réception à l'Académie* (*OC*, vol.30A, p.33), and in a note to
canto VII of *La Henriade* (*OC*, vol.2, p.539). Louis's attempts to assert French claims
in Italy were disastrous: in 1514 he was forced to conclude a truce with all his
enemies except Maximilian. In ch.34 of the *Précis du siècle de Louis XV* Voltaire
indirectly compares the costs to France of the Austrian campaign with the wars of
Louis XII.

[2] In *Le Siècle de Louis XIV* Voltaire puts this the other way: 'François Ier fit
naître le commerce, la navigation, les lettres et tous les arts; mais il fut trop
malheureux pour leur faire prendre racine en France, et tous périrent avec lui' (*OH*,
p.619). François Ier was opposed and defeated by Charles V in his resumption of the
Italian wars.

[3] Cf. *Essai sur les mœurs*, ch.174: 'Il n'est que trop vrai que Henri IV ne fut ni
connu ni aimé pendant sa vie' (ed. Pomeau, ii.557).

[4] The *Mémoires de Trévoux* criticised as irrelevant this introduction of four
previous kings; see Appendix II, lines 64-68 and note.

souverain comme d'un particulier: on peut aimer un citoyen médiocre; une nation n'aimera pas longtemps un prince qui ne sera pas un grand prince.

Ce temps sera toujours présent à la mémoire, où il commença à 35 gouverner et à combattre;[5] ce temps, où les fatigues réunies du cabinet et de la guerre le mirent au bord du tombeau. On se souvient de ces cris de douleur et de tendresse, de cette désolation, de ces larmes de toute la France; de cette foule consternée, qui, se précipitant dans les temples, interrompait par ses sanglots les 40 prières publiques; tandis que le prêtre pleurait en les prononçant, et pouvait les achever à peine.[6]

Au bruit de sa convalescence, avec quel transport nous passâmes de l'excès du désespoir à l'ivresse de la joie? Jamais les courriers qui ont apporté les nouvelles des plus grandes victoires ont-ils été reçus 45 comme celui qui vint nous dire: *Il est hors de danger?* Les témoignages de cet amour venaient de tous côtés au monarque: ceux qui l'entouraient lui en parlaient avec des larmes de joie; il se souleva soudain, par un effort, dans ce lit de douleur où il languissait encore: *Qu'ai-je donc fait*, s'écria-t-il, *pour être ainsi* 50 *aimé?* Ce fut l'expression naïve de ce caractère simple, qui n'ayant de faste ni dans la vertu, ni dans la gloire, savait à peine que sa grande âme fut connue.[7]

33   49B: nation n'aime pas
44   NM-K: joie! Jamais
47   49A: de notre amour

[5] After the death of Fleury in January 1743. Fleury had opposed the war; Louis joined it against his advice.

[6] In July 1744 Louis suffered a serious illness at Metz, after his first Flanders campaign. Although his known symptoms seem to point to no more than a violent influenza, at one point his life was despaired of. On 14 July he was given extreme unction by the bishop of Soissons. Certainly the illness of the monarch while on active campaign led to panic among his attendants which was relayed back to Paris and Versailles.

[7] Louis's recovery was seen by some as semi-miraculous. It was greeted joyously and celebrated widely in poems and pamphlets – including a *Panégyrique de*

Puisqu'il était ainsi aimé, il méritait de l'être. On peut se tromper dans l'admiration; on peut trop se hâter d'élever des monuments de gloire; on peut prendre de la fortune pour du mérite: mais, quand un peuple entier aime éperdument, peut-il errer? Le cœur du prince sentit ce que voulait dire ce cri de la nation: la crainte universelle de perdre un bon roi lui imposait la nécessité d'être le meilleur des rois. Après un triomphe si rare, il ne fallait pas une vertu commune. [8]

C'est à la nation à dire s'il a été fidèle à cet engagement que son cœur prenait avec les nôtres: c'est à elle de se rendre compte de sa félicité.

Il se trouvait engagé dans une guerre malheureuse, que son conseil avait entreprise pour soutenir un allié, qui depuis s'est détaché de nous. [9] Il avait à combattre une reine intrépide, qu'aucun péril n'avait ébranlée, et qui soulevait les nations en faveur de sa cause. [10] Elle avait porté son fils dans ses bras [11] à un peuple toujours révolté contre ses pères, et en avait fait un peuple fidèle qu'elle

55

60

65

---

57   49B: errer. ¶Le cœur
60-61   49A, 49B: [no paragraph break]

Louis XV by the avocat Duclos which was pronounced at Toulouse, as well as Godard d'Aucours's Bien aimé, conte allégorique (Paris 1744). Voltaire himself celebrated it in the Discours sur les événements de l'année 1744 (M.ix.430). The Mercure carried a full report of the king's illness and recovery and of the subsequent celebrations (August 1744, p.1891-911).

[8] The Mémoires de Trévoux objected to the word 'triomphe'; see Appendix II, lines 69-73.

[9] France entered the war in 1741 to support the claim of the elector of Bavaria, also supported by Frederick II of Prussia, who detached himself from France by signing a separate peace with Austria later the same year. An attempt has been made in the introduction to outline the course of the war and the objectives of the participants.

[10] Maria Theresa of Austria, the eldest daughter of the Emperor Charles. She was the subject of a poem by Voltaire in 1742, 'Fille de ces héros que l'Empire eut pour maître' (M.viii.450-52).

[11] The future Emperor Joseph I, born in March 1741. In that year Maria Theresa travelled to Bratislava, where she appealed for help from the Hungarian nobility.

remplissait de l'esprit de sa vengeance. Elle réunissait dans elle les 70
qualités des empereurs ses aïeux, et brûlait de cette émulation fatale
qui anima, deux cents ans, sa maison impériale contre la maison la
plus ancienne et la plus auguste du monde.

A cette fille des Césars s'unissait un roi d'Angleterre, qui savait
gouverner un peuple qui ne sait point servir. [12] Il menait ce peuple 75
valeureux, comme un cavalier habile pousse à toute bride un
coursier fougueux, dont il ne pourrait retenir l'impétuosité. Cette
nation, la dominatrice de l'Océan, voulait tenir, à main armée, la
balance sur la terre, afin qu'il n'y eût plus jamais d'équilibre sur les
mers. [13] Fière de l'avantage de pouvoir pénétrer vers nos frontières 80
par les terres de nos voisins, tandis que nous pouvions entrer à
peine dans son île; fière de ses victoires passées, de ses richesses
présentes, elle achetait contre nous des ennemis d'un bout de
l'Europe à l'autre; elle paraissait inépuisable dans ses ressources, et
irréconciliable dans sa haine. [14] 85

Un monarque qui veille à la garde des barrières que la nature
éleva entre la France et l'Italie, et qui semble, du haut des Alpes,
pouvoir déterminer la fortune, se déclarait contre nous après avoir
autrefois vaincu avec nous. On avait à redouter en lui un politique
et un guerrier; un prince qui savait bien choisir ses ministres et ses 90

---

72   48B-48E: anima, pendant deux

[12] Europe had looked on with amazement when the English executed Charles I
and drove out James II. It was now interested to see whether the Hanoverian
George II would secure his throne. France signed the Second Family Compact with
Spain in October 1743 and entered the war against Britain in May 1744.

[13] The *Mémoires de Trévoux* objected to this passage; see Appendix II, lines
112-16.

[14] Cf. *Lettre* [...] *sur la victoire remportée par le roi à Laufelt*, line 196 and note, and
Eloge des officiers qui sont morts dans la guerre de 1741, lines 119-21. Britain supported
Austria and subsidised the Austrian army in order to avoid Bourbon domination of
Europe.

généraux, et qui pouvait se passer d'eux, grand général lui-même et grand ministre. [15] L'Autriche se dépouillait de ses terres en sa faveur; l'Angleterre lui prodiguait ses trésors: tout concourait à le mettre en état de nous nuire. [16]

A tant d'ennemis se joignait cette république fondée sur le commerce, sur le travail, et sur les armes; cet Etat, qui toujours prêt d'être submergé par la mer, subsiste en dépit d'elle, et la fait servir à sa grandeur; république supérieure à celle de Carthage, parce qu'avec cent fois moins de territoire elle a eu les mêmes richesses. Ce peuple haïssait ses anciens protecteurs, [17] et servait la maison de ses anciens oppresseurs: ce peuple, autrefois le rival et le vainqueur de l'Angleterre sur les mers, se jetait dans les bras de ceux mêmes qui ont affaibli son commerce, et refusait l'alliance et la protection de ceux par qui son commerce florissait. Rien ne l'engageait dans la querelle: il pouvait même jouir de la gloire d'être médiateur entre les maisons de France et d'Autriche, entre l'Espagne et l'Angleterre; mais la défiance l'aveugla, et ses propres erreurs l'ont perdu. [18]

Ce peuple ne pouvait pas croire qu'un roi de France ne fût pas ambitieux. Le voilà donc qui rompt la neutralité qu'il a promise; le voilà qui, dans la crainte d'être opprimé un jour, ose attaquer un roi puissant, qui lui tendait les bras. En vain Louis XV leur répète à tous: *Je ne veux rien pour moi; je ne demande que la justice pour mes alliés: je veux que le commerce des nations et le vôtre*

95

100

105

110

91-92   48G, 49A, 49B, W51: pouvait combattre et gouverner sans eux, si les grands talents peuvent se passer de conseil. L'Autriche
100   48E: haïssait les anciens [*error*]
108   48F-K: ne pouvait croire
111   W51: bras. ¶En

[15] The *Mémoires de Trévoux* criticised this use of the word 'ministre'; see below Appendix II, lines 44-48.
[16] Charles Emmanuel III of Sardinia (joined since 1713 with Savoy-Piedmont) had fought with France against Austria in the War of the Polish Succession. He entered the present war in 1742 with the objective of gaining Milan from Austria.
[17] Spain.
[18] Cf. *Histoire de la guerre de 1741*, ch.24. Holland joined the war in 1743.

soit libre; que la fille de Charles VI jouisse de l'héritage immense de ses *pères; mais aussi qu'elle n'envie point la province de Parme à l'héritier* 115 *légitime;* [19] *que Genes ne soit point opprimée; qu'on ne lui ravisse pas un* *bien qui lui appartient, et dont elle ne peut jamais abuser.* Ces propositions étaient si modérées, si équitables, si désintéressées, si pures, qu'on ne put le croire. Cette vertu est trop rare chez les hommes; et quand elle se montre, on la prend d'abord pour de la 120 fausseté, ou pour de la faiblesse.

Il fallut donc combattre, sans que tant de nations liguées sussent en effet pourquoi l'on combattait. La cendre du dernier des empereurs autrichiens était arrosée du sang des nations, et lorque l'Allemagne elle-même était devenue tranquille, lorsque 125 la cause de tant de divisions ne subsistait plus, les cruels effets en duraient encore. En vain le roi voulait la paix; il ne pouvait l'obtenir que par des victoires.

Déjà les villes qu'il avait assiégées s'étaient rendues à ses armes: il vole sous les remparts de Tournai, avec son fils, son unique 130 espérance et la nôtre. [20] Il faut combattre contre une armée supérieure, dont les Anglais faisaient la principale force. C'est la bataille la plus heureuse et la plus grande par ses suites qu'on ait donnée depuis Philippe-Auguste; [21] c'est la première, depuis saint Louis,

---

115   48B-48E: *la petite province de*
119   48B-48E: ne peut le croire [*error*]
        48G, 49A, 49B, W51: ne put les croire
129   48B: assiégées s'était rendues [*error*]
131-132 48G, 49A, 49B, W51: armée formidable, dont

---

[19] Spain.
[20] In addition to the *Poème de Fontenoy*, Voltaire celebrated the victory in *La Clémence de Louis XIV et Louis XV dans la victoire*, 'Devoir des rois, leçons des sages' (M.viii.453-55).
[21] Cf. the dedication of the *Poème de Fontenoy* (M.viii.373), which also refers to the battle of Bouvines (1214), a decisive victory for Philip Augustus, resulting in the deposition of Otto IV, and enabling Philip to take undisputed control of the territories of Anjou, Brittany, Maine, Normandy and the Touraine, which he had recently seized from the English.

qu'un roi de France ait gagnée en personne contre cette nation   135
belliqueuse et respectable, qui a toujours été l'ennemie de notre
patrie, après en avoir été chassée. [22] Mais cette victoire si heureuse, à
quoi tenait-elle? C'est ce que lui dit ce grand général à qui la France
a des obligations éternelles. [23] En effet, l'histoire déposera que, sans la
présence du roi, la bataille de Fontenoy était perdue. On ramenait   140
de tous côtés les canons: tous les corps avaient été repoussés les uns
après les autres: le poste important d'Antoin avait commencé d'être
évacué; la colonne anglaise s'avançait à pas lents, toujours ferme,
toujours inébranlable, coupant en deux notre armée, faisant de tous
côtés un feu continu, qu'on ne pouvait ni ralentir, ni soutenir. Si le   145
roi eût cédé aux prières de tant de serviteurs qui ne craignaient que
pour ses jours; s'il n'eût demeuré sur le champ de bataille; s'il n'eût
fait revenir ses canons dispersés, qu'on retrouva avec tant de peine;
aurait-on fait les efforts réunis qui décidèrent du sort de cette
journée? Qui ne sait à quel excès la présence du maître enflamme   150
notre nation, et avec quelle ardeur on se dispute l'honneur de
mourir ou de vaincre à ses yeux? Ce moment en fut un grand
exemple. On proposait la retraite, le roi regardait ses guerriers, et
ils vainquirent.

On ne sait que trop quelles funestes horreurs suivent les   155
batailles; combien de blessés restent confondus parmi les morts;

140   K: Fontenoi [*passim*]
142   NM, W68, W75G: Antouin
       K: Antonin
147   49A, 49B: jours; s'il n'en eût
150   K: du souverain enflamme
151   48E: ardeur se dispute [*error*]

[22] Probably a reference to the battle of Taillebourg (1242), in which the French
army led by Louis IX defeated Henry III of England; see *Essai sur les mœurs*, i.593.
Voltaire makes the same point in the *Poème de Fontenoy* (M.viii.392).

[23] The maréchal de Saxe. In the *Histoire de la guerre de 1741* Voltaire puts the
answer, rather than the question, into his mouth: 'Sire, j'ai assez vécu; je ne
souhaiterais de vivre aujourd'hui que pour voir votre majesté victorieuse. Vous
voyez, ajouta-t-il ensuite, à quoi tiennent les batailles' (ch.16, ed. Maurens, p.156).

combien de soldats, élevant une voix expirante pour demander du secours, reçoivent le dernier coup de la main de leurs propres compagnons, qui leur arrachent de misérables dépouilles couvertes de sang et de fange; ceux mêmes qui sont secourus, le sont souvent 160 d'une manière si précipitée, si inattentive, si dure, que le secours même est funeste; ils perdent la vie dans de nouveaux tourments, en accusant la mort de n'avoir pas été assez prompte: mais, après la bataille de Fontenoy, on vit un père qui avait soin de la vie de ses enfants, et tous les blessés furent secourus comme s'ils l'avaient été 165 par leurs frères. L'ordre, la prévoyance, l'attention, la propreté, l'abondance de ces maisons que la charité élève avec tant de frais, et qu'elle entretient dans le sein de nos villes tranquilles et opulentes, n'étaient pas au-dessus de ce qu'on vit dans les établissements préparés à la hâte pour ce jour de sang. Les ennemis prisonniers et 170 blessés devenaient nos compatriotes, nos frères. Jamais tant d'humanité ne succéda si promptement à tant de valeur.

Les Anglais surtout en furent touchés; et cette nation, la rivale de notre vertu guerrière, l'est devenue de notre magnanimité. Ainsi un prince, un seul homme, peut, par son exemple, rendre meilleurs 175 ses sujets et ses ennemis mêmes: ainsi les barbaries de la guerre ont été adoucies dans l'Europe, autant que le peut permettre la méchanceté humaine; et si vous en exceptez ces brigands étrangers, à qui l'espoir seul du pillage met les armes à la main, [24] on a vu, depuis le jour de Fontenoy, les nations armées disputer de générosité. 180

Il est pardonnable à un vainqueur de vouloir tirer avantage de sa victoire, d'attendre au moins que le vaincu demande la paix; et de la lui faire acheter chèrement, c'est la maxime de la politique ordinaire. Quel parti prendra le vainqueur de Fontenoy? Dès le

---

159-160   48E: dépouilles couverts de [error]

---

[24] Perhaps an allusion to the Pandours, a troop of Hungarian mercenaries, mentioned in the *Histoire de la guerre de 1741* as being active in Flanders (ch.17 and 20, ed. Maurens, p.169 and 216).

jour même de la bataille, il ordonne à son secrétaire d'Etat[25] d'écrire   185
en Hollande qu'il ne demande que la pacification de l'Europe: il
propose un congrès: il proteste qu'il ne veut pas rendre sa condition
meilleure: il suffit que celle des peuples le soit par lui. Le croira-t-
on dans la postérité? C'est le vainqueur qui demande la paix, et
c'est le vaincu qui la refuse. Louis XV ne se rebute pas; il faut au   190
moins feindre de l'écouter. On envoie quelques plénipotentiaires;
mais ce n'est que par une formalité vaine; on se défie de ses offres:
les ennemis lui supposent de vastes projets, parce qu'ils osaient en
avoir encore. Toutes les villes cependant tombent devant lui,
devant les princes de son sang, devant tous les généraux qui les   195
assiègent. Des places qui avaient autrefois résisté trois années ne
tiennent que peu de jours. On triomphe à Mêlle, à Rocoux, à
Laufelt:[26] on trouve partout les Anglais, qui se dévouent, avec plus
de courage que de politique, pour leurs alliés; et partout la valeur
française l'emporte; ce n'est qu'un enchaînement de victoires.   200
Nous avons vu un temps où ces feux, ces illuminations, ces
monuments passagers de la gloire, devenus un spectacle
commun, n'attiraient plus l'empressement de la multitude, rassa-
siée de succès.

    Quelle est la situation enfin où nous étions au commencement de   205

188   49B: soit pour lui
192-193   49B: vaine: les ennemis
197   w75G: Rocou
198   49A, 49B: Lawfelt [*passim*]
        w51, w68: Laufeldt [*passim*]
198-199   48F-K: dévouent pour leurs alliés avec plus de courage que de politique;

[25] Minister of foreign affairs from 1744 to 1747 was René-Louis de Voyer de
Paulmy, marquis d'Argenson, whose responsibilities included directing Voltaire's
work as *historiographe du roi*.
[26] The battle of Melle (9 July 1745) was a preliminary to the siege and capture of
Ghent (*Histoire de la guerre de 1741*, ch.16). On the battles of Raucoux (11 October
1746) and Lauffeldt (2 July 1747) see *Précis*, ch.18 and 26, and *Histoire de la guerre de
1741*, ch.20 and 24; also above, *Lettre* [...] *sur la victoire remportée par le roi à Laufelt*,
and *Eloge funèbre des officiers*.

cette dernière campagne, après une guerre si longue, et qui avait été deux ans si malheureuse?

Ce général étranger, naturalisé par tant de victoires, aussi habile que Turenne, et encore plus heureux, avait fait de la Flandre entière une de nos provinces. [27]   210

Du côté de l'Italie, où les obstacles sont beaucoup plus grands; où la nature oppose tant de barrières; où les batailles sont si rarement décisives, et cependant les ressources si difficiles, on se soutenait du moins, après une vicissitude continuelle de succès et de pertes. On était encore animé par la gloire de la journée des   215 barricades, par l'escalade de ces rochers qui touchent aux nues, par ces fameux passages du Pô. [28]

Un chef actif et prévoyant, qui conçoit les plus grands projets, et qui discute les plus petits détails; ce général qui, après avoir sauvé l'armée de Prague, par une retraite digne de Xénophon, et avoir   220 délivré la Provence, disputait alors les Alpes aux ennemis, et les tenait en alarmes. [29] Il les avait chassés de Nice: il mettait en sûreté

208   49A, 49B: par des victoires

212-213   K: sont rarement

217-218   48G, 49A, 49B, W51: du Pô, conduits avec tant de prudence et exécutés avec tant de courage. ¶Un chef

219   48G, 49A, 49B, W51: petits détails si nécessaires à toute entreprise; ce géneral qui avait sauvé

220-222   48F-K: Xénophon, venait de délivrer la Provence, il [K: il *absent*] disputait alors les Alpes aux ennemis, il [K: il *absent*] les tenait en alarmes, il [K: il *absent*] les avait chassés

[27] The success of the two Flanders campaigns was due to the maréchal de Saxe, illegitimate son of Augustus II of Poland. In recognition of his achievement at Fontenoy Louis conferred on him the Château de Chambord for life, and he was naturalised as a French subject in April 1746. In 1747 Louis also conferred on him the title of *maréchal général des armées du roi*, a title given to Turenne by Louis XIV.

[28] France and Spain had been unsuccessful in the Italian campaign of July 1747. France's losses in Italy outweighed her gains in Flanders.

[29] The maréchal de Belle-Isle had overall responsibility for the conduct of the war in Germany and had been France's ambassador to the imperial election in Frankfurt. After raising the siege of Prague he moved to the Italian front.

nos frontières. Un génie brillant, audacieux, dans qui tout respire la grandeur, la hauteur et les grâces; cet homme qui serait encore distingué dans l'Europe quand même il n'aurait aucune occasion de se signaler, soutenait la liberté de Genes contre les Autrichiens, les Piémontais et les Anglais. [30] Le roi d'Espagne, inébranlable dans son alliance, joignait à nos troupes ses troupes audacieuses et fidèles, dont la valeur ne s'est jamais démentie. Le royaume de Naples était en sûreté. Louis XV veillait à la fois sur tous ses alliés, et contenait ou accablait tous ses ennemis. 225 230

Enfin, par une suite de l'administration secrète qui donne la vie à ce grand corps politique de la France, l'Etat n'était épuisé ni par les trésors engloutis dans la Bohême et dans la Bavière, ni par les libéralités prodiguées à un empereur que le roi avait protégé, [31] ni par ces dépenses immenses qu'exigeaient nos nombreuses armées. L'Autriche et la Savoye, au contraire, ne se soutenaient que par les subsides de l'Angleterre; et l'Angleterre commençait à succomber sous le fardeau; son sang et ses trésors se perdaient pour des intérêts qui n'étaient pas les siens; la Hollande se ruinait et s'enchaînait par opiniâtreté: des craintes imaginaires lui faisaient éprouver des malheurs réels; et nous, victorieux et tranquilles, nous regardions de loin, dans le sein de l'abondance, tous les fléaux de la guerre portés loin de nos provinces. 235 240

223   48G, 49A, 49B, W51: frontières. ¶Un génie
227   48G, 49A, 49B, W51: Anglais. Il se rendait digne de l'honneur singulier que cette république vient de lui faire honneur, qui rappelle les beaux jours des Grecs et des Romains, comme celui qui en est l'objet rappelle le souvenir de leurs grand hommes. Le roi

[30] The duc de Richelieu. The variant added in 48G updates the base text with the latest news. Under the heading 'Nouvelles de Gênes' and dated 28 October 1748, the *Mercure* records: 'Le duc de Richelieu, le duc d'Agenois et leurs descendants ont été déclarés Nobles Génois. En conséquence les noms de ces deux seigneurs ont été inscrits dans le livre d'or' (*Mercure de France*, November 1748, p.191). A statue was also erected at Genoa in Richelieu's honour. Voltaire sent him a verse *épître* on the occasion, dated 11 November 1748, 'Je la verrai cette statue' (*OC*, vol.30A, p.482-87).
[31] Charles VII of Bavaria.

Nous avons payé avec zèle tous les impôts, quelque grands qu'ils   245
fussent, parce que nous avons senti qu'ils étaient nécessaires; et
établis avec une sage proportion. Aussi (ce qui peut-être n'était
jamais arrivé depuis plusieurs siècles) aucun ministre des finances
n'a excité le moindre murmure, aucun financier n'a été odieux; et
quand, sur quelques difficultés, le Parlement a fait des remon-   250
trances à son maître, on a cru voir un père de famille qui consulte,
sur les intérêts de ses enfants, les interprètes des lois. [32]

Il s'est trouvé un homme qui a soutenu le crédit de la nation par
le sien; crédit fondé à la fois sur l'industrie et sur la probité, qui se
perd si aisément, et qui ne se rétablit plus quand il est détruit. [33]   255
C'était un des prodiges de notre siècle; et ce prodige ne nous
frappait pas peut-être assez: nous y étions accoutumés, comme aux
vertus de notre monarque. Nos camps devant tant de places
assiégées, ont été semblables à des villes policées, où règnent
l'ordre, l'affluence et la richesse. Ceux qui ont ainsi fait subsister   260
nos armées étaient des hommes dignes de seconder ceux qui nous
ont fait vaincre. [34]

Vous pardonnez, Héros équitable, Héros modeste, vous pardonnez sans doute, si on ose mêler l'éloge de vos sujets à celui du

245   49A, 49B: zèle les impôts
247   48B: proportion. (Aussi ce [error]
260   48B: Ceux qui not ainsi [error]

[32] The *dixième* was imposed by Orry as *contrôleur général des finances* in August
1741 in order to finance the war. In December 1746 the nation was promised relief
from the tax on the signature of the peace. In 1747, however, Machault d'Arnouville,
Orry's replacement as *contrôleur général des finances*, imposed the *vingtième* in order
to restore the nation's finances after the war. This tax was resented: see *Lettre à
l'occasion de l'impôt du vingtième*, ed. Henri Duranton, *OC*, vol.31B (1994), p.288-314.

[33] The four Pâris brothers had been prominent financiers since the fall of Law and
became even more influential after the death of Fleury. The man referred to here is
almost certainly the third brother, Pâris-Duverney. The Kehl editors identify the
fourth brother, Pâris-Montmartel (wrongly printed as Marmontel).

[34] The provisioning of the French army was in the hands of Pâris-Duverney as a
private enterprise. Voltaire was in a position to testify to his efficiency for he himself
speculated profitably in army supplies to Flanders, gaining 17,000 francs in 1749: see
Vaillot, *Voltaire en son temps*, ii.610-11.

père de la patrie? Vous les avez choisis. Quand tous les ressorts   265
d'un Etat se déploient d'un concert unanime, la main qui les dirige
est celle d'un grand homme: peut-être cesserait-il de l'être s'il
voyait d'un œil chagrin et jaloux la justice qui leur est rendue.

Grâce à cette administration unique, le roi n'a jamais éprouvé
cette douleur, si cruelle pour un bon prince, de ne pouvoir   270
récompenser ceux qui ont prodigué leur sang pour l'Etat.

Jamais, dans le cours de cette longue guerre, le ministre n'a
ignoré, ni laissé ignorer au prince, aucune belle action du moindre
officier; et toutes nombreuses, toutes communes qu'elles sont
devenues, jamais la récompense ne s'est fait attendre. Mais quel   275
pouvoir chez les hommes est assez grand pour mettre un prix à la
vie? Il n'en est point; et si le cœur du maître n'est pas sensible, on
n'est mort que pour un ingrat.

Citoyens heureux de la capitale, plusieurs d'entre vous verront,
dans leurs voyages, ces terrains que Louis XV a rendus si célèbres,   280
ces plaines sanglantes que vous ne connaissez encore que par les
réjouissances paisibles qui ont célébré des victoires si chèrement
achetées; quand vous aurez reconnu la place où tant de héros sont
morts pour vous, versez des larmes sur leurs tombeaux: imitez
votre roi, qui les regrette.   285

Un de nos princes [35] écrivait au roi, de la cime des Alpes, qui
étaient ses champs de victoire: *le colonel de mon régiment a été tué:*
vous connaissez trop, Sire, tout le prix de l'amitié pour n'être pas touché
de ma douleur. Qu'une telle lettre est honorable, et pour qui l'écrit,
et pour qui la reçoit! O hommes, apprenez d'un prince et d'un roi ce   290
que vaut le sang des hommes!

271-272   49B: [*no paragraph break*]
291-292   48F-K: hommes, apprenez à aimer. ¶ [48F: *no paragraph break*] Quel
préjugé s'est répandu sur la terre, que cette amitié, cette précieuse consolation de la
vie, est exilée dans les cabanes, qu'elle se plaît chez les malheureux! O erreur! l'amitié
est également inconnue, et chez les infortunés occupés uniquement de leurs maux, et
chez les heureux souvent endurcis, et dans le travail des campagnes, et dans les

[35] The Prince de Conti. See also below, p.301.

Puissent ceux qui croient que dans les Cours l'intrigue ou le hasard distribue toujours les récompenses, lire quelques-unes de ces lettres que le monarque écrivait après ses victoires! *J'ai perdu*, dit-il dans un de ces billets où le cœur parle et où le héros se peint, *j'ai perdu un honnête homme et un brave officier, que j'estimais et que j'aimais. Je sais qu'il a un frère dans l'état ecclésiastique; donnez-lui le premier bénéfice, s'il en est digne, comme je le crois.*

Peuples, c'est ainsi que vous êtes gouvernés. Songez quelle est votre gloire au-dehors, votre tranquillité au-dedans: voyez les arts protégés au milieu de la guerre; comparez tous les temps; comptez-les depuis Charlemagne; quel siècle trouverez-vous comparable à notre âge? Celui du règne trop court de l'immortel Henri IV, depuis la paix de Vervins; [36] et encore quel affreux levain restait des discordes de quatre règnes? Les belles et triomphantes années de Louis XIV, mais quels malheurs les ont suivis? et puisse notre bonheur être plus durable! Enfin vous trouverez soixante ans peut-être de grandeur et de félicité répandues dans plus de neuf siècles; tant le bonheur public est rare; tant le chemin est lent, qui mène en tout genre à la perfection; tant il est difficile de gouverner les hommes et de les satisfaire.

On s'est plaint (car la vérité ne dissimule rien, et nous sommes assez grands pour avouer ce qui nous manque), on s'est plaint qu'un seul ressort se soit rencontré faible dans cette vaste et puissante machine si habilement conduite. Louis XV, en prenant à la fois le timon de l'Etat et l'épée, ne trouva point, dans ses ports, de

295

300

305

310

315

---

occupations des villes, et dans les intrigues des cours. Partout elle est étrangère: elle est, comme la vertu, le partage de quelques âmes privilégiées; et lorsqu'une de ces belles âmes se trouve sur le trône, ô Providence, qu'il faut vous bénir! Puissent

300   48F-49B, NM, W75G, K: au-dehors et votre
302   48G, 49A, 49B: trouverez-vous égal à
316   48B: Etat et de l'épée

[36] The Peace of Vervins was signed in 1598, between Henri IV and Philip II of Spain. Spain restored all French territories and the king relinquished his claim to the French throne.

ces flottes nombreuses, de ces grands établissements de marine qui sont l'ouvrage du temps. [37] Un effort précipité ne peut en ce genre suppléer à ce qui demande tant de prévoyance et une si longue application. Il n'en est pas de nos forces maritimes comme de ces trirèmes que les Romains apprirent si rapidement à construire et à gouverner. Un seul vaisseau de guerre est un objet plus grand que les flottes qui décidèrent auprès d'Actium de l'empire du monde. [38] Tout ce qu'on a pu faire, on l'a fait: nous avons même armé plus de vaisseaux que n'en avait la Hollande, qu'on appelle encore *puissance maritime*; mais il n'était pas possible d'égaler en peu d'années l'Angleterre, qui étant si peu de chose par elle-même sans l'empire de la mer, regarde, depuis si longtemps, cet empire comme le seul fondement de sa puissance, et comme l'essence de son gouvernement. Les hommes réussissent toujours dans ce qui leur est absolument nécessaire; et ce qui est nécessaire à un Etat, est toujours ce qui en fait la force. Ainsi la Hollande a ses navires marchands; la Grande-Bretagne, ses armées navales; la France, ses armées de terre.

Le ministre qui prêtait la main aux rênes du gouvernement, dans le commencement de la guerre, était dans cette extrême vieillesse où il ne reste plus que deux objets, le moment qui fuit, et l'éternité. [39] Il avait su longtemps retenir comme enchaînées ces flottes de nos voisins toujours prêtes à courir les mers, et à s'élancer contre nous. [40] Ses négociations lui avaient acquis le droit d'espérer que ses yeux,

320

325

330

335

340

328   48B: longtemps, ce empire
331   NM-K: nécessaire; ce
339   48F-K: à couvrir les

[37] The long neglect of the French navy had been largely due to the policies of Fleury.
[38] The battle of Actium (31 BC), in which the army of Octavian defeated Mark Antony, was a major turning-point in the history of Egypt and is often used to mark the founding of the Roman Empire.
[39] Cardinal Fleury. His death in 1743 brought about a new impetus for the war in France.
[40] Voltaire writes from first-hand experience. He himself had invested in shipping enterprises and had one ship sunk by the British.

prêts à se fermer, ne verraient plus la guerre; mais Dieu, qui prolonge et retranche à son gré nos années, frappa Charles VI avant lui, et cette mort imprévue, comme le sont presque tous les événements, fut le signal de plus de deux cent mille morts. Enfin la sagesse de ce vieillard respectable, ses services, sa douceur, son 345 égalité, son désintéressement personnel, méritaient nos éloges, et son âge nos excuses. S'il avait pu lire dans l'avenir, il aurait ajouté, à la puissance de l'Etat, ce rempart de vaisseaux, cette force qui peut se porter à la fois dans les deux hémisphères: et que n'aurait-on point exécuté? Le héros, aussi admirable qu'infortuné, qui aborda 350 seul dans son ancienne patrie,[41] qui seul y a formé une armée, qui a gagné tant de combats, qui ne s'est affaibli qu'à force de vaincre, aurait recueilli le fruit de son audace plus qu'humaine; et ce prince, supérieur à Gustave Vasa, ayant commencé comme lui, aurait fini de même. 355

Mais enfin, quoique ces grandes ressources nous manquassent, notre gloire s'est conservée sur les mers. Tous nos officiers de marine, combattant avec des forces inférieures, ont fait voir qu'ils eussent vaincu, s'ils en avaient eu d'égales. Notre commerce a souffert, et n'a jamais été interrompu: nos grands établissements 360 ont subsisté; nous avons renversé ceux de nos ennemis aux extrémités de l'Orient.[42] Nous étions partout à craindre, et tout tombait devant nous en Flandre.

Dans ces circonstances heureuses on vole de la victoire de Laufelt aux bastions de Berg-op-Zoom. On savait que les Reque- 365

344 48F-K: de trois cent mille
354 48G: Vasa avant commencé [error]
365 48E: Berg-opfoom [error]
      48F, 48G, 49A: Bergop-zoom

[41] Voltaire had met Charles Edward Stuart, the young pretender, and been charmed by him. He was angered by France's sacrifice of him and his interests in the peace negotiations (D3665, June 1748). The 'malheurs du Prince Edouard' take up two chapters of the *Histoire de la guerre de 1741*.

[42] A reference to the French seizure of Madras from the British in 1746.

sens, les Parme, les Spinola, ces héros de leur siècle, en avaient tour
à tour levé le siège. [43] Louis XIV lui-même, dont l'armée victorieuse
se répandit comme un torrent dans quatre provinces de la
Hollande, ne voulut pas se commettre à l'assiéger. Cohorn, le
Vauban hollandais, en avait fait depuis la place de l'Europe la plus   370
forte. [44] La mer et une armée entière la défendaient: Louis XV en
ordonne le siège, et nous la prenons d'assaut. Le guerrier qui avait
forcé Osakow dans la Tartarie déploie ainsi sur cette frontière de la
Hollande de nouveaux secrets de l'art de la guerre: secrets au-
dessus des règles de l'art. [45] A cette nouvelle conquête, qui répandit   375
tant de consternation chez les ennemis, et qui étonna tant les
vainqueurs, l'Europe pense que Louis XV cessera d'être si facile;
qu'il fera éclater enfin cette ambition cachée qu'on redoute, et
qu'on justifie en la supposant toujours. Il le faut avouer, les ennemis
ont fait ce qu'ils ont pu pour la lui inspirer. Ils sont heureux: ils   380

369   w68, w75G: Coehorn
373   w68: Otsakow
      w75G: Osa Kou
      k: Oczakow

[43] Three commanders of the Spanish army in the Netherlands had previously
attempted to take Bergen op Zoom: Luis de Zuniga y Requesens (1528-1576),
Alexander Farnese, duke of Parma (1545?-1592), and Ambrose Spinola, marquis de
los Balbases (1569-1630).

[44] Bergen op Zoom was fortified by the Dutch military engineer Menno van
Coehoorn (1641-1704), who was considered a worthy rival of Vauban in the
construction of fortresses. He served in the army of the duke of Marlborough during
the War of the Spanish Succession and was the inventor of a portable siege mortar
which bears his name.

[45] Ulrich-Frédéric-Valdemar, comte de Lowendahl (1700-1755), took the previously impregnable fortress of Bergen op Zoom on 16 September 1747. Danish
born, Lowendahl had a distinguished military career. While in the pay of the
Empress Elisabeth he led the Russian artillery at the battle of Otchakow (1736),
drove the Tartars from the Ukraine and defeated the Turks at the battle of Chozim.
At the instigation of the maréchal de Saxe he joined the French army in 1743. Like
Saxe, he was handsomely rewarded by Louis for his achievements. A man of
remarkable intellectual abilities, Lowendahl was also elected a member of the
Académie royale des sciences.

n'ont pas réussi. Il arbore le même olivier sur ces murs écrasés et fumants de sang: il ne propose rien de plus que ce qu'il offrait dans ses premières prospérités.

Cet excès de vertu ne persuade pas encore; il était trop peu vraisemblable: on ne veut point recevoir la loi de celui qui peut 385 l'imposer: on tremble, et on s'aigrit: le vaincu est aussi obstiné dans sa haine que le vainqueur est constant dans sa clémence. Qui aurait jamais cru que cette opiniâtreté eût pu se porter jusqu'à chercher des troupes auxiliaires dans ces climats glacés, qui naguère n'étaient connus que de nom? Qui eut pensé que ces habitants 390 des bords du Volga et de la mer Caspienne dussent être appelés aux bords de la Meuse? [46] Ils viennent cependant; et cent mille hommes qui couvrent Maestrich les attendent pour renouveler toutes les horreurs de la guerre. Mais, tandis que les soldats hyperboréens font cette marche si longue et si pénible, le général chargé du destin 395 de la France, confond en une seule marche tant de projets. Par quel art a-t-il pu faire passer son armée à travers l'armée ennemie? comment Maestrich est-il tout d'un coup assiégé en leur présence? par quelle intelligence sublime les a-t-il dispersés? [47] Maestrich est aux abois; on tremble dans Nimègue; les généraux ennemis se 400 reprochent les uns aux autres ce coup fatal, qu'aucun d'eux n'a prévu; toutes les ressources leur manquent à la fois; il ne leur reste plus qu'à demander cette même paix qu'ils ont tant rejetée. Quelles conditions nous imposerez-vous disent-ils? *Les mêmes*, répond le roi victorieux, *que je vous ai présentées depuis quatre années, et que* 405

389-390   48E: n'a guères, n'étaient [*error*]
            49A, 49B: n'aguères [*error*]
390   w75G: connus que nom? [*error*]
            48F-K: pensé que les habitants
393   w68, w75G: Maestricht [*passim*]
            K: Mastricht [*passim*]

[46] The threat from Austria's alliance with Russia in 1748 was fundamental to Louis's decision to put an end to the war.
[47] The French took Maastricht on 7 May 1748.

vous auriez acceptées si vous m'aviez connu. Il en signe les préliminaires: le voile qui couvrait tous les yeux tombe alors; et les plus sages de nos ennemis s'écrient: *Le père de la France est donc le père de l'Europe!*

Les Anglais surtout, chez qui la raison a toujours quelque chose de supérieur, quand elle est tranquille, rendent comme nous justice à la vertu: eux, qui s'irritèrent si longtemps contre la gloire de Louis XIV, chérissent celle de Louis XV.

Ce grand ouvrage de la Paix n'est pas encore fini; mais la Terre doit des remerciements à qui l'a commencé; et malheur à la main cruelle qui renverserait l'édifice de la félicité publique, que Louis XV élève de ses mains triomphantes!

Il y a toujours des hommes qui contredisent la voix publique. Des politiques ont demandé pourquoi ce vainqueur se contente de la justice qu'il fait rendre à ses alliés; pourquoi il s'en tient à faire le bonheur des hommes: il pouvait d'un mot gagner plusieurs villes. Oui, il le pouvait, sans doute; mais lequel vaut le mieux pour un roi de France, et pour nous, de retenir quelques faibles conquêtes, inutiles à sa grandeur, en laissant dans le cœur de ses ennemis des semences éternelles de discorde et de haine; ou bien de se contenter du plus beau royaume de l'Europe, en conquérant des cœurs qui semblaient pour jamais aliénés, en fermant ces anciennes plaies que la jalousie faisait saigner, en devenant l'arbitre des nations si longtemps conjurées contre nous? Quel roi a fait jamais une paix plus utile? Il faut enfin rendre gloire à la vérité. Louis XV apprend

410

415

420

425

430

413-418   48F-K: Louis XV. ¶Dans tout ce qu'on vient de dire, a-t-on avancé un seul fait que la malignité puisse seulement couvrir du moindre doute? On s'était proposé un panégyrique, on n'a fait qu'un récit simple. O force de la vérité! les éloges ne peuvent venir que de vous. Et qu'importe encore des éloges? nous devons des actions de grâces. Quel est le citoyen qui, en voyant cet homme si grand et si simple, ne doive s'écrier du fond de son cœur: *Si la frontière de ma province est en sûreté, si la ville où je suis né est tranquille, si ma famille jouit en paix de son patrimoine, si le commerce et tous les arts viennent en foule rendre mes jours plus heureux, c'est à vous, c'est à vos travaux, c'est à votre grand cœur que je le dois!* ¶Il y a aux hommes que la plus grande politique est d'être vertueux. Que nous reste-t-il à souhaiter désormais, sinon qu'il se ressemble toujours à lui-même, et que les rois à venir lui ressemblent.

Fin

433 w51-k: ressemblent.//

APPENDIX I

Extrait d'une lettre de M. le président de ***

This short text first appeared at the beginning of the fourth edition of the *Panégyrique*, dated 1748. There is no indication of the original addressee of the 'letter', and the *Panégyrique* is still published anonymously. The 'Extrait' is clearly intended to advertise the merits of the work and to rebut the comparison with Pellisson made by the *Mémoires de Trévoux*.[1]

The Kehl editors identify the *président* as Hénault without comment. We have found no evidence that Voltaire solicited such a testimonial, or that Hénault was the author of this 'Extrait'. On the other hand, Voltaire's long friendship with Hénault, and the likelihood that the 'Extrait' would be associated with him, make it unlikely that it was printed without his knowledge. Voltaire may have intended to use the 'Extrait' to dispel suggestions made by the *Mémoires de Trévoux* that Hénault was the author of the *Panégyrique*.

In a letter to Hénault of 3 January 1749 about his verse *épître* 'A. M. le président Hénault' Voltaire writes: 'Je reçois aussi une lettre de vous renvoyée de Lunéville à Paris et à Cirey. Je vous remercie de tant de faveurs.'[2] If we are to identify the 'président de ***' with the président Hénault, the 'Extrait' itself, or perhaps permission for Voltaire to draft such a piece, may be among the 'tant de faveurs' for which he thanks Hénault in his letter of 3 January.

The 'Extrait' appears again in the fifth edition of the *Panégyrique*, but not in the separate editions of 1749. It is found in w51,

---

[1] See *Mémoires de Trévoux*, October 1748.

[2] D3838. The poem was written at Lunéville in November or December 1748. See *OC*, vol.30A, p.473.

the first authorised edition in which the *Panégyrique* enters Voltaire's collected works.

EXTRAIT D'UNE LETTRE DE M. LE PRÉSIDENT DE ***

Ce panégyrique, d'autant plus éloquent qu'il paraît ne pas prétendre à l'éloquence, étant fondé uniquement sur les faits, est également glorieux pour le roi et pour la nation. Je ne crois pas qu'on puisse lui comparer celui que Pellisson composa pour Louis XIV: ce n'était qu'un discours vague, et celui-ci est 5 appuyé sur les événements les plus grands, sur les anecdotes les plus intéressantes. C'est un tableau de l'Europe, c'est un précis de la guerre, c'est un ouvrage qui annonce à chaque page un bon citoyen, c'est un éloge où il n'y a pas un mot qui sente la flatterie; il devrait avoir été prononcé dans l'Académie avec la plus grande 10 solennité, et la capitale doit l'envier aux provinces où il a été imprimé.

a-b K: Extrait d'une lettre de M. le président Hénault

APPENDIX II

Préface de l'auteur

The Préface below first appears in the fifth edition of the *Panégyrique* (our 48G). In it Voltaire replies to criticisms made in the *Mémoires de Trévoux* of October 1748. In the sixth edition the preface is more accurately entitled 'Réponse de l'auteur à quelques critiques' and placed following the text. In this edition six additional paragraphs, concerning comparisons with Cicero, are added between lines 116 and 117 in response to a further article in the *Mémoires de Trévoux* of December 1748, which defended the criticisms previously made about classical style. The 'journaliste' of line 43, referred to elsewhere as 'le censeur', is presumably the Jesuit Berthier, editor of the *Mémoires de Trévoux* from 1745 to 1762.

PRÉFACE DE L'AUTEUR

L'auteur de ce panégyrique se cacha longtemps avec autant de soin qu'en prennent ceux qui ont fait des satires. Il est toujours à craindre que le panégyrique d'un monarque ne passe pour une flatterie intéressée. L'effet ordinaire de ces éloges est de faire rougir ceux à qui on les donne, d'attirer peu l'attention de la multitude, et de soulever la critique. On ne conçoit pas comment Trajan put avoir ou assez de patience ou assez d'amour-propre pour entendre prononcer le long panégyrique de Pline: il semble qu'il n'ait manqué à Trajan, pour mériter tant d'éloges, que de ne les avoir pas écoutés. 10

Le panégyrique de Louis XIV fut prononcé par M. Pellisson, et celui de Louis XV devrait l'être sans doute à l'Académie par une bouche aussi éloquente. Il s'en faut beaucoup que l'auteur de cet Essai adopte l'avis de M. le président ***, qui préfère le panégyrique de Louis XV à celui de Louis XIV. L'auteur ne préfère que le sujet. [1] Il avoue que Louis XV a sur Louis XIV l'avantage d'avoir gagné deux batailles rangées. Il croit que le système des finances ayant été perfectionné par le temps, l'Etat a souffert incomparablement moins dans la guerre de 1741 que dans celle de 1688, et surtout dans celle de 1701. Il pense enfin que la paix d'Aix-la-Chapelle peut avoir un grand avantage sur celle de Nimègue. Ces deux paix, à jamais célèbres, ont été faites dans les mêmes circonstances, c'est-à-dire après des victoires; mais le vainqueur fit encore craindre sa puissance par le traité même de Nimègue, et Louis XV fait aimer sa modération. Le premier traité pouvait encore aigrir des nations, et le second les réconcilie. C'est cette paix heureuse que l'auteur a principalement en vue. Il regarde celui qui l'a donnée comme le bienfaiteur du genre humain. Il a fait un panégyrique très court, mais très vrai dans tous ses points; et il l'a écrit d'un style très simple, parce qu'il n'avait rien à orner. Il a laissé à chaque citoyen le soin d'étendre toutes les idées dont il ne donne ici que le germe. Il y a peu de lecteurs qui, en voyant cet ouvrage, ne puissent beaucoup l'augmenter par leurs réflexions; et le meilleur effet d'un livre est de faire penser les hommes. On a nourri ce discours de faits inconnus auparavant au public, et qui servent de preuves. Ce sont là les véritables éloges, et qui sont bien au-dessus d'une déclaration pompeuse et vaine. La lettre qu'on rapporte, écrite d'un prince au roi, est de monseigneur le prince de Conti, du 20 juillet 1744; celle du roi est du 19 mai 1745; en un mot, on peut regarder cet ouvrage, intitulé *panégyrique*, comme le précis le plus fidèle de tout ce qui est

14 κ: M. le président Hénault

[1] Cf. *Lettre sur les panégyriques*: 'Louis XIV [...] ne fut pas si heureusement loué après sa mort que de son vivant, [...] soit que son Panégyrique, prononcé en 1671 publiquement par Pellisson à l'Académie, fût en effet plus éloquent que toutes les oraisons composées après sa mort; soit plutôt que les beaux jours de son règne, l'éclat de sa gloire se répandit sur l'ouvrage de Pellisson même' (M.xxvi.309-310).

à la gloire de France et de son roi; et on défie la critique d'y trouver rien d'altéré ni d'exagéré.

A l'égard des censures qu'un journaliste a faites, non du fond de l'ouvrage, mais de la forme, on commence par le remercier d'une réflexion très juste sur ce qu'on avait dit que le roi de Sardaigne 45 choisissait bien ses ministres et ses généraux, et était lui-même un grand général et un grand ministre. Il paraît en effet que le terme de ministre ne convient pas à un souverain. [2]

A l'égard de toutes les autres critiques, elles ont paru injustes et inconsidérées; dans une, on reproche à l'auteur d'avoir écrit un 50 panégyrique dans le style de Pline plutôt que dans celui de Cicéron et dans celui de Bossuet et de Bourdaloue. Il dit que tout est orné d'antithèses, *de termes qui se querellent, et de pensées qui semblent se repousser.*

On n'examine pas ici s'il faut suivre dans un panégyrique Pline, 55 qui en a fait un, [3] ou Cicéron, qui n'en a point fait; [4] s'il faut imiter la pompe et la déclamation d'une oraison funèbre dans le récit des choses récentes qui sont si délicates à traiter; si les sermons de Bourdaloue doivent être le modèle d'un homme qui parle de la guerre et de la paix, de la politique et des finances. Mais on est bien 60 surpris que le critique dise que tout est antithèses dans un écrit où il y en a si peu. A l'égard *des termes qui se querellent, et des pensées qui se repoussent,* on ne sait pas ce que cela signifie.

Le journaliste dit que le contraste des quatre rois François Ier, Henri IV, Louis XIII, Louis XIV, et du monarque régnant, n'est 65 pas assez sensible. [5] Il n'y a là aucun contraste; des mérites

---

[2] Cf. above, lines 86-91. The Kehl editors note: 'M. de Voltaire a laissé subsister cette phrase malgré la critique, qu'il paraît regarder ici comme fondée, et nous croyons qu'il a eu raison de la conserver.'

[3] Pliny's well known *Panegyricus* praises Trajan, on the occasion of Pliny taking up his consulship.

[4] Cicero's praise of Pompey in the *Pro lege Manilia*, and of Caesar in the *Pro Marcello*, are generally held to be models of the genre of the panegyric.

[5] 'Nous avouons que la liaison de ceci avec ce qui précède nous échappe; nous croyons que le contraste des quatre premier rois et du monarque régnant n'est pas exprimé d'une manière sensible' (*Mémoires de Trévoux*, p.2218). Cf. above, lines 19-29.

différents ne sont point des choses opposées: on n'a voulu faire ni de contrastes ni d'antithèses, et il n'y en a pas la moindre apparence.

Il reprend ces mots au sujet de nos alarmes sur la maladie du roi: 'Après un triomphe si rare il ne fallait pas une vertu commune.'[6] 70 On ne triomphe, dit-il, que de ses ennemis; peut-il ignorer que ce terme *triomphe* est toujours noblement employé pour tous les grands succès, en quelque genre que ce puisse être?

Il prétend que ce triomphe n'est pas rare. En France, dit-il, rien de plus naturel, rien de plus général que l'amour des peuples pour 75 leur souverain. Il n'a pas senti que cette critique, très déplacée, tend à diminuer le prix de l'amour extrême qui éclata dans cette occasion par des témoignages si singuliers. Oui, sans doute, ce triomphe était rare, et il n'y en a aucun exemple sur la terre: c'est ce que toute la nation dépose contre cette accusation du censeur. 80

A quoi pense-t-il quand il dit que rien n'est plus naturel, plus général, qu'une telle tendresse? Où a-t-il trouvé qu'en France on ait marqué un tel amour pour ses rois, avant que Louis XIV et Louis XV aient gouverné par eux-mêmes? Est-ce dans le temps de la Fronde? est-ce sous Louis XIII, quand la cour était déchirée par 85 des factions, et l'Etat par des guerres civiles? quand le sang ruisselait sur les échafauds? Est-ce lorque le couteau de Ravaillac, instrument du fanatisme de tout un parti, acheva le parricide que Jean Châtel avait commencé, et que Pierre Barrière et tant d'autres avaient médité? est-ce quand le moine Jacques Clément, animé de 90 l'esprit de la Ligue, assassina Henri III? est-ce après ou avant le massacre de la Saint-Barthélémy? est-ce quand les Guises ré- gnaient sous le nom de François II? Est-il possible qu'on ose dire que les Français pensent aujourd'hui comme ils pensaient dans ces temps abominables? 95

Après un triomphe si rare il ne fallait pas une vertu commune. Le censeur condamne ce passage comme s'il supposait une vertu commune auparavant.

Premièrement, on lui dira qu'il serait d'un lâche flatteur et d'un

[6] Above, line 60.

menteur ridicule de prétendre que le prince, l'objet de ce   100
panégyrique, avait fait alors d'aussi grandes choses qu'il en a fait
depuis. Ce sont deux victoires, c'est la paix donnée à l'Europe, qui
ont rempli ce que sa première et glorieuse campagne avait fait
espérer. En second lieu, quand l'auteur dit dans la même période
que la crainte de perdre un bon roi imposait à ce grand prince la   105
nécessité d'être le meilleur des rois, non seulement il ne suppose pas
là une vertu commune; mais, s'exprimant en véritable citoyen, il
fait sentir que l'amour de tout un peuple encourage les souverains à
faire de grandes choses, les affermit encore dans la vertu, les excite
encore à faire le bonheur d'une nation qui le mérite. Penser et   110
parler autrement serait d'un misérable esclave, et les louanges des
esclaves ne sont d'aucun prix, non plus que leurs services.

Le censeur dit que les Anglais ont été les dominateurs des mers
de fait et non pas de droit. [7] Il s'agit bien ici de droit; il s'agit de la
vérité, et de montrer que les Français peuvent être aussi redou-   115
tables sur mer qu'ils l'ont été sur terre.

116-117   49A: [*inserts:*]
L'antithèse d'ailleurs est une figure très naturelle, et il n'y a aucune harangue de
Cicéron dans laquelle il ne s'en trouve beaucoup. Elle n'est pas au nombre de ces
figures hardies qu'on ne doit employer que très rarement, comme la prosopopée et
l'hyperbole. ¶L'antithèse est un tableau raccourci qui présente avec énergie deux
chose opposées. Ainsi Cicéron en parlant devant les pontifes pour le rétablissement   5
de sa maison, dit: la sainteté de la religion protégera-t-elle ce que l'équité des lois ne
peut soutenir? Et quelques lignes après, *les plaintes des bons citoyens me touchaient, les
reproches des mauvais m'indignaient*. Enfin cette figure n'est vicieuse que lorsque elle
est trop répétée et trop recherchée. ¶Si le censeur entend qu'il n'y a pas de division
dans ce Panégyrique, on lui répondra qu'il ne s'en trouve ni dans celui de Pline, ni   10
presque jamais dans les oraisons de Demosthènes et de Cicéron. On lui dira que les
divisions sont faites pour soulager l'esprit et pour fixer la mémoire dans des matières
contentieuses qui contiennent plusieurs chefs d'examen et de discussion. ¶Cicéron, si
peu connu de nos jours, n'a guère de division marquée dans la harangue où il
persuade aux peuples de nommer Pompée pour faire la guerre à Mitridate. Il dit, qu'il   15
montrera d'abord la nécessité et l'importance de cette guerre, et ensuite quel général
on doit choisir. ¶Mais si le grand Cicéron, en parlant en faveur de Pompée, avait dit:

---

[7] *Panégyrique*, lines 78-80.

Il avance que le goût de *la dissertation s'empare quelquefois de l'auteur*. Il y a dans tout l'ouvrage quatre lignes ou l'on trouve une réflexion politique très importante, une maxime très vraie: c'est que les hommes réussissent toujours dans ce qui leur est absolument nécessaire, et on pourrait donner cent exemples. L'auteur en rapporte trois en deux lignes, et voilà ce que le censeur appelle dissertation. On trouvera, dit-il, quelque chose de décousu dans le style. Ce mot trivial *décousu* signifie un discours sans liaison, sans transition; et c'est peut-être le discours où il y en a davantage. *Ce décousu*, dit-il, *est l'effet des antithèses;* et il n'y a pas deux antithèses dans tout l'ouvrage.

Il y d'autres injustices auxquelles on ne répond point; ceux qui ont été fâchés qu'on ait célébré dans cet ouvrage les citoyens qui ont bien servi l'Etat, chacun dans son genre, méritent moins d'être réfutés que d'être abandonnés à leur basse envie, qui ajoute encore à l'éloge qu'ils condamnent.

Messieurs je vous prouverai dans le premier point, qu'il a de la pitié, dans le second, qu'il a de la valeur, dans le troisième, qu'il est sage, dans le quatrième, qu'il est heureux: alors une division si inutile et si recherchée, un art si puéril et si faux me paraîtrait bien indigne du grand Cicéron. Je sais que la coutume de diviser en deux ou trois points les oraisons funèbres, a prévalu parmi nous. Mais j'avoue que je souhaiterais que le sublime Bossuet ne se fût point asservi à cette coûtume. Il me paraît qu'un ordre didactique dans un simple éloge, a quelque chose de trop apprêté; qu'il n'y aurait plus d'art à ne point laisser paraître l'art; que le cœur seul doit parler dans ces occasions, que les faits doivent le conduire, et qu'en un mot c'est ainsi qu'a pensé toute l'antiquité. ¶Il y a d'autres injustices auxquelles on ne répond point. Ceux qui ont été fâchés qu'on ait célébré dans cet ouvrage les citoyens qui ont bien servi l'Etat, chacun dans leur genre, méritent moins d'être réfutés que d'être abandonnés à leur basse envie, qui ajoute encore à l'éloge qu'ils condamnent. [*Copies with translations replace the final paragraph with*: Au reste cet ouvrage a été traduit dans presque toute l'Europe; il est juste qu'on loue dans toutes les langues celui qui a fait du bien à toutes les nations.]

APPENDIX III

Verse response to Cideville

On 6 December 1748 Cideville sent Voltaire a poem headed 'A Mr de Voltaire qui m'avait envoyé le Panégyrique de Louis 15 sans m'écrire'.[1] On 24 December Voltaire replied with the poem below (D3828). The 1771 catalogue of Cideville's library lists as item 466 'Panégyrique de Louis XV par M. de Voltaire, 1748, un vol',[2] but the volume does not appear in the catalogue of the Cideville collection held in the Bibliothèque municipale de Rouen.

Je ne suis plus qu'un prosateur bien mince,
Singe de Pline, orateur de province
Louant tout haut mon Roi qui n'en sait rien
Et négligeant pour ennuyer un prince,
Un sage ami qui s'en aperçoit bien.   5

[1] D3819: 'Avec l'avide impatience / Qu'en le cueillant, déjà des yeux on goûte un fruit, / Par les traits du dehors séduit / J'ouvrais votre paquet, et tresaillais d'avance. // Soit prose coulante ou vers doux, / Illustre ami je tiens un immortel ouvrage;... / Au frontispice un plus cher gage, / Un quatrain me dira que je le tiens de vous... // Je ne vois qu'un panégyrique / Ou plutôt qu'un portrait des vertus de mon Roi, / Trois mots de plus, deux vers pour moi / L'amitié se taisait ainsi que la critique. // Au style du cœur plus formé / Vous rendrez mieux du roi la noble et tendre histoire. / Imitez-le; jamais la gloire / Lui fit-elle oublier la douceur d'être aimé.'

[2] 'Catalogue des livres de Monsieur de Cideville, ancien conseiller du Parlement de Normandie [...] mis en ordre par Michel Chappotin de St Laurent' (1771), Bibliothèque municipale de Rouen, ms. U 62 (1466). On this catalogue and the Cideville collection at Rouen, see Catriona Seth, 'Épaves et trésors cachés. Les Voltaire de la bibliothèque de Cideville', in *Voltaire en Europe: hommage à Christiane Mervaud* (Oxford 2000), p.353-62.

Vous cazanier, dans un séjour champêtre
Pour des Phillis vous me quittez peut-être,
L'amour encor vous fait sentir ses coups.
Heureux qui peut tromper des infidèles!
C'est votre lot. Vous courtisez des belles,   10
Et moi des rois. J'ai bien plus tort que vous. [3]

[3] We are grateful to Christiane Mervaud for verifying the manuscripts for us, and to François Burkardt of the Bibliothèque municipale de Rouen for making them available.

Compliment fait au roi,
le 21 février 1749
par
monsieur le maréchal
duc de Richelieu

Critical edition

by

Karlis Racevskis

INTRODUCTION

On 21 February 1749 the French Academy was received in special audience by its protector, Louis XV, to celebrate the peace treaty of Aix-la-Chapelle, signed on 18 October 1748. The duc de Richelieu, as director of the Academy, had the responsibility of complimenting the king in the name of the Company.[1]

The *Registres de l'Académie française* note that the ceremony went smoothly, and that 'après que M. le Maréchal a fait son compliment au Roi, il a nommé à sa Mté, selon l'usage, tous les Académiciens présents'.[2] They fail to mention the fact that Richelieu was not the author of the *Compliment*, nor do they comment on the curious circumstances surrounding the delivery of the address.

We owe this anecdote to Longchamp, who recorded it a few weeks after the event,[3] and who tells us that Richelieu had asked Voltaire to compose the speech for him. We also learn that Voltaire had his own plans for the occasion. He intended to present to the king a special edition of the *Panégyrique de Louis XV* in five languages. On 4 February he wrote in haste to Berryer de Ravenoville:

Je voudrais présenter à sa majesté son panégyrique traduit en plusieurs langues. Je vous supplie, Monsieur, de vouloir bien me favoriser dans cette petite entreprise, et de permettre que je fasse tirer une cinquantaine d'exemplaires de l'anglais, de l'italien, du latin, et de l'espagnol. Comme la chose presse, et que je voudrais pouvoir mettre au pied de sa majesté ce petit monument de sa gloire le jour que notre académie ira la

---

[1] The director of the Academy was normally chosen by lot and served for three months. In this instance the Company had elected Richelieu in order to be represented by a man who had been made *maréchal* at the close of the latest campaign: see *Les Registres de l'Académie française* (Paris 1895-1906), ii.640-41.

[2] *Registres de l'Académie*, ii.641.

[3] Sébastien Longchamp, *Mémoires sur Voltaire* (Paris 1826), ii.180-84.

66

M. de Voltaire en [...] approchant de celui qui [...] Sur les protestations que [...] la Tireuse n'en pouvait [...] pour remplacer celle [...] à l'ouvrier les dix louis [...] son sans regretter cet argent, [...] que [...] auroit bien du prendre son déjeuner chez elle, avant que de descendre. [...] il m'envoya lui faire des excuses, et lui porter [...] quelle reçut en souriant, [...] et cette petite fracasserie n'eut pas de suite.

Article XIII
anecdote.

Discours qui devoit être fait au Roi
à l'occasion de la paix. 1748.

M. le Duc de Richelieu ayant été nommé p[ar] L'académie [française] pour faire un compliment au Roi à l'occasion de la paix, [...] M. de Voltaire de lui faire un compliment court qu'il pût débiter aisément sans préparation étudiée, n'en ayant pas le loisir. Il lui fit [...] sur le champ celui que le lecteur verra à la fin de cet article; mais avant de l'envoyer

4. Page from Longchamp's memoirs of Voltaire, regarding the *Compliment fait au roi* (*Bibliothèque nationale de France, nouv. acq. fr. ms. 10036, f.036*).

complimenter, vous sentez bien que je ne peux passer par les formalités ordinaires. [4]

In the event Voltaire did not attend the ceremony. We do not know why not; it may have been because of his poor health, or he may have thought that he would be represented more effectively by his work alone because according to Longchamp Richelieu had agreed to present Voltaire's *Panégyrique* to the king.

Voltaire obliged Richelieu in the matter of the *compliment*, but before sending the speech he showed it to Mme Du Châtelet. It was also seen by Mme Du Châtelet's friend, the marquise de Boufflers, who evidently copied it and circulated it among her friends. Shortly before he was due to deliver the address Richelieu heard it being recited by some of the assembled courtiers, and assumed that Voltaire had spread word around that he, Richelieu, was incapable of writing such an address himself. According to Longchamp, Richelieu did not deliver the speech, nor did he present the *Panégyrique* to the king, but sent the whole package back to Voltaire, who on receiving it fell himself into a similar tantrum, running to a painting by Beaudouin showing the apotheosis of the duc, and 'l'ayant arraché du cadre doré et de dessous la glace sous laquelle il était renfermé il le foula longtemps aux pieds, et ensuite le jeta au feu comme un indigne ami'. [5] Voltaire and Richelieu met a few days later and discovered that the real culprit had been Mme de Boufflers, whereupon they were reconciled, never to quarrel again according to Longchamp.

The reliability of this account has always been suspect, since Longchamp's text underwent extensive changes at the hands of the manuscript's editor, Decroix. [6] With regard to the anecdote in

[4] D3858. See also above, introduction to *Panégyrique de Louis XV*, and the description of 49A1. The *Panégyrique* did not bear Voltaire's name, but he was by now well known to be its author.

[5] Longchamp, BnF, nouv. acq. fr. ms. 13006, f.36-38.

[6] See W. H. Barber, 'Penny plain, twopence coloured: Longchamp's memoirs of Voltaire', in *Studies in the French eighteenth century presented to John Lough*, ed. D. J. Mossop, G. E. Rodmell and D. B. Wilson (Durham 1978), p.9-21.

question, however, except for a number of embellishments and additions made for dramatic effect or clarification, the story remains faithful to Longchamp's version.

In its main points Longchamp's account can be accepted without difficulty. The *Compliment* appears indeed to be Voltaire's work: it reads like a summary of the *Panégyrique de Louis XV* and its preface. It contains the principal themes of the longer work and uses some strikingly similar expressions. One of the themes common to the two works is the author's protestations that he is 'faible', and also that he has written a simple work that is not flattery but the truth. [7] A second theme is that of the Peace that the king has achieved by gaining victories on the battlefield and showing moderation afterwards. Louis is presented as the benefactor of the nation and of mankind and as an example for other kings to follow.

Equally believable is Longchamp's assertion that Voltaire is innocent of wilful treachery. First, Richelieu was doing him a favour by agreeing to present the *Panégyrique* to the king, and second, Voltaire was counting on Richelieu to prevent a parody of *Sémiramis* from being performed at court. [8] One point in Longchamp's story presents a difficulty, however: did Richelieu in the end improvise his own speech, or did he use Voltaire's? The duc de Luynes reports in his *Mémoires* under 21 February that 'la fin a été à peu près en ces termes: "Les bouches de la Renommée publieront ce que vous avez fait, la mienne ce que vous inspirez."' [9] The marquis d'Argenson also retained the last sentence and noted in his *Mémoires*: 'Il finit sa harangue par dire que "l'univers publiera la gloire du monarque, et lui seul [Richelieu] ce qu'il sait inspirer."' [10] Both these texts, especially Luynes's, are close

[7] Richelieu may have been additionally annoyed at Voltaire making him pronounce himself the 'faible interprète' of the Academy's sentiments.

[8] See *Sémiramis*, ed. Robert Niklaus, *OC*, vol.30A, p.51.

[9] *Mémoires du duc de Luynes sur la cour de Louis XV (1735-1758)* (Paris 1860-1865), ix.339.

[10] *Journal et Mémoires du marquis d'Argenson*, ed. J. B. Rathery (Paris 1859-1867), v.396.

enough to Voltaire's text to suggest that Richelieu did use at least a part of it. [11]

Manuscript and editions

Longchamp's manuscript account is to be found at BnF, nouv. acq. fr. ms. 13006, f.037.

Two printings are known during Voltaire's lifetime:

1. *Recueil des pièces d'éloquence et de poésie qui ont remporté les Prix de l'Académie Française depuis 1747 jusqu'en 1753* (Paris, chez Bernard Brunet, imprimeur de l'Académie française). [12]

2. *Recueil des harangues prononcées par messieurs de l'Académie Française dans leurs réceptions et en d'autres occasions* (Paris, Regnard, 1764). [13]

The *Compliment* is also reproduced in Longchamp's *Mémoires*. [14] Decroix inserted the words 'que celui qui m'amène au pied du trône de Votre Majesté' after the opening words '[...] objet de ses soins', in addition to other small changes. It is possible that Longchamp had access to another, perhaps earlier, version of the opuscule. The Academy's version of 1753 was adopted by Beuchot, in whose edition the *Compliment* first entered Voltaire's complete works (xxxix.97-98).

We have taken the first printing of the work in the 1753 *Recueil* as our base text, and provide variants from Longchamp's manuscript. The punctuation of the base text has been respected. Spelling and capitalisation have been modernised.

---

[11] This occasion is a parallel of Richelieu's own reception into the Academy in 1724, when he apparently asked Fontenelle, Campistron and Destouches each to write a reception discourse for him and then made a composite of the three works: see Louis-François Faur, *Vie privée du maréchal de Richelieu* (Paris 1791), i.114.

[12] The *Compliment* is at p.26-28 of vol.36 of a set of 43 in-12 volumes, published by the Academy from 1696 to 1762.

[13] Bengesco 1600.

[14] Longchamp, *Mémoires sur Voltaire*, ii.183-84.

COMPLIMENT FAIT AU ROI,
LE 21 FÉVRIER 1749
SUR LA PAIX CONCLUE AVEC
LA REINE DE HONGRIE ET DE BOHÈME, IMPÉRATRICE,
ET LE ROI DE LA GRANDE-BRETAGNE;

PAR
MONSIEUR LE MARÉCHAL DUC DE RICHELIEU,
DIRECTEUR DE L'ACADÉMIE FRANÇAISE

Sire,

L'Académie, destinée à célébrer la véritable gloire, n'a jamais eu de plus digne objet de ses soins. Faible interprète de ses sentiments, je dois l'honneur qu'elle m'a fait, au bonheur dont je jouis d'être plus à portée de connaître cette grande âme, le principe de ce que 5 nous admirons.

Témoin des actions héroïques de Votre Majesté, comme de la simplicité qui les embellit, je vous ai vu, Sire, dans les batailles, préparer par des victoires cette paix qu'on s'obstinait à ne pas accepter; cette paix, le fruit de votre modération, et de la fidélité à 10 vos promesses; cette paix, que l'amour du bien public a dictée, et que la reconnaissance doit bénir à jamais.

C'est à mes confrères, Sire, à transmettre à la postérité vos triomphes sur vos ennemis et sur vous-même, l'amour que vous

a-h MS: Discours qui devait etre prononce au roi par M. le duc de Richelieue par l'académie a l'Occasion de la paix.

2-3 MS: gloire, n'eut jamais un plus

3-5 MS: soins que celui qui m'accompagne aux pieds du trone. Je dois l[a] choix quelle a fait de moi pour exprimer ses sentimens, au bonheur don't je jouis de voir tous les jours de pres cette grande ame, ce principe de tous ce

7-9 MS: Temoin de vos actions heroiques et de cette simplicite qui les embelit, je vous ay vu preparer par des victoires cette paix qu'on s'obstinait a refuser, cette

10 MS: modération, de

13 MS: Sire, de transmettre

avez pour vos peuples, le bien que vous faites au monde, l'exemple   15
que vous donnez aux rois.

Que l'Académie célèbre le grand homme qu'on admire, je ne
vois que le maître qui se fait aimer. Le récit des grandes choses
exige de l'éloquence: le cœur n'en a pas besoin; il parle avec
confiance, et ne craint point de faire rougir celui qui ne craint que   20
les louanges. Les bouches de la renommée diront ce que vous avez
fait; la mienne, ce que vous inspirez.

15   MS: faites aux nations, et l'exemple
18   MS: aimer; le
18-19   MS: choses veut de
19-21   MS: besoin; les bouches

Sur L'Anti-Lucrèce de monsieur le cardinal de Polignac

Critical edition

by

Adrienne Mason

CONTENTS

INTRODUCTION

We have no manuscript version of Voltaire's opuscule *Sur L'Anti-Lucrèce de monsieur le cardinal de Polignac*. This brief critical reply to the cardinal's long Latin poem, the *Anti-Lucretius*,[1] first appears in volume 6 of the 1748 Walther edition (w48D), and Voltaire made no later changes of any substance. Clearly *Sur L'Anti-Lucrèce* was not of any great consequence to its author nor did he return to it at any later date.

Sur L'Anti-Lucrèce was probably written some time between the appearance of Polignac's Latin poem in September 1747 and January 1748 when Voltaire sent volume 6 of his collected works to Walther. A letter of 2 January recorded the despatch of 'le sixième volume avec beaucoup d'additions jusqu'à la page 230' (D3602) and nine days later Voltaire sent 'la suite des éléments de philosophie avec quelques autres pièces' (D3605). One of Polignac's aims in the *Anti-Lucretius* was to defend Descartes against Newton; volume 6 of Voltaire's works, which included the *Eléments de la philosophie de Newton*, was an appropriate place for Voltaire to respond. It seems likely, therefore, that *Sur L'Anti-Lucrèce* was one of the pieces referred to in D3605.

When the long-anticipated *Anti-Lucretius* was published in 1747 its author had already been dead for six years. Cardinal Melchior de Polignac (1661-1741), ecclesiastic, diplomat and man of letters, formed the idea for this long scientific poem in Latin as early as

[1] *Anti-Lucretius, sive de Deo et natura, libri novem. Eminentissimi S. R. E. cardinalis Melchioris de Polignac opus posthumum; illustrissimi abbatis Caroli d'Orléans de Rothelin cura et studio editioni mandatum* (Paris 1747; BV2785). Voltaire also possessed the French translation, which appeared the year after *Sur L'Anti-Lucrèce* was published: *L'Anti-Lucrèce. Poème sur la religion naturelle, composé par M. le cardinal de Polignac, traduit par M. de Bougainville, de l'Académie royale des belles-lettres* (Paris 1749; BV2784). For an account of this translation see Valeria Ramacciotti, *L'Anti-Lucrèce del cardinal de Polignac: considerazioni su una doppia traduzione* (Turin 2002).

1697. His biographer, Pierre Paul, suggests that Polignac began work on it at Bonport, where he had been exiled in 1698 following a diplomatic scandal.[2] The poem was still unfinished at his death in 1741. Polignac was probably engaged most actively in its composition during the years 1719-1724, when he was again in disgrace in the aftermath of the Cellamare scandal (Paul, p.263). The scope of the poem was extremely ambitious. According to one account, Polignac planned to follow the tradition of neo-Latin scientific poets such as Pontanus, Buchanan and Cassini and write his work in twelve books rather than the nine in which it appeared.[3] The poem, a sustained confutation of Lucretius's *De rerum natura*, was intended to stand as the 'somme de toutes les connaissances physiques et métaphysiques d'un siècle et demi, contemplées du point de vue spiritualiste'.[4] After the cardinal's death his friend and Voltaire's, the obliging abbé Rothelin, undertook to prepare the poem for publication – although Rothelin too died before it finally appeared.

Not surprisingly, given its long gestation, Voltaire's response to the poem in 1748 was a good deal more muted than it might have been had the poem appeared in the years when Polignac was working seriously on it. In the *Anti-Lucretius* the cardinal reveals himself as true to his cloth: a diehard Cartesian, a firm though admiring opponent of Newton, and a harsh critic of Locke, Spinoza and Bayle. By 1747, however, Newtonianism was firmly established, and what might have led Voltaire to ardent debate ten years earlier was briefly dismissed in the last paragraph of *Sur L'Anti-Lucrèce* as a cause already won: 'Le cardinal de Polignac a inséré dans son poème de très beaux vers sur les découvertes de Newton; mais il y combat, malheureusement pour lui, des vérités démontrées' (lines 86-88). Although Voltaire's reaction to the poem was undoubtedly restrained, in *Sur L'Anti-Lucrèce* and certain later

[2] Pierre Paul, *Le Cardinal Melchior de Polignac (1661-1741)* (Paris 1922), p.86.

[3] Chrysostôme Faucher, *Histoire du cardinal de Polignac* (Paris 1777), p.507.

[4] C.-A. Fusil, *La Poésie scientifique de 1750 à nos jours: son élaboration, sa constitution* (Paris 1917), p.43.

acid remarks Voltaire displays considerable disenchantment with a man who in 1733 had figured as one of the two esteemed guides to *Le Temple du goût*.[5]

Voltaire's acquaintance with Polignac dates back to 1717, and possibly even earlier.[6] At that time the cardinal – an influential and urbane figure – was at the height of his success (Paul, p.250-55), and his affair with the duchesse du Maine was widely known. The young Voltaire must have enjoyed the heady combination of political power and intellectual vigour afforded by Polignac and other members of his circle. Twenty years after the cardinal's death Voltaire, in a letter to the cardinal de Bernis, recalled Polignac's talent for combining literary with more wordly pursuits: 'Nous n'avons eu dans ces derniers temps, que le Cardinal de Polignac qui ait su mêler cette gloire aux affaires et aux plaisirs' (23 April 1764; D11842).

Polignac was arrested on 29 December 1718 in connection with the Cellamare affair, and was exiled in Anchin. He returned to Paris only intermittently before his departure for Rome in 1724. It was not until his arrival back in the French capital in 1732 that Voltaire and he renewed their acquaintance (Paul, p.258-66), probably meeting again at Mme de Fontaine-Martel's salon. While it is likely that Voltaire was a closer friend of Polignac's young *protégé*, Rothelin, than of Polignac himself, relations between Voltaire and Polignac were clearly very amicable.[7] Polignac probably attended a private performance of *Zaïre* in January 1733, and Voltaire and Formont went in April of that year to see Polignac's renowned collection of antique statues (D603). It

---

[5] In a letter to Formont (December 1732; D554) Voltaire claims that Polignac and Rothelin requested that *Le Temple du goût* be dedicated to them.

[6] See Voltaire's dedicatory preface to *Oreste*, 'Épître à S. A. S. Mme la duchesse du Maine', *OC*, vol.31A, p.402; see also René Pomeau, 'D'Arouet à Voltaire', *Voltaire en son temps*, 2nd edn, 2 vol. (Oxford 1995), i.76.

[7] See O. R. Taylor, 'Voltaire iconoclast: an introduction to *Le Temple du goût*', *SVEC* 212 (1982), p.17-18.

was clearly as a result of this friendship that Polignac was in a position to inspire *Le Temple du goût*.

As befits one of the poem's two 'guides', all references to Polignac in the first 1733 edition of *Le Temple du goût* are complimentary. At one point in the poem the cardinal delivers an address which disconcerts Lucretius; at another, he, along with the other 'guide' Rothelin, sets all the 'calomniateurs de profession', or critics, to flight. [8] In the second 1733 (Amsterdam) edition Voltaire removes many of his direct references to the two clerics – probably in order to reduce embarrassment for the two rather than to rescind his praise for them. The first edition had provoked a furore: the *Bibliothèque raisonnée*, for example, considered the roles allotted Rothelin and Polignac to be scandalous (1733, x.408). Voltaire's alterations to the text for the much less controversial second edition do not stem from any change in his relations with the two men; indeed neither cleric raised any public objection to the poem, and Rothelin helped Voltaire to tone down the text for the second edition (D586). In the 1739 edition, however, Voltaire introduces a criticism of Polignac, expressing his disapproval at the cardinal's decision to write his poem in Latin: 'les poètes français sont fort fâchés qu'on fasse des vers dans une langue qu'on ne parle plus, et disent que puisque Lucrèce, né à Rome, embellissait Epicure en latin, son adversaire, né à Paris, devait le combattre en français.' [9]

Some thirteen years later, in the 1752 edition of *Le Temple du goût*, Voltaire moderates his praise of Polignac and offers further criticism of him. By this time Polignac had been dead for over ten years and his poem had been published both in the original Latin and in a French translation by Jean-Pierre de Bougainville. In the first edition of *Le Temple du goût* Voltaire had introduced Polignac with a flattering note:

[8] *OC*, vol.9, p.135.
[9] *OC*, vol.9, p.189. Voltaire also alters his original line, 'En vers charmants fait parler la sagesse', to read 'En vers latins [...]' (see *OC*, vol.9, p.119).

M. le cardinal de Polignac, a composé un poème latin contre Lucrèce. Tous les gens de lettres connaissent ces beaux vers qui sont au commencement:

> Pieridum si forte lepos austera canenti
> Deficit, eloquio victi, te vincimus ipsa, etc. [10]

The note of 1752 is more drily ambiguous: '*L'Anti-Lucrèce* n'avait point encore été imprimé; mais on en connaissait quelques morceaux, et cet ouvrage avait une très grande réputation.' [11] This increasing disenchantment is also apparent in a passage added to the *Lettres philosophiques* in 1751, in which Voltaire again acknowledges Polignac's eloquence and facility in Latin, but dismisses his powers of rational argument: 'Il faisait des vers latins avec une facilité heureuse et étonnante, mais il ne savait que la philosophie de Descartes et il avait retenu par cœur ses raisonnements comme on retient des dates.' [12] Later still, in his private correspondence, Voltaire was much more sharply critical not only of the *Anti-Lucretius* but also of Bougainville's translation. Writing to Mme Du Deffand in October 1759 he enquires whether she has read 'la faible traduction du faible anti Lucrèce du cardinal de Polignac' (D8533), and goes on to record his own disappointment with it:

Il m'en avait autrefois lu vingt vers, qui me parurent fort beaux. L'abbé de Rottelin m'assura que tout le reste était bien au-dessus. Je pris le cardinal de Polignac pour un ancien Romain, et pour un homme supérieur à Virgile; mais quand son poème fut imprimé, je le pris pour ce qu'il est, poème sans poésie, et philosophie sans raison.

Voltaire's revision of his views reflects partly his evolution as a writer and partly his recognition that Polignac, for all his worldly charm and admiring discussion of Newton and modern scientific

---

[10] *OC*, vol.9, p.119; Polignac, *Anti-Lucretius*, book I, lines 78-79. The first edition of *Le Temple du goût* mistakenly gives 'canenti' for 'canentes'; the 1733 Amsterdam edition corrects this.

[11] *OC*, vol.9, p.119.

[12] *Lettres philosophiques*, ed. G. Lanson and A.-M. Rousseau (Paris 1964), ii.75.

ideas, was in fact no friend to the *philosophes*. On the aesthetic side, Voltaire questioned Polignac's decision to write in Latin rather than French and expressed doubt as to the suitability of verse for metaphysical discussion. [13] Voltaire's acerbic criticism of the cardinal's poem from the late 1740s onwards, however, may best be understood as a response to the public reception of the poem and to Polignac's expressed hostility towards the deists as well as the materialists.

In his analysis of the impact of Polignac's poem Pierre Paul rightly points out that the arguments advanced by the cardinal were in the long term doomed to oblivion (p.358). In the short term, however, the book ran to many editions, and was translated into French in 1749 and into Italian in 1751. Even though, as Paul claims, it was seen primarily as a literary curiosity, it aroused a flurry of interest in 1747 and continued to attract attention for some time afterwards. Moreover, both Charles Lebeau's preface to the first Latin edition and Bougainville's 'Discours préliminaire' to his own French translation state clearly that the *Anti-Lucretius* is an attack on all 'hogs from the Epicurean sty', including the deists. In his 'Discours préliminaire' Bougainville repeatedly criticises deism, asserting, for example, that: 'C'est tomber dans une espèce d'athéisme que d'admettre une divinité, sans reconnaître sa providence' (*L'Anti-Lucrèce*, p.xxv).

It is this particular line of argument in the *Anti-Lucretius* that Voltaire contests most strongly in *Sur L'Anti-Lucrèce*. Bougainville's translation of the poem, which made it accessible to a broader public, increased Voltaire's hostility towards it. In his later correspondence Voltaire criticises Polignac severely, and speaks even more harshly of Bougainville. His dislike of the translator emerges in an exchange of letters with Jean François Marmontel, occasioned by the latter's election to the Académie française in place of 'le froid Bougainville', as Voltaire dubs him (D11302). In

---

[13] Voltaire's own use of the philosophical poem continued after 1748, but not for scientific debate of the kind to be found in the *Anti-Lucrèce*.

his letter of 28 January 1764 (D11667) Voltaire is especially hostile. Bougainville, he writes, is a 'très méchante bête' who persecuted Nicolas Boindin for atheism, and did not deserve the 'éloge' that Marmontel had been obliged to offer him. But Voltaire does not confine his attack to the translator of the *Anti-Lucretius*. He considers that its author Polignac also engaged in persecution – as on the occasion when Polignac intervened to block the election of the abbé de Saint-Pierre to the Académie française. Accordingly, Voltaire concludes: 'Il se trouve que l'auteur et le traducteur étaient persécuteurs.'

In the 1733 Amsterdam edition of *Le Temple du goût* Voltaire had referred to Polignac as an 'ancien Romain', but admits in his letter of October 1759 to Mme Du Deffand that he no longer places Polignac in this category. 'Ancien Romain' was a term which had a special significance for Voltaire. He was inclined to recruit his preferred ancient Romans, Lucretius among them, to the ranks of *philosophes avant la lettre*.[14] In the 1730s Voltaire had counted Polignac among this number, believing the worldly and scientifically-minded cardinal to be less strictly orthodox in his religious views than the printed text of the *Anti-Lucretius* proved him to be.

Voltaire's disenchantment with Polignac emerges clearly in both the tone and substance of *Sur L'Anti-Lucrèce*. He does not trouble to take the cardinal to task over his Cartesianism. Its first and last paragraphs aside, the text focuses on one issue: Polignac's attack on Bayle's paradox of the virtuous atheist, which is the main theme in book I of the *Anti-Lucretius*.[15] After sourly complimenting the cardinal on his facility in Latin, Voltaire sets out to defend Epicurus 'qui étant à la vérité un très mauvais physicien, n'en était pas moins un très honnête homme' (lines 13-15). He quotes and translates book I, lines 524-30 of the *Anti-Lucretius* in which Polignac argues that to deny the existence of a providence which recompenses virtue and punishes vice is to encourage vice and

[14] See Adrienne M. Redshaw, 'Voltaire and Lucretius', *SVEC* 189 (1980), p.19-43.
[15] For a full treatment of Voltaire's response to Bayle's paradox see H. T. Mason, *Pierre Bayle and Voltaire* (Oxford 1963), p.78-89.

become a 'Précepteur des méchants, et professeur du crime' (lines 30-38). Voltaire then attempts to refute this charge. His apology does not, however, address Polignac's contention, but merely gives an explanantion of how Epicurus can rationally arrive at a materialist cosmology whilst still subscribing to that universal and synchronic code of ethics shared, in Voltaire's view, by the *philosophes* and their intellectual progenitors.

This is no answer to Polignac's argument, and Voltaire confuses intention and effect. The fact that Epicurus may have been blameless in his personal conduct or his moral precepts does not imply that his ideas could not pose a danger to society in general – a paradox which greatly exercised Voltaire in later years when he spoke strenuously against materialism. But in this instance Voltaire simply advances the argument that he uses elsewhere to defend Lucretius against the same charge. [16] When faced with the absurdities of paganism and the horrors of war, Voltaire contends, the only rational course was to refuse assent to any doctrine that sanctioned such practices. Of course, argues Voltaire disingenuously, had Epicurus been fortunate enough to have access to revealed truth his conclusions would have been quite different. He goes on to catalogue the absurdities to which his fictional Epicurus might have been exposed, carefully selecting the bloodiest or those that most resemble Christian practice. Some of the rites discussed, such as purification in the Ganges and the sacrificial blood-letting of taurobolium, are not ones readily associated with the Greek philosopher. [17] In creating this fictional Epicurus, Voltaire deliberately manipulates historical facts. As the dismissive brevity of the

[16] See Redshaw, 'Voltaire and Lucretius', p.33-34.

[17] Voltaire's research for the *Essai sur les mœurs* furnished him with many examples of such rituals. He refers to purification in the Ganges in ch.157 of this work (see *Essai*, ed. René Pomeau, Paris 1990, ii.405). Taurobolium was the ritual slaughter of a bull on a grill below which stood the subject of the purification who was sprinkled with the bull's blood. This practice was current in the second and third centuries AD, and is succinctly described by Voltaire in his article 'Taurobole', written for the *Dictionnaire de l'Académie* (*OC*, vol.33, p.286-87).

remainder of *Sur L'Anti-Lucrèce* bears out, Voltaire is not interested in debating the nature of Epicurean materialism with Polignac. Instead he constructs an Epicurus who is a *porte-parole* of deism and of Voltaire's own world view. Paradoxically, when Voltaire argues tongue-in-cheek that Epicurus would have adopted Christianity had he encountered revealed religion, Voltaire becomes the victim of his own irony – for he in effect substitutes one set of revealed truths for another. When confronted with the revelations of the Enlightenment, his Epicurus would have recognised that truth lay not in Christianity but in the creed of the deist and the *philosophe*.

In brief, then, *Sur L'Anti-Lucrèce* cannot be considered a serious refutation of Polignac's poem. Undoubtedly Voltaire took the opportunity offered by the conjuncture of the Walther edition and the appearance of the *Anti-Lucretius* to dissociate himself from the cardinal whom he had once cultivated and admired. But *Sur L'Anti-Lucrèce* stands above all as a reiteration of that Voltairean fallacy according to which the universal sage finds his way to an Enlightenment heaven by whatever route he chooses.

Editions

w48D

Œuvres de Mr. de Voltaire. Dresde: Walther, 1748-1754. 10 vol. 8°.

Produced with Voltaire's participation.

Volume vi, p.277-80, 'Sur L'Anti-Lucrèce de monsieur le cardinal de Polignac'.

Bengesco 2129; Trapnell 48D; BnC 28-35.

Oxford, Taylor: V1 1748 (6). Paris, BnF: Rés. Z Beuchot 12.

w48R

[*Collection complète des œuvres de M. de Voltaire*.] Amsterdam: Compagnie [Rouen: Machuel], 1748. 12 vol. 8°.

This edition appeared in 1748 and was suppressed at Voltaire's request. It was reissued as part of w64R.

Volume viii, p.407-12, 'Sur L'Anti-Lucrèce de monsieur le cardinal de Polignac'.

Bengesco 2128, 2136; Trapnell 48R, 64R;BnC 27, 145-148.

Paris, BnF: Rés. Z Beuchot 26.

w38 (1749)

Œuvres de Mr. de Voltaire. Amsterdam: Ledet [or] Desbordes, 1738-1756. 9 vol. 8°.

Volume vii, p.192-96, 'Sur L'Anti-Lucrèce de monsieur le cardinal de Polignac'.

Bengesco 2120; Trapnell 39A; BnC 7-13.

Paris, BnF: Ye 9211-9214; Rés. Z Beuchot 4; Rés. Z Beuchot 7.

w50

La Henriade et autres ouvrages. Londres [Rouen]: Société, 1750-1752. 10 vol. 12°.

No evidence of Voltaire's participation.

Volume vi, p.407-12, 'Sur L'Anti-Lucrèce de monsieur le cardinal de Polignac'.

Bengesco 2130; Trapnell 50R; BnC 39.

Geneva, ImV: A 1751/1 (6). Grenoble, Bibliothèque municipale.

w51

Œuvres de M. de Voltaire. [Paris: Lambert], 1751. 11 vol. 12°.

Based on w48D, with additions and corrections. Produced with the participation of Voltaire.

Volume x, p.302-306, 'Sur L'Anti-Lucrèce de monsieur le cardinal de Polignac'.

Bengesco 2131; Trapnell 51P; BnC 40-41.

Oxford, Taylor: V1 1751 (10). Paris, Arsenal: 8° B 13057; BnF: Rés. Z Beuchot 13.

w52

Œuvres de Mr. de Voltaire. Dresde: Walther, 1752. 9 vol. 8°.

Based on w48D with revisions. Produced with the participation of Voltaire.

Volume v, p.19-22, 'Sur L'Anti-Lucrèce de monsieur le cardinal de Polignac'.

Bengesco 2132; Trapnell 52 and 70x; BnC 36-38.

Oxford, Taylor: V1 1752 (5). Paris, BnF: Rés. Z Beuchot 14. Vienna, Österreichische Nationalbibliothek: *38 L 1.

w56

Collection complette des œuvres de Mr. de Voltaire. [Genève: Cramer], 1756. 17 vol. 8°.

This is the first Cramer edition, and was produced under Voltaire's supervision.

Volume iii (*Mélanges de philosophie. Avec des figures*), p.XXIV-XXVIII, 'Sur L'Anti-Lucrèce de monsieur le cardinal de Polignac'.

Bengesco 2133; Trapnell 56; BnC 55-56.

Paris, Arsenal: 8° B 34 048; BnF: Z 24585.

w57G1

Collection complette des œuvres de Mr. de Voltaire. [Genève: Cramer], 1757. 10 vol. 8°.

A revised edition of w56, produced with Voltaire's participation.

Volume iii (*Mélanges de philosophie. Avec des figures*), p.XXIV-XXVIII, 'Sur L'Anti-Lucrèce de monsieur le cardinal de Polignac'.

Bengesco 2134; Trapnell 57G; BnC 67.

Paris, BnF: Rés. Z Beuchot 21.

W57P

Œuvres de M. de Voltaire. [Paris: Lambert], 1757. 22 vol. 12°.

Based in part upon w56 and produced with Voltaire's participation.

Volume ix, p.358-63, 'Sur L'Anti-Lucrèce de monsieur le cardinal de Polignac'.

Bengesco 2135; Trapnell 57P; BnC 45-54.

Paris, BnF: Z 24642-24663.

W64G

Collection complette des œuvres de M. de Voltaire. [Genève: Cramer], 1764. 10 vol. 8°.

A revised edition of w57G produced with Voltaire's participation.

Volume iii (*Mélanges de philosophie, avec des figures*), p.28-32, 'Sur L'Anti-Lucrèce de monsieur le cardinal de Polignac'.

Bengesco 2133; Trapnell 64; BnC 89.

Oxford, Merton College; Taylor: V1 1764 (3); VF.

W64R

Collection complette des œuvres de M. de Voltaire. Amsterdam: Compagnie [Rouen: Machuel], 1764. 22 tomes in 18 vol. 12°.

Volumes 1-12 belong to the edition suppressed by Voltaire (w48R).

Volume viii, p.407-12.

Bengesco 2136; Trapnell 64R; BnC 145-48.

W68 (1771)

Collection complette des œuvres de M. de Voltaire. [Genève: Cramer; Paris: Panckoucke], 1768-1777. 30 vol. 4°.

Volumes i-xxiv were produced by Cramer under Voltaire's supervision.

Volume xiv, p.203-205, 'Sur L'Anti-Lucrèce de monsieur le cardinal de Polignac'.

Bengesco 2137; Trapnell 68; BnC 141-44.

Oxford, Taylor: V1 1768 (14); VF.

w70L (1772)

Collection complette des œuvres de M. de Voltaire. Lausanne: Grasset, 1770-1781. 57 vol. 8°.

Some volumes were produced with Voltaire's participation.

Volume xxvi (*Mélanges de philosophie par M. de Voltaire*), p.297-301, 'Sur L'Anti-Lucrèce de monsieur le cardinal de Polignac'.

Bengesco 2138; Trapnell 70L; BnC 149 (1-6, 14-21, 25).

Lausanne, Bibliothèque cantonale et universitaire. Oxford, Taylor: V1 1770 L (26).

w71 (1773)

Collection complette des œuvres de M. de Voltaire. Genève [Liège: Plomteux], 1771-1777. 32 vol. 12°.

No evidence of Voltaire's participation.

Volume xiii (*Mélanges philosophiques, littéraires, historiques, etc.* i), p.232-35, 'Sur L'Anti-Lucrèce de monsieur le cardinal de Polignac'.

Bengesco 2139; Trapnell 71; BnC 151.

Oxford, Taylor: VF.

w75G

La Henriade, divers autres poèmes, et toutes les pièces relatives à l'épopée. Genève [Cramer & Bardin], 1775. 37 [40] vol. 8°.

The *encadrée* edition, produced at least in part under Voltaire's supervision.

Volume xxxiii (*Mélanges de littérature, d'histoire et de philosophie* i), p.17-20, 'Sur L'Anti-Lucrèce de monsieur le cardinal de Polignac'.

Bengesco 2141; Trapnell 75G; BnC 158-61.

Oxford, Taylor: V1 1775 (33); VF.

K

Œuvres complètes de Voltaire. [Kehl] Société littéraire-typographique, 1784-1789. 70 vol. 8°.

Volume xxxvii (*Dictionnaire philosophique* i), p.367-70, 'Anti-Lucrèce'.

In this edition *Sur L'Anti-Lucrèce* appears under the simple title *Anti-Lucrèce* in the alphabetical series compiled from the original *Dictionnaire philosophique*, *Questions sur l'Encyclopédie*, and diverse other pieces.

Oxford, Taylor: V1 1785/2 (37); VF. Paris, BnF: Rés. P Z 2209.

Principles of this edition

The base text is w75G. Variants are drawn from w38, w48D, w48R, w50, w51, w57P, w64G, w70L and K.

Modernisation of the base text

The spelling of the names of persons and places has been respected and the original punctuation retained. Italic has not been used for the names of persons.

The following aspects of orthography and grammar in the base text have been modified to conform to modern usage:

I. Orthography

1. Consonants

– *p* was not used in: tems.
– *t* was not used in: méchans.
– archaic forms were used in: grand-homme, guères, pourait (but also: pourrait), rejetter, rejetté.

2. Vowels

– archaic forms were used in: encor, payens.

II. Accents

1. The acute accent

– was not used in: remission.

334

2. The circumflex accent
- was not used in: ame, grace.
- was used in: atôme, toûjours.

3. The dieresis
- was used in: poëme, poëte; poësie, poëtique.

III. Point of grammar
- the cardinal number *cent* was invariable.

IV. Various
- an initial capital was attributed to: Dieux.
- the ampersand was used.
- monsieur was abbreviated: Mr.

SUR L'ANTI-LUCRÈCE
DE MONSIEUR LE CARDINAL DE POLIGNAC

La lecture de tout le poème de feu M. le cardinal de Polignac m'a confirmé dans l'idée que j'en avais conçue, lorsqu'il m'en lut le premier chant. Je suis encore étonné, qu'au milieu des dissipations du monde, et des épines des affaires, il ait pu écrire un si long ouvrage en vers dans une langue étrangère, lui qui aurait à peine 5 fait quatre bons vers dans sa propre langue. Il me semble, qu'il réunit souvent la force de Lucrèce et l'élégance de Virgile. Je l'admire, surtout, dans cette facilité avec laquelle il exprime toujours des choses si difficiles.

Il est vrai, que son *Anti-Lucrèce* est peut-être trop diffus et trop 10 peu varié; mais ce n'est pas en qualité de poète, que je l'examine ici, c'est comme philosophe. Il me paraît, qu'une aussi belle âme que la sienne devait rendre plus de justice aux mœurs d'Epicure, qui étant à la vérité un très mauvais physicien, n'en était pas moins un très honnête homme, et qui n'enseigna jamais que la douceur, la 15 tempérance, la modération, la justice, vertus que son exemple enseignait encore mieux.

Voici comme ce grand homme est apostrophé dans l'*Anti-Lucrèce*.

> *Si virtutis eras avidus, rectique bonique*   20
> *Tam sitiens, quid relligio tibi sancta nocebat,*
> *Aspera quippe nimis visa est. Asperrima certe,*
> *Gaudenti vitiis, sed non virtutis amanti.*
> *Ergo perfugium culpae, solisque benignus*
> *Perjuris ac fœdifragis, Epicure, parabas.*   25

a-b   κ: Anti-Lucrèce
7   κ: Lucrèce à l'élégance

Solam hominum faecem poteras devotaque furcis
Corpora etc. [1]

On peut rendre ainsi ce morceau en français, en lui prêtant, si je
l'ose dire, un peu de force:

Ah! si par toi le vice eût été combattu,   30
Si ton cœur pur et droit eût chéri la vertu!
Pourquoi donc rejeter au sein de l'innocence
Un Dieu, qui nous la donne, et qui la récompense?
Tu le craignais ce Dieu; son règne redouté
Mettait un frein trop dur à ton impiété.   35
Précepteur des méchants, et professeur du crime,
Ta main de l'injustice ouvrit le vaste abîme,
Y fit tomber la terre, et le couvrit de fleurs. [2]

Mais Epicure pouvait répondre au cardinal: Si j'avais eu le
bonheur de connaître comme vous le vrai Dieu, d'être né comme   40
vous dans une religion pure et sainte, je n'aurais pas certainement
rejeté ce Dieu révélé, dont les dogmes étaient nécessairement
inconnus à mon esprit, mais dont la morale était dans mon cœur. Je
n'ai pu admettre des dieux tels qu'ils m'étaient annoncés dans le
paganisme. J'étais trop raisonnable, pour adorer des divinités,   45

27   w48D, w48R, w38, w50, w51: Corpora.//
38   w48R, w50, w51: Tu nous y fis tomber en le couvrant de fleurs. [3]

[1] Polignac, *Anti-Lucretius*, book I, lines 524-30. The lines are accurately quoted
down to 'furcis'. 'Corpora' is Voltaire's own addition, presumably to bring the
quotation to a close. Polignac's text continues: 'Devincere tibi capita, indignaeque
patronus / Nequitiae tantum scelerisque assertor haberi.'

[2] Voltaire accurately captures the spirit if not the letter of the original. The last
two lines, however, are not directly related to this passage and it is possible that
Voltaire wished to include the point that Polignac goes on to make (line 550): 'Lex
ubi nulla, nihil justum est'. The image of the abyss covered in flowers may recall
book I, lines 56-57: 'Olli suppeditat dives natura leporis / Quidquid habet, laetos,
sumittens, prodiga flores.'

[3] Machuel, whose unauthorised edition is the source of this variant, presumably
took it upon himself to clarify Voltaire's original rather obscure line. Voltaire himself
never saw fit to alter his own translation.

qu'on faisait naître d'un père et d'une mère comme les mortels, et qui comme eux se faisaient la guerre. J'étais trop ami de la vertu, pour ne pas haïr une religion, qui tantôt invitait au crime par l'exemple de ces dieux mêmes, et tantôt vendait à prix d'argent la rémission des plus horribles forfaits. D'un côté je voyais partout 50 des hommes insensés souillés de vices, qui cherchaient à se rendre purs devant des dieux impurs; et de l'autre des fourbes, qui se vantaient de justifier les plus pervers, soit en les initiant à des mystères, soit en faisant couler sur eux goutte à goutte le sang des taureaux, soit en les plongeant dans les eaux du Gange. Je voyais 55 les guerres les plus injustes entreprises saintement dès qu'on avait trouvé sans tache le foie d'un bélier, ou qu'une femme les cheveux épars et l'œil troublé avait prononcé des paroles, dont ni elle ni personne ne comprenaient le sens. Enfin je voyais toutes les contrées de la terre souillées du sang des victimes humaines que 60 des pontifes barbares sacrifiaient à des dieux barbares; je me sais bon gré d'avoir détesté de telles religions. La mienne est la vertu. J'ai invité mes disciples à ne se point mêler des affaires de ce monde, parce qu'elles étaient horriblement gouvernées. Un véritable épicurien était un homme doux, modéré, juste, aimable, 65 duquel aucune société n'avait à se plaindre, et qui ne payait pas des bourreaux pour assassiner en public ceux qui ne pensaient pas comme lui. De ce terme à celui de la religion sainte, qui vous a nourri, il n'y a qu'un pas à faire. J'ai détruit les faux dieux; et si j'avais vécu avec vous, j'aurais connu le véritable. 70

C'est ainsi qu'Epicure pourrait se justifier sur son erreur; il pourrait même mériter sa grâce sur le dogme de l'immortalité de l'âme, en disant: Plaignez-moi d'avoir combattu une vérité, que Dieu a révélée cinq cents ans après ma naissance. J'ai pensé comme tous les premiers législateurs païens du monde, qui tous ignoraient 75 cette vérité.

50   w48D, w48R, w38, w50, w51: forfaits. ¶D'un
53-55   w38: pervers, soit en les plongeant
57   w48D, w48R, w38, w50, w51: foie du bélier
68   w48D, w48R, w38, w50, w51: lui. ¶De

J'aurais donc voulu que le cardinal de Polignac eût plaint Epicure en le condamnant; et ce tour n'en eût pas été moins favorable à la belle poésie.

A l'égard de la physique, il me paraît que l'auteur a perdu beaucoup de temps et beaucoup de vers à réfuter la déclinaison des atomes, et les autres absurdités dont le poème de Lucrèce fourmille. C'est employer de l'artillerie pour détruire une chaumière. Pourquoi encore vouloir mettre à la place des rêveries de Lucrèce les rêveries de Descartes?

Le cardinal de Polignac a inséré dans son poème de très beaux vers sur les découvertes de Newton; mais il y combat, malheureusement pour lui, des vérités démontrées.[4] La philosophie de Newton ne souffre guère qu'on la discute en vers;[5] à peine peut-on la traiter en prose; elle est toute fondée sur la géométrie. Le génie poétique ne trouve point là de prise. On peut orner de beaux vers l'écorce de ces vérités; mais pour les approfondir, il faut du calcul, et point de vers.

80

85

90

86   w48D: poème très

[4] Polignac devotes much of book II to a refutation of Newton. Voltaire may well have had in mind lines 45-84 and 865-80 of that book. Polignac was a promoter of the experimental method in science, but opposed to the concept of gravitation.

[5] In a letter to Martin Kahle, a German critic of his *Métaphysique de Newton*, Voltaire condemned verse, whether by Lucretius or by Polignac, as 'peu propres à éclaircir une question métaphysique' (March 1744; D2945).

Three texts in defence
of the 1748 Dresden edition

Avis
Préface des éditeurs
Lettre de l'auteur au libraire

Critical edition

by

Nicholas Cronk

INTRODUCTION

In the first half of the eighteenth century Holland was the leading centre for the publication of French-language books outside France, and so it was natural that Voltaire should have looked to Ledet and Desbordes in Amsterdam for the first authorised collected edition of his works. [1] The collaboration began harmoniously but soon ran into trouble, as Voltaire became increasingly exasperated with the large number of material errors in the edition. He made extensive manuscript corrections to the four-volume edition when he sent it to his friends; [2] and he resorted to the extraordinary measure of denouncing the edition in the press. [3] Voltaire's patience with his Dutch publishers seems finally to have run out when in 1745 Ledet and his colleagues published without his permission a sixth volume of his *Œuvres* including a number of texts liable to cause him embarrassment. [4] A five-volume edition printed in Geneva by Marc-Michel Bousquet in 1742 was equally inaccurate and equally disappointing, [5] and Voltaire continued to hanker after a definitive, that is to say accurate, edition of his complete works.

In December 1746 Algarotti wrote to Voltaire suggesting he consider printing an edition of his works with Georg Conrad Walther in Dresden (D3483). Voltaire responded positively and promptly to the suggestion, and Walther acquired a privilege to

---

[1] *Œuvres de M. de Voltaire. Nouvelle édition, revue, corrigée et considérablement augmentée, avec des figures en taille-douce*, 4 vols, Amsterdam, 1738-1739 (Bengesco 2120). See P. M. Conlon, *Voltaire's literary career from 1728 to 1750*, *SVEC* 14 (1961), 'Foreign printers (1728-1750)', p.74-82.

[2] See Bengesco, iv.9.

[3] 'Mémoire sur l'édition des *Œuvres* de M. de Voltaire, faite à Amsterdam chez Desbordes et Ledet, 1739', *OC*, vol.18 (forthcoming).

[4] See Bengesco, iv.10-12.

[5] Bengesco 2125.

OEUVRES
DE
Mr. DE VOLTAIRE
NOUVELLE EDITION
REVUE, CORRIGÉE
ET CONSIDERABLEMENT AUGMENTÉE
PAR L'AUTEUR
ENRICHIE DE FIGURES EN TAILLE-DOUCE.
TOME PREMIER.

A DRESDE 1748.
CHEZ GEORGE CONRAD WALTHER
LIBRAIRE DU ROI.
AVEC PRIVILEGE.

5. Title page of volume i of the 1748 Dresden edition.

publish a collected edition of Voltaire as early as January 1747.[6] It is easy to see why Walther was keen to undertake such an edition. The Dutch publishers had a virtual monopoly in the publishing of French books in Europe, and Walther would be able to use the prestige of a multi-volume edition of the most celebrated living author to challenge that monopoly. Nor of course were the Dutch publishers slow to appreciate the threat posed by the proposed Dresden edition, and their retaliation was swift. They began, ingeniously, by attempting to mislead Voltaire into believing that Walther was not serious about his proposal, a deceitful tactic that came close to succeeding. In September 1747 Voltaire wrote to Walther that 'les libraires de Hollande mandent que loin d'avoir commencé [votre édition], vous renoncez à votre enterprise' (D3574). Walther must have acted promptly to disabuse Voltaire, for less than a month later Voltaire wrote again to Dresden: 'Je reçois votre lettre, Monsieur, avec les preuves authentiques que les libraires hollandais m'en avaient imposé. Je concourrai de tout mon pouvoir au succès de votre enterprise, et je vous fournirai de quoi rendre votre édition supérieure à toutes les autres' (D3578).

Following the failure of this tactic, the Dutch publishers tried another stratagem to disrupt Walther's project. This was to announce the imminent publication of a seventh volume of their edition of the *Œuvres*, containing new works by Voltaire, and even some works which he would rather not see published. The following advertisement appeared in the *Gazette d'Amsterdam* on 26 December 1747:

Arkstée et Merkus et E. Ledet, libraires à Amsterdam, impriment le septième tome des *Œuvres* de Voltaire, in-octavo. Ce volume contiendra des pièces qu'ils ont reçues de l'auteur même, d'autres qui feront plaisir au public et peut-être point à l'auteur, et les augmentations qui se trouvent dans l'édition faite à Trévoux. Les susdits libraires promettent

---

[6] D3504; compare D3510, D3513 and D3518. On this whole episode, see Martin Fontius, 'Walther als Herausgeber der Werke Voltaires (1748 und 1752)', in Fontius, *Voltaire in Berlin* (Berlin 1966), p.53-68.

de donner toujours séparément toutes les augmentations que l'Auteur pourrait faire dans d'autres éditions, afin de ne pas obliger le public d'acheter une seconde fois ce qu'il possède déjà. On trouve encore un petit nombre d'exemplaires de ces *Œuvres* en six volumes chez les susdits libraires en papier ordinaire grand octavo, et aussi sur du très beau papier royal.

Walther took legal action in an attempt to halt the publication of this seventh volume of the Dutch edition; Arkstée and Merkus responded with legal moves seeking to block the Dresden edition. The legal battle between the two publishers lasted for most of 1748, but neither succeeded in blocking their opponents' publication. [7] In fact this was only the first of many legal disputes between Walther and the Dutch publishers, as the German sought to establish his position in a highly competitive market.

One factor that distinguished this first legal wrangle, however, was that the author himself took sides in the dispute – a crucial element in Walther's eventual success. Only a month after the announcement of a seventh volume of the Dutch edition in the *Gazette d'Amsterdam*, Voltaire published in the *Mercure de France* the 'Avis' reproduced here. In this formal notice – written to support Walther, if not with his actual connivence – Voltaire denounces in the strongest terms his erstwhile Dutch publishers, both for the inaccuracy of their editions, and for their inclusion in those editions, without his authorisation, of works merely attributed to him. No mention is made of the planned Dresden edition, but the purpose of the 'Avis' is clearly to strengthen Walther's hand in any future legal proceedings, and also to prepare his readers for the announcement of the forthcoming edition from Germany.

This episode served only to consolidate the alliance between Voltaire and his Saxon publisher, and their close collaboration over the following months can be charted in the surviving letters which Voltaire wrote to Walther – a correspondence in which

---

[7] Fontius, *Voltaire in Berlin*, p.33, 55-56.

attacks on the Dutch publishers are a recurrent theme: 'Usez de la plus grande diligence', advises Voltaire, 'et confondez l'insolence, l'avidité et la fourberie de Merkus et d'Arkstée, qui sont de mauvais éditeurs, et des fripons fort ingrats'.[8] The Dutch publishers were not about to give up easily their rights to publish Voltaire's works, and the war of words continued.

Voltaire was evidently concerned that Walther's edition should be presented to the market as the authorised version. Already in October 1747 he was thinking about the preface to the first volume when he wrote to Walther: 'Vous aurez incessamment les autres tomes avec la préface historique qui doit être à la tête du premier' (D3578). Then in March 1748 Voltaire wrote to Walther: 'Ayant appris que les Arkstée et Markus font toutes sortes de manœuvres infâmes, et dignes de coquins tels qu'ils sont pour décrier votre édition, je me résous à vous envoyer la lettre ci-jointe que je vous avais écrite l'année passée, et que vous devez mettre à la tête de votre édition, et faire insérer dans tous les journaux' (D3631). The letter in question is an open letter designed to give a guarantee of authenticity to the new edition, and Voltaire combines this formal announcement of his consent with another attack on the Dutch publishers. The letter is dated 15 June 1747, and Th. Besterman reproduces it under that date (D3528), but it is not at all clear that Voltaire really did send the letter in June 1747 – for one thing, the tone of his attack on the Dutch publishers is usually more moderate at that earlier date. What is certain is that Voltaire sent the letter (perhaps for a second time) in March 1748, with the express intention that it be used in Walther's edition. Later, in October of the same year, Voltaire hears that the first volume of the Dresden edition is already on sale, and he writes to Walther, before even seeing the volume, 'Je suppose que vous avez fait usage de la petite préface instructive et sage qu'un de mes amis vous envoya l'an passé. C'est encore un nouveau mérite que votre

---

[8] D3582; see also D3528 and D3553. On the collaboration more generally, see D3524, D3557, D3602, D3605, D3623, D3653, D3769 and D3809.

édition doit avoir' (D3795). There are several puzzles here: what is this 'petite préface instructive et sage', and who might the 'ami' have been? What of the 'préface historique' referred to in the earlier letter (D3578)? And what, finally, are we to make of the injunction to Walther in the open letter to take instructions from those who are directing the edition: 'Bien entendu que vous vous conformerez aux directions que vous recevrez de ceux qui conduiront cette impression, et qui doivent vous fournir mes vrais ouvrages bien corrigés' (D3528)? – this is all the more odd, as it is clear from the correspondence that it is Voltaire himself and no one else who provides Walther with the material for his edition.

The first volume of the Dresden edition is devoted to *La Henriade*, and it is prefaced by three texts. The first is a dedication in French to the 'Princesse royale de Pologne, princesse electorale de Saxe', signed by Walther, 'Libraire du Roi', a conventional piece of flattery designed to promote Walther's political interests at home. This text is followed by a 'Préface des éditeurs' and a 'Lettre de l'auteur au libraire'. This last piece is signed by Voltaire himself, and is quite simply the open letter which, as we have seen, he had sent to Walther in March to be used for this purpose.

The preceding 'Préface des éditeurs' is a more unexpected piece. It occupies eight pages, and is signed by H. Du Mont and J. Bertaud. These two *éditeurs* pose as the directors of the edition, working on behalf of 'M. de Voltaire gentilhomme ordinaire de sa majesté très chrétienne, historiographe de France etc.' (p.4); they begin by describing the grievous shortcomings of the Dutch publishers, then go on to enumerate the advantages of their new edition, in which some texts are presented in newly revised versions, and others appear for the first time. Finally, they emphasise the moral power of these works, and more than that, their Christian morality: 'Non seulement ses ouvrages respirent partout la vertu la plus sociable, mais on y voit un homme pénétré de la grandeur, de la bonté, et de la justice de Dieu' (p.7-8). The joint authors of this panegyric do not however seem to be cited in any contemporary account. 'H. Du Mont' seems in all probability to recall Henry Du Mont (1610-1684), a prominent composer of sacred music at the courts of Louis XIII and Louis XIV. 'J. Bertaud' similarly evokes Jean Bertaut (1552-1611), court poet to Henri III and to Henri IV, and bishop of Sées from 1606. Who better to sing Voltaire's own praises than a composer of religious music and a poet-turned-bishop, both of them in good odour at court, and both of them dead? Only Voltaire could have written the 'Préface des éditeurs';[9] and it would seem that Du Mont and Bertaut are names to be added to the already long list of names which Voltaire used as pseudonyms.[10]

To return to the puzzles noted above which are raised by Voltaire's correspondence with Walther, it would seem that the 'préface historique' and the 'petite préface instructive et sage' written by a friend both refer to the 'Préface des éditeurs'; while the reference to 'ceux qui conduiront cette impression' (D3528) must be to Du Mont and Bertaut. Why did Voltaire go to such lengths to disguise (or rather pretend to disguise) his views in this preface? It is true that one can praise oneself with less inhibition from behind the protection of a mask, but we should not under-estimate the purely ludic aspect of Voltaire's writing here: even when he is defending the quality of an edition, and especially when he is underlining the orthodoxy of his views, Voltaire enjoys playing games with his reader, and the juxtaposition of two prefaces, complementary in purpose, but written in two different voices, one under two pseudonyms and one under his own name, is an intrinsic part of this rhetorical strategy.

It is abundantly clear that Voltaire invested an enormous amount of time in this edition, and his hopes were high. Time and again he emphasised to Walther the need for accuracy, as well as the importance of the new texts which he had supplied: 'Il est absolument nécessaire que votre édition soit correcte pour faire

[9] This is also the view of Th. Besterman: see D3528, note 1.
[10] See BNC, vol.214 (Voltaire), i.162-66.

tomber toutes les autres. Deux choses seulement rendront votre édition préférable, la correction, et la quantité de pièces nouvelles qui ne se trouveront point ailleurs.'[11] Voltaire was adamant that the eight volumes of the edition should appear together, 'Je vous répète plus que jamais qu'il faut donner à la fois les huit volumes' (D3625), but for evident financial reasons Walther was unable to wait or to introduce the cancels which Voltaire would have liked. In October 1748 Voltaire learns that the first volumes of the editions are already on sale; he is disappointed, but pragmatic (D3795):

Vous m'apprenez que vous débitez déjà votre édition. Je suis fâché pour vous que vous vous soyez ainsi précipité, malgré mes conseils, et que vous ne vous soyez pas donné seulement le temps de profiter des errata des cinq volumes que je me suis donné la peine de faire pour vous, et que je vous ai fait tenir. Mais puisque cette édition est déjà en vente, il n'y a plus de remède. Vous avez fait sagement de n'en tirer que douze cents exemplaires. J'espère même que la quantité de morceaux nouveaux dont je vous ai favorisé, contribuera plus au débit, que les fautes qui y sont ne vous nuiront. Je ne doute pas que vous n'ayez eu soin pour vos intérêts d'annoncer combien votre édition est supérieure à toutes celles de Hollande, car quoi que les fautes d'impression soient considérables chez vous, elles sont en plus grand nombre dans les éditions d'Arkstée, de Ledet et autres [...]. Vous avez plus de cinquante pièces détachées qui ne se trouvent dans aucune autre édition que dans la vôtre.

In due course the eight volumes arrived at Cirey, and Voltaire had read through all of them by the end of December: 'J'ai relu avec attention vos huit tomes', he writes to Walther. 'J'ai trouvé encore plus de fautes que je ne croyais, et je suis fâché pour vous qu'elle soit défigurée à ce point. Cependant je donnerai toujours la préférence à cette édition sur toutes celles de Hollande' (D3834).[12] Despite all his reservations, Voltaire remained loyal to Walther, and steadfast in his rejection of the Dutch publishers. They

[11] D3625; the same view is repeated in D3762.

[12] There are volumes of the Walther 1748 edition corrected in Voltaire's hand, notably at the Kungliga Bibliotek, Stockholm.

meanwhile published, as they had threatened, a seventh volume of Voltaire's *Œuvres* early in 1749 (Amsterdam, Ledet), and even an eighth volume the following year. The seventh volume is prefaced by an 'Avis des éditeurs' in which Etienne Ledet launches a ferocious attack on Walther and his edition, 'une fourmilière de fautes de toute espèce'.[13] But Ledet had lost, and for the next edition of his complete works, Voltaire would remain with his Dresden printer.

Texts

Avis. The text is reproduced from the *Mercure de France* (January 1748), p.147-48. It was introduced into Voltaire's works for the first time by Beuchot (see M.xxiii.231).

Préface des éditeurs. The text is reproduced from w48D, vol.i, p.4-10. It has not previously been included in any edition of Voltaire's works.

Lettre de l'auteur au libraire. The text is reproduced from w48D, vol.i, p.11. Besterman notes a manuscript copy in the Sächsische Land-eshauptarchiv, Dresden, ms. 1073 f.28-29.

In all three texts, the original punctuation has been retained while the spelling has been modernised.

---

[13] Quoted by Fontius, *Voltaire in Berlin*, p.155; see also p.56.

I

AVIS

Voici un avis qui nous a été envoyé par M. de Voltaire

Je suis obligé de renouveler mes justes plaintes au sujet de toutes les
éditions qu'on a faites jusqu'à présent de mes ouvrages dans les
pays étrangers. Ce serait à la vérité un honneur pour la littérature
de notre patrie que ces fréquentes éditions qu'on fait ailleurs des
livres français, si elles étaient faites avec fidélité et avec soin. Mais   5
elles sont d'ordinaire si défigurées, on y mêle si souvent ce qui n'est
pas de nous avec ce qui nous appartient, on altère si barbarement le
sens et le style, que cet honneur devient en quelque manière
honteux et ridicule; je ne suis pas assurément le seul qui s'en soit
plaint et qui ait prémuni le public contre ce brigandage, mais je suis   10
peut-être celui qui ai le plus de raisons de me plaindre. L'édition
des Ledet d'Amsterdam et celles d'Arkstée et Merkus sont surtout
pleines à chaque page de fautes et d'infidélités si grossières qu'elles
doivent révolter tout lecteur; on a même poussé l'abus de la presse
jusqu'à insérer dans ces éditions des pièces scandaleuses, dignes de   15
la plus vile canaille. Je me flatte que le public aura pour elles le
même mépris que moi; on sait assez à quel excès punissable
plusieurs libraires de Hollande ont poussé leur licence. Ces livres
aussi odieux que mal faits, qu'ils débitent, et qu'ils regardent
uniquement comme un objet de commerce, ne font tort à personne,   20
si ce n'est aux lecteurs crédules qui achètent imprudemment ces
malheureuses éditions sur leurs titres. J'ai cru qu'il était de mon
devoir de renouveler cet avertissement.

Ce 20 janvier 1748.

II

PRÉFACE DES EDITEURS

Nous avons promis une édition complète des œuvres diverses de
M. de Voltaire gentilhomme ordinaire de sa majesté très chrétienne, historiographe de France etc. et nous commençons à tenir
notre parole.

Toutes les autres éditions sont si imparfaites et si mauvaises, de 5
tout point, que le public ne cessait d'en demander une qui contînt
en effet ses véritables ouvrages. Celles de Ledet, celle surtout
d'Arkstée et Merkus d'Amsterdam, et les autres qu'on a faites
d'après elles, excitent l'indignation du lecteur, soit par les fautes
grossières d'impression qui altèrent le sens, soit par les transposi- 10
tions, soit par les infidélités, soit par la hardiesse qu'on a eu d'y
mêler quantité de mauvaises pièces faussement attribuées à l'auteur
et par quantité d'autres plates impertinences dont ces malheureuses
éditions fourmillent.

Pour faire voir au lecteur l'avantage qu'a notre édition sur toutes 15
celles dont nous parlons, il suffira de remarquer

1. Que dans la seule Henriade, il se trouve ici environ quatre
cents vers de plus que dans celles qui sont imprimées à Amsterdam;
que la plupart des vers ajoutés depuis plusieurs années par l'auteur
à ce fameux poème, ne sont mis qu'en supplément chez Arkstée et 20
Merkus, et encore sont-ils dans un autre tome, au lieu qu'ils se
trouvent chez nous à leur véritable place dans le corps de l'ouvrage;
que nous donnons de plus toutes les variantes, et toutes les
remarques curieuses recueillies avec soin par le célèbre abbé
Lenglet du Frénoy, ouvrage important dont Arkstée et Merkus 25
et autres n'ont pas eu seulement connaissance, qu'enfin on trouvera
ici la belle préface mise à Paris au devant de la Henriade par
M. Marmontel, auteur connu et estimé.

354

2. Presque toutes les fugitives imprimées à Amsterdam, étaient tronquées misérablement, en voici des preuves évidentes.   30

Dans le Discours en vers sur la modération page 114 de notre édition on trouvera quarante vers tout de suite qui ne sont point chez Arkstée et Merkus. Ce passage commence ainsi,

> L'empesé magistrat, le financier sauvage,
> La prude aux yeux dévots, la coquette volage,   35
> Vont en poste à Versailles essuyer des mépris,
> Qu'ils reviennent soudain rendre en poste à Paris etc.

3. Le poème de Fontenoy, le poème de Samson et de Pandore, beaucoup de chapitres curieux, tels que les ancecdotes sur le tsar Pierre, sur Louis XIV sur Cromwel, sur le cardinal de Polignac,   40 des lettres instructives en grand nombre sont nouvellement imprimées dans notre édition; et on ne les trouve dans aucune autre.

4. Nous avons eu soin, d'enrichir de notes la plupart des pièces fugitives, dont nous avons rétabli le texte altéré partout ailleurs.   45

5. Nous donnons une nouvelle édition de l'Histoire de Charles XII, dans laquelle on trouve plus de cent cinquante pages d'additions et de corrections.

6. On trouve de plus dans notre édition: Zadig histoire orientale, et la Prude ou la gardeuse de cassette, comédie en cinq actes en vers   50 de dix syllabes, qui ne se trouvent dans aucune autre édition.

Il serait inutile d'ailleurs de recommander la lecture de ces ouvrages qui se sont soutenus depuis si longtemps malgré les caballes, et malgré les journaux de Hollande dans lesquels des gens intéressés à les décrier ont débité tant de sottises, et tant d'horreurs.   55

Il n'y a guère de recueil plus varié et qui puisse donner aux étrangers une connaissance plus exacte des différents tours de la langue, et de tous les différents styles. Poème épique, tragédies, comédies, histoire, anecdotes, odes, épîtres morales, lettres familières, philosophie, tout s'y rencontre; il n'y a point d'ouvrage de   60 belles lettres qui rassemble plus de leçons de morale propres à tous les états de la vie. On y voit partout un amour du genre humain, une philosophie tolérante qui se fait sentir presque à chaque page. Jamais on n'a parlé de l'amitié avec plus de sensibilité.

Non seulement ses ouvrages respirent partout la vertu la plus 65 sociable, mais on y voit un homme pénétré de la grandeur, de la bonté, et de la justice de Dieu; on n'a qu'à lire, entre autres, ce passage de la Henriade, au chant septième.

Aux pieds du trône même une voix s'entendit,
Le ciel s'en ébranla, l'univers en frémit; 70
Ces accents ressemblaient à ceux de ce tonnerre,
Quand du mont Sinaï Dieu parlait à la terre,
Le chœur des immortels se tut pour l'écouter,
Et chaque astre en son cours alla le répéter,
A ta faible raison garde-toi de te rendre, 75
Dieu t'a fait pour l'aimer, et non pour le comprendre,
Invisible à tes yeux, qu'il règne dans ton cœur,
Il confond l'injustice, il pardonne à l'erreur,
Mais il punit aussi toute erreur volontaire,
Mortel, ouvre les yeux quand son soleil t'éclaire. 80

Il n'est pas étonnant après cela que ses ouvrages philosophiques soient remplis de preuves de l'existence de Dieu, telles qu'on en trouve dans le premier chapitre de Neuton. *Un catéchiste* dit-il *annonce Dieu aux enfants, et un Neuton le prouve aux sages*, et il ne s'en tient jamais à ses simples preuves de la divinité. *Le Théisme* 85 (dit-il page 220 tome II) *est le bon sens qui n'est pas encore instruit par la révélation, les fausses religions, sont le bon sens perverti par la superstition, et la religion chrétienne est la raison même perfectionnée par la révélation.*

Il faudrait copier plus de trois cents pages si l'on voulait 90 rassembler ici sous les yeux du lecteur tous les traits épars qui peignent ce que la vertu a de plus touchant, et ce que la religion a de plus auguste.

Dans sa réfutation de quelques pensées de Pascal, on laisse à juger s'il n'a pas toute la raison de son côté. Le fond de cette dispute 95 roule sur ce que Pascal pose pour fondement, *qu'il faut que la religion véritable, rende raison de ce que la nature humaine a de grand*

*et de misérable, il faut encore qu'elle rende raison des étonnantes
contrariétés qui sont dans l'homme.*

Notre auteur soutient qu'il faut que la religion soit révélée et   100
rien de plus; qu'elle est faite pour enseigner la vertu et non pas la
métaphysique.

Pascal se contredit si visiblement dans ses pensées que tantôt il
dit que le péché originel est prouvé par la raison, tantôt que c'est
une folie devant les hommes et qu'il la donne pour telle.   105

Son adversaire relève ces contradictions, et finit par dire
*Soumettons la raison à la foi, adorons Dieu sans vouloir percer des
mystères.*

Quelques personnes se sont elevées avec violence contre cette
hardiesse, qu'on a eue de prouver que Pascal s'était trompé; mais   110
notre auteur, sans se mettre en peine des injustices, des persécu-
tions et des calomnies a soumis tous ses écrits et toutes ses pensées à
l'Eglise dans laquelle il est né. Et comme en étant toujours soumis à
cette Eglise, il a toujours marqué une horreur extrême pour la
persécution, il mérite bien lui-même de n'être jamais persécuté;   115
aussi a-t-il été honoré de la protection du chef de l'Eglise
catholique, et des faveurs du roi son maître, nous n'en dirons pas
davantage sur sa personne et sur ses ouvrages.

à Paris 1 sept. 1748

H. Du Mont; J. Bertaud   120

III

LETTRE DE L'AUTEUR AU LIBRAIRE

M. le comte Algaroti, Monsieur, m'ayant mandé que vous voulez
faire une édition complète de mes ouvrages, non seulement je vous
donne mon consentement; mais je vous aiderai et je vous achèterai
beaucoup d'exemplaires, bien entendu que vous vous conformerez
aux directions que vous recevrez de ceux qui conduiront cette   5
impression, et qui doivent vous fournir mes vrais ouvrages bien
corrigés.

Gardez-vous bien de suivre l'édition débitée sous le nom de
Nourse à Londres, celle qui est intitulée de Genève, celle de Rouen,
et surtout celles de Ledet, et d'Arkstée et Merkus à Amsterdam, ces   10
dernières sont la honte de la librairie, il n'y a guère de page où le
sens ne soit grossièrement altéré, presque tout ce que j'ai fait y est
défiguré, et ces ouvriers ont pour comble d'impertinence, désho-
noré leur édition par des pièces infâmes qui ne peuvent être écrites,
débitées et lues que par les derniers des hommes. Je me flatte que   15
vous aurez autant de discernement qu'ils en ont eu peu, c'est dans
cette espérance que je suis entièrement à vous,

à Paris 15 juin 1747

VOLTAIRE

358

WORKS CITED

Abbott, W. C., *The Writings and speeches of Oliver Cromwell* (Cambridge, Mass. 1937-1947).

Barber, W. H., 'Penny plain, twopence coloured: Longchamp's memoirs of Voltaire', *Studies in the French eighteenth century presented to John Lough*, ed. D. J. Mossop, G. E. Rodmell and D. B. Wilson (Durham 1978), p.9-21.
– 'Voltaire and natural science: from apples to fossils', *Voltaire en Europe, Hommage à Christiane Mervaud*, ed. M. Delon and C. J. Seth (Oxford 2000), p.243-54.
Barker, E., 'The achievement of Oliver Cromwell', in *Cromwell: a profile*, ed. I. Roots (London 1973).
Barnard, T. C., *Cromwellian Ireland 1649-1660* (Oxford 1975).
Bellesort, André, *Essai sur Voltaire* (Paris 1926).
Benoist, E., *Histoire de l'Edit de Nantes* (Delft 1693).
Boileau, *Œuvres complètes* (Paris 1966).
Bongie, Laurence, 'Voltaire's English, high treason and a manifesto for bonnie prince Charles', *SVEC* 171 (1977), p.7-29.
Boulainvilliers, Henri de, *Etat de la France* (London 1727), 6 vols (London 1737).
Browning, Reed, *The War of the Austrian Succession* (New York 1993).
Brueys, D.-A. de, *Histoire du fanatisme de notre temps*, 3 vols (1694-1713).

Brumfitt, J., *Voltaire historian* (Oxford 1970).
Burnet, Thomas, *Telluris theoria sacra, orbis nostri originem et mutationes generales quas aut jam subiit aut olim subiturus est, complectens* (London 1681).

Caussy, Ferdinand, *Inventaire des manuscrits de la bibliothèque de Voltaire conservée à la Bibliothèque impériale publique de Saint-Pétersbourg* (Paris 1913; reprinted Geneva 1970).
Choisy, abbé de, *Mémoires pour servir à l'histoire de Louis XIV* (Geneva 1727).
Conlon, P. M., 'Voltaire's election to the Accademia del Crusca', *SVEC* 6 (1958), p.133-39.
– *Voltaire's literary career from 1728 to 1750, SVEC* 14 (1961).
Court, A., *Lettre d'un patriote sur la tolérance civile des Protestants de France* (n.p. 1756).
Crabtree, R., 'The idea of a Protestant foreign policy', *Cromwell: a profile*, ed. I. Roots (London 1973), p.160-89.

Dangeau, Philippe de Courcillon, marquis de, *Journal de la Cour de Louis XIV, depuis 1684, jusqu'à 1715. Avec des notes intéressantes, etc.* (London [Paris] 1770).
– *Journal du marquis de Dangeau*, ed. E. Soulié, L. Dussieux *et al.*, 19 vols (Paris 1854).
Daniel, Gabriel, *Histoire de France depuis*

l'établissement de la monarchie française dans les Gaules jusqu'à la fin du règne de Louis le Grand (Paris 1729).

Deshoulières, Mme, *Œuvres de madame et de mademoiselle Deshoulières* (Paris 1823).

Desmolets, P., *Continuation des mémoires de littérature et d'histoire* (Paris 1730-1732).

De Zan, Mauro, 'Voltaire et Mme du Châtelet, membri e correspondenti della Accademia delle scienze di Bologna', *Studi e memorie per la storia dell'Università di Bologna* 6 (1987), p.141-57.

Diderot, D., *Le Rêve de d'Alembert*, ed. Vernière (Paris 1951).

Dubos, Jean-Baptiste, *Histoire critique de l'établissement de la monarchie française dans les Gaules* (Amsterdam 1734).

Du Clairon, Antoine Maillet, *Cromwell* (Paris 1764).

Duclos, Charles Pinot, *Mémoires secrets sur le règne de Louis XIV*, ed. J. L. Soulavie (Paris 1851).

Du Deffand, marquise, *Correspondance complète* (Geneva 1989).

Du Fresne de Francheville, Joseph, *Histoire générale et particulière des finances*, 3 vols (Paris 1738).

Durival, Nicolas-Luton, *Description de la Lorraine et du Barrois*, 4 vols (Nancy 1778-1783).

Dutot, Charles, *Réflexions politiques sur les finances et le commerce*, 2 vols (The Hague 1738).

Dzwigala, Wanda, 'Voltaire and Poland: the historical works', *SVEC* 267 (1989), p.103-18.

L'Entrée solennelle dans la ville de Lyon, de Mgr. l'éminentissime Cardinal Flavio Chigi (Lyon 1664).

Faucher, Chrysostôme, *Histoire du cardinal de Polignac* (Paris 1777).

Faur, Louis-François, *Vie privée du maréchal de Richelieu* (Paris 1791).

Fiszer, Stanislaw, *L'Image de la Pologne dans l'œuvre de Voltaire*, *SVEC* 2001:05.

Fontius, Martin, *Voltaire in Berlin* (Berlin 1966).

Forbonnais, François Véron de, *Recherches et considérations sur les finances de la France* (Basle 1758).

Frederick II of Prussia, *Œuvres complètes de Frédéric II, roi de Prusse*, 17 vols (n.p. 1790).

Freudmann, F., *L'Etonnant Gourville* (Geneva 1960).

Fusil, C.-A., *La Poésie scientifique de 1750 à nos jours: son élaboration, sa constitution* (Paris 1917).

Gay, Peter, *Voltaire's politics: the poet as realist* (Princeton, NJ 1959; New York 1965).

Gearhart, Suzanne, *The Open boundary* (Princeton, NJ 1984).

Graffigny, Françoise d'Issembourg d'Happencourt de, *Correspondance*, vol.ix, ed. English Showalter (Oxford 2004).

Le Grand Carrousel du roi, ou la course de bague, ordonnée par sa Majesté [...] le 2 juin, 1662 (Paris 1662).

Heath, G. D., 'Cromwell and Lambert, 1653-57', in *Cromwell: a profile*, ed. I. Roots (London 1973), p.72-90.

Hénault, Ch.-J.-H., *Nouvel abrégé chronologique de l'histoire de France* (Paris 1742), 2 vols (Paris 1768).

Hérault, Jean, sieur de Gourville, *Mémoires [...] concernant les affaires auxquelles il a été employé par la Cour depuis 1647 jusqu'en 1698*, 2 vols (Paris 1724).

Histoire de l'Académie royale des sciences. Avec les mémoires de mathématiques et de physique, tirés des registres de cette Académie (Paris 1666-1792).

Hourcade, Philippe, 'Problématique de l'anecdote dans l'historiographie à l'âge classique', *Littératures classiques* 30 (1997), p.75-82.

Johnson, N., *Louis XIV and the age of the Enlightenment*, SVEC 172 (1978).

Joly, Guy, *Mémoires de Guy Joly, conseiller du roi au Châtelet de Paris, pour servir d'éclaircissement et de suite aux Mémoires de M. le c. de Retz* (Rotterdam [Paris] 1718).

La Beaumelle, L. A., *Le Siècle de Louis XIV* (Frankfurt 1753).

– *Lettres de Mme de Maintenon*, 2 vols (Nancy [Frankfurt] 1752).

Lacey, Douglas R., *Dissent and parliamentary politics in England 1661-1689* (New Brunswick, NJ 1969).

La Fare, Charles Auguste, marquis de, *Mémoires et réflexions sur les principaux événements du règne de Louis XIV [...] par Mr L. M. D. L. F.* (Rotterdam 1716).

La Fayette, Mme de, *Histoire de madame Henriette d'Angleterre, première femme de Philippe de France, duc d'Orléans* (Amsterdam 1742).

Lamberty, Guillaume de, *Mémoires pour servir à l'histoire du XVIIIᵉ siècle, contenant les négociations, traités, résolutions, et autres documents authentiques concernant les affaires d'Etat*, 12 vols (Amsterdam 1734-1736).

La Mothe La Hode, *La Vie de Philippe d'Orléans*, 2 vols (London 1736).

La Motte, Antoine Houdar de, *Histoire de la vie et du règne de Louis XIV*, 5 vols (The Hague 1740-1742).

Lanson, G., 'Notes pour servir à l'étude des chapitres 25-29 du *Siècle de Louis XIV*', *Mélanges offerts à M. Charles Andler* (Strasbourg 1924).

– *Voltaire* (Paris 1906; 1960).

Larrère, Catherine, and Catherine Volpilhac-Auger (eds), *1748. L'Année de L'Esprit des lois* (Paris 1999).

Larrey, Isaac de, *Histoire de France sous le règne de Louis XIV*, 2nd edn (Rotterdam [Paris] 1718-1722).

Lauriol, C., *La Beaumelle. Un Protestant cévenol entre Montesquieu et Voltaire* (Geneva 1978).

[Le Tellier], *Histoire des cinq propositions de Jansénius* (Liège 1699).

Leti, Gregorio, *Vie de Cromwell* (1692; trans. 1694).

Limiers, H.-P. de, *Histoire du règne de Louis XIV* (1717), 2nd edn, 10 vols (Amsterdam 1718).

Lockman, John, *An essay on the age of Lewis XIV* (London 1739).

Loiseleur, J., *Voltaire au château de Sully d'après des documents inédits* (Paris 1866).

Longchamp, Sébastien G., *Mémoire sur Voltaire* (Paris 1826).

Louis XIV, *La Guerre des Suisses, traduite du premier livre des Commentaires de Jules César par Louis XIV Dieudonné, roi de France et de Navarre* (Paris 1651).

– 'Mémoire inédit remis par Louis XIV à l'archevêque de Reims Le Tellier, sur l'inconduite du marquis de Barbesieux, son neveu, Secrétaire-d'état de la guerre, en 1695', *Revue encyclopédique*, 83rd series, cahier T. xxviii (November 1835, I, second series).

Luynes, Charles Philippe d'Albert, duc de, *Mémoires*, ed. L. Dussieux and E. Soulié (Paris 1860-1865).

McLynn, F. J., 'Voltaire and the Jacobite rising of 1745', *SVEC* 185 (1980), p.7-20.

McQueen, W. A., and K. A. Rockwell, *The Latin poetry of Andrew Marvell* (Chapel Hill, NC 1964).

Maintenon, Mme de, *Lettres*, 2 vols (Nancy [Frankfurt] 1752).

Marmontel, J.-F., *Œuvres complètes de Marmontel* (Paris 1818-1819).

Marville, Claude Henri Feydeau de, *Lettres au ministre Maurepas 1742-1747*, ed. A. de Boislise (Paris 1896-1905).

Mason, H. T., *Pierre Bayle and Voltaire* (Oxford 1963).

Mémoires pour servir à l'histoire de Mme de Maintenon, 6 vols (Amsterdam 1756).

Mervaud, Christiane, *Voltaire et Frédéric II. Une dramaturgie des Lumières, 1736-1778*, *SVEC* 234 (1985).

Mervaud, M., 'Les *Anecdotes sur le czar Pierre le Grand*: genèse, sources, forme littéraire', *SVEC* 341 (1996), p.89-126.

Montpensier, Mlle de, *Mémoires*, ed. A. Chéruel (Paris 1810).

Morley, John, *Voltaire* (London 1886).

Murray, G., *Voltaire, the Protean gardener*, *SVEC* 69 (1970).

Orléans, Pierre-Joseph d', *Histoire des révolutions d'Angleterre* (1693-1694).

Patterson, A. M., *Marvell and the civic crown* (Princeton, NJ 1978).

Paul, Pierre, *Le Cardinal Melchior de Polignac (1661-1741)* (Paris 1922).

Paul, R. S., *The Lord Protector: religion and politics in the life of Oliver Cromwell* (London 1955).

Peyrefitte, R., *Voltaire* (Paris 1985).

Picard, R., 'Le "Précis historique" est-il de Racine?', *Rhl* 58 (1958).

Les Plaisirs de l'Isle Enchantée [...] et autres festes galantes et magnifiques faites par le Roi à Versailles, le 7 may 1664 (Paris 1673).

Polignac, cardinal de, *Anti-Lucretius, sive de Deo et natura, libri novem. Eminentissimi S. R. E. cardinalis Melchioris de Polignac opus posthumum; illustrissimi abbatis Caroli d'Orléans de Rothelin cura et studio editioni mandatum* (Paris 1747).

– *L'Anti-Lucrèce. Poème sur la religion naturelle, composé par M. le cardinal de Polignac, traduit par M. de Bougainville, de l'Académie royale des belles-lettres* (Paris 1749).

Pomeau, R., et al., *Voltaire en son temps*, 2nd edn (Oxford 1995).

Raguenet, François, *Histoire d'Olivier Cromwell* (Paris 1691).

Rapin-Thoyras, Paul de, *Histoire d'Angleterre* (The Hague 1724-1736).

Rappoport, Rhoda, *When geologians were historians* (Ithaca, NY 1997).

Rathery, J. B. (ed.), *Journal et Mémoires du marquis d'Argenson* (Paris 1859-1867).

Reboulet, Simon, *Histoire du règne de Louis XIV*, 3 vols (Avignon 1742-1744), 7 vols (Avignon 1746).

Redshaw, Adrienne M., 'Voltaire and Lucretius', *SVEC* 189 (1980), p.19-43.

Les Registres de l'Académie française (Paris 1895-1906).

Retz, Jean-François-Paul de Gondi de,

Mémoires [...] *contenant ce qui s'est passée de remarquable en France, pendant les premières années du règne de Louis XIV*, new edn (Amsterdam 1731).

Rihs, Charles, *Voltaire. Recherches sur les origines du matérialisme historique* (Geneva 1977).

Rivière, M. S., 'Voltaire and the Fronde', *Nottingham French studies* 26.1 (1987), p.1-18.

– 'Voltaire editor of Dangeau', *SVEC* 311 (1993), p.15-23.

– 'Voltaire reader of women's memoirs', *SVEC* 371 (1999), p.23-52.

– 'Voltaire's journalistic approach to history writing in *Le Siècle de Louis XIV*', *Essays in French literature* 25 (November 1988), p.16-36.

– 'Voltaire's use of Dangeau's *Mémoires* in *Le Siècle de Louis XIV*: the paradox of the historian-*raconteur*', *SVEC* 256 (1988), p.97-106.

– 'Voltaire's use of eyewitnesses' reports in *Le Siècle de Louis XIV*', *New Zealand journal of French studies* 9.2 (1988), p.5-26.

– 'Voltaire's use of Larrey and Limiers in *Le Siècle de Louis XIV*: history as a science, an art and a philosophy', *Forum for modern language studies* 25:1 (January 1989), p.34-53.

Roger, J., *Les Sciences de la vie dans la pensée française du XVIIIe siècle* (Paris 1963).

Rousseau, A.-M., *L'Angleterre et Voltaire*, *SVEC* 145-147 (1976).

Saint-Lambert, Jean François, marquis de, *Poésies* (Paris 1826).

Saint-Simon, Louis de Rouvroy, duc de, *Mémoires sur le siècle de Louis XIV et la Régence*, ed. G. Truc (Paris 1953).

Sakmann, Paul, 'The Problems of historical method and philosophy of history in Voltaire', *Enlightenment historiography* (Middleton, Conn. 1971).

Sareil, Jean, 'La mission diplomatique de Voltaire en 1743', *Dix-huitième siècle* 4 (1972), p.271-99.

– *Voltaire et les grands* (Geneva 1978).

Sarti, Carlo, *I fossili e il Diluvio Universale* (Bologna 1988).

Seth, Catriona, 'Epaves et trésors cachés. Les Voltaire de la bibliothèque de Cideville', *Voltaire en Europe: hommage à Christiane Mervaud* (Oxford 2000), p.353-62.

Sgard, J. (ed.), *Dictionnaire des journaux* (Oxford and Paris 1991).

Sully, Maximilien de Béthune, duc de, *Mémoires de Maximilien de Béthune, duc de Sully, premier ministre de Henri le Grand* (London [Paris] 1745).

Taylor, O. R., 'Voltaire iconoclast: an introduction to *Le Temple du goût*', *SVEC* 212 (1982), p.7-81.

Trénard, Louis, 'Voltaire et ses relations lyonnaises', in *Lyon et l'Europe: hommage et société. Mélanges offerts à Richard Gascon*, ed. Trénard (Lyon 1980).

Urban, Sylvanus, *The Gentleman's magazine, and Historical chronicle* (London 1750).

Vauvenargues, Luc de Clapiers, marquis de, *Introduction à la connaissance de l'esprit humain*, ed. J. Dagen (Paris 1981).

– *Œuvres complètes de Vauvenargues*, ed. H. Bonnier (Paris 1968).

Villars, Claude-Louis-Hector, duc de,

Mémoires du duc de Villars, pair de France, maréchal-général des armées de sa majesté très chrétienne, 2 vols (The Hague 1734-1736).

Villefore, J.-F. Bourgoing de, *Anecdotes, ou mémoires secrets sur la constitution 'Unigenitus',* 3 vols (n.p. 1730).

Voltaire, *Anecdotes sur le czar Pierre le Grand, OC,* vol.46, ed. M. Mervaud (1999).

– *Articles pour l'Encyclopédie, Articles pour le Dictionnaire de l'Académie,* ed. Jeroom Vercruysse *et al., OC,* vol.33 (1987).

– *Dictionnaire philosophique, OC,* vol.36 (1994).

– *Discours de réception à l'Académie française,* ed. Karlis Recevskis, *OC,* vol.30A (2003).

– *Discours en vers sur l'homme,* ed. Haydn T. Mason, *OC,* vol.17 (1991).

– *Eléments de la philosophie de Newton,* ed. W. H. Barber and R. L. Walters, *OC,* vol.15 (Oxford 1992).

– *Epître à M. le duc d'Orléans, Régent,* ed. R. Nablow, *OC,* vol.1B (2002).

– *Essai sur les mœurs,* ed. R. Pomeau (Paris 1963; 1990).

– *Histoire de Charles XII,* ed. G. von Proschwitz, *OC,* vol.4 (1996).

– *Histoire de la guerre de 1741,* ed. J. Maurens (Paris 1971).

– *La Henriade,* ed. O. R. Taylor, *OC,* vol.2 (1970).

– *Lettres philosophiques,* ed. G. Lanson and A.-M. Rousseau (Paris 1964).

– *Notebooks,* ed. Th. Besterman, *OC,* vol.81-82 (1968).

– *Œuvres historiques,* ed. R. Pomeau (Paris 1957).

– *Œuvres inédites,* ed. Fernand Caussy (Paris 1914).

– *Oreste,* ed. David Jory, *OC,* vol.31A (1992).

– *Panégyrique de saint Louis, roi de France. Prononcé dans la chapelle du Louvre [...] le 25 août 1749 par M. l'abbé d'Arty,* ed. Mark Waddicor, *OC,* vol.31B (1994).

– *La Philosophie de l'histoire,* ed. J. H. Brumfitt, *OC,* vol.59 (1969).

– *Poésies,* ed. Nicole Masson *et al., OC,* vol.1B (2002).

– *La Pucelle,* ed. Jeroom Vercruysse, *OC,* vol.7 (1970).

– *Recueil des pièces fugitives en prose et en vers* (Paris 1740).

– *Sémiramis,* ed. Robert Niklaus, *OC,* vol.30A (2003).

– *Le Siècle de Louis XIV,* ed. E. Bourgeois (Paris 1924).

– *Souvenirs de Mme de Caylus* (Amsterdam [Geneva] 1770).

– *Le Temple du goût,* ed. O. R. Tayor, *OC,* vol.9 (1999).

– *The Works of M. de Voltaire,* trans. T. Smollett *et al.* (London 1761-1765).

– *Zadig,* ed. H. T. Mason, *OC,* vol.30B (2004).

Wade, Ira O., *The Intellectual development of Voltaire* (Princeton, NJ 1969).

– *The Search for a new Voltaire* (Philadelphia 1958).

Woolrych, A., 'Oliver Cromwell and the Rule of the Saints', *Cromwell: a profile,* ed. I. Roots (London 1973), p.50-71.

INDEX

Luynes, Charles Philippe d'Albert, duc de, 121, 183n, 184, 198n, 200n, 201n, 314

Machault d'Arnouville, Jean-Baptiste de, 289n
Machuel, Robert, 338n
Mahomet IV, sultan of Turkey, 159n
Maillebois, Jean-Baptiste François Desmarets, marquis de, 103
Maillet Du Clairon, Antoine, 62
Mailly, Louis, comte de, 176n
Maine, Louis-Auguste de Bourbon, duc du, 167, 168, 169, 170
Maine, Louise Bénédicte de Bourbon-Condé, duchesse du, 124, 183-84, 186, 197-204, 259, 323
Maintenon, Françoise d'Aubigné, marquise de, 106-107, 122-24, 127, 131-33, 148n, 151n, 164n, 168, 169n, 170n, 171, 172
Malézieu, Nicolas de, 121n
Manchester, Edward Montagu, earl of, 61n, 77, 78n
Mansart, François, 148n
Marcus Aurelius, 236n
Margon, abbé, 123n
Maria Leszczynska, queen of France, 261
Maria Theresa, empress of Austria, 203n, 253-55, 280-81, 283
Marie-Adélaïde de Savoie, duchesse de Bourgogne, 151, 155, 176
Marie-Anne, Mlle de Blois, 167n
Marivaux, Hardouin de l'Isle, marquis de, 156
Mark Antony (Marcus Antonius), 292n
Marlborough, John Churchill, duke of, 96, 294n
Marmontel, Jean François, 237n, 326, 327, 354
Mars, 202

Marvell, Andrew, 81, 82n
Marville, Claude-Henri Feydau, comte de, 4, 5, 199
Maupertuis, Pierre Louis Moreau de, 3, 14
Maurepas, Jérôme Phélypeaux, comte de, 4, 5
Maurice, comte de Saxe, 183, 197n, 201, 224n, 255, 284n, 287n, 294n
Maurice of Nassau, 74n
Maximilian Emmanuel Franz Joseph, count of Bavaria, 202, 232, 278n
Mazarin, Jules, cardinal de, 60, 82, 83n, 120n, 147, 158n, 178n
Mémoires de Trévoux, 107n, 247, 250, 251, 264, 278n, 280n, 281n, 282n, 298, 300, 302n
Mercure de France, 6n, 8, 106, 107, 110, 113, 133, 184-86, 240n, 246, 280n, 288n, 346
Milton, John, 82n, 85n
Mirabeau, Victor Riqueti, marquis de, 237n
Mithridates, 304
Molière, 98, 146, 148n, 150, 151n
Montchevreuil, Henri de Mornay, marquis de, 128n, 132, 171
Montespan, Françoise Athénaïs de Mortemart, marquise de, 154n, 155n, 167n, 168, 169n
Montespan, Louis-Henri de Pardaillan de Gondrin, marquis de, 154n
Montpensier, Anne Marie Louis d'Orléans, duchesse de (la Grande Mademoiselle), 83
Morei, Michel Giuseppe, 6
Morley, John, 116
Moses, 77, 78n
Müller, Gerhard Friedrich, 8n
Mustapha II, sultan of Turkey, 159n

Nantes, edict of, 128, 129, 172
Navailles, duchesse de, 132, 169